Benedictus de Spinoza

Ethik

Benedictus de Spinoza

Ethik

ISBN/EAN: 9783744655217

Hergestellt in Europa, USA, Kanada, Australien, Japan

Cover: Foto ©ninafisch / pixelio.de

Weitere Bücher finden Sie auf **www.hansebooks.com**

Toronto University Library

Presented by

Herr Georg Weiss Heidelberg through the Committee formed in The Old Country to aid in replacing the loss caused by The disastrous Fire of February the 14th 1890

Georg Weiss, Verlag in Heidelberg.

Preisermässigungen.

Für die

Philosophische Bibliothek

oder

Sammlung

der Hauptwerke der Philosophie

alter und neuer Zeit etc.,

herausgegeben von **J. H. von Kirchmann,**

tritt für die bisher erschienenen 313 Lieferungen oder 93 Bände, wenn **auf einmal** genommen, eine **Ermässigung** auf

nur ℳ 115

ein, statt des Ladenpreises von 158 ℳ 30 ₰.

Bei Entnahme von 100 Lieferungen auf einmal, welche Bezugsart sich besonders für Besitzer eines Theiles derselben zur Ergänzung empfiehlt, statt des Ladenpreises von ℳ 50

nur ℳ 40.

Ausserdem eröffne ich für Alle, die einen allmäligen Bezug vorziehen, eine

—— Neue Subscription ——

in der monatlich 6—8 Hefte ausgegeben werden. Eine Preisermässigung ist hierbei ausgeschlossen, dagegen erhalten die Subscribenten mit Lieferung 303 **Noack's philosophie-geschichtliches Lexikon** (Ladenpreis ℳ 18) gratis.

Die „Philosophische Bibliothek" besteht aus den im umstehenden Verzeichniss mit * bezeichneten Bänden.

Für die

Historisch-politische Bibliothek

oder

Sammlung von Hauptwerken aus dem Gebiete der Geschichte und Politik alter und neuer Zeit

tritt bei Abnahme der ganzen Sammlung statt des Ladenpreises von 45 ℳ 20 ₰ eine Preisermässigung auf

nur 30 Mark

ein.

Die zur Historisch-politischen Bibliothek gehörigen Bände sind im umstehenden Verzeichnisse mit † bezeichnet.

Die Bände der Philosophischen Bibliothek sind, sofern nicht andere Herausgeber genannt sind, von J. H. v. Kirchmann bearbeitet. Die hinter dem Titel der zu dieser Bibliothek gehörigen Werke befindliche Zahl bezeichnet den Band dieser Sammlung.

		ℳ	₰
Adamson, Prof. Rob., Ueber Kant's Philosophie, übersetzt von C. Schaarschmidt		3	50
Aristoteles, Ars poetica (Text-Ausg.) von Fr. Ueberweg		—	60
*— Dichtkunst, übers. von Fr. Ueberweg. 2. Aufl. (19)		—	75
*— Metaphysik, 2 Bde. (38. 39)		5	—
*— Ueber die Seele (43)		1	50
*— Nikomachische Ethik (68)		2	50
*— — Erläuterungen dazu (69)		1	50
*— Politik (84)		2	50
*— — Erläuterungen dazu (85)		1	—
*— Kategorien und Hermeneutica (70)		1	—
*— — Erläuterungen dazu (71)		1	—
*— Erste Analytiken (72)		1	—
*— — Erläuterungen dazu (73)		2	—
*— Zweite Analytiken (77)		1	—
*— — Erläuterungen dazu (78)		1	50
*— Topik (89)		2	—
*— — Erläuterungen dazu (90)		1	—
*— Sophistische Widerlegungen (91)		1	—
*— — Erläuterungen dazu (92)		—	50
*— Organon		6	—
*— — Erläuterungen dazu		6	—
***Baco v. Verulam**, Neues Organon (32)		2	50
†**Beccaria**, Ueb. Verbrechen u. Strafen, dtsch. v. Dr. Waldeck		1	—
***Berkeley**, Abhandlung über die Principien der menschlichen Erkenntniss. 2. Auflage übers. von Ueberweg (12)		1	—
Bierbaum, Prof. Dr. Jul., History of the english language and literature, from the earliest times until the present day. Geb.		3	—
Borelius, Prof. J. J., Ueber den Satz des Widerspruchs und die Bedeutung der Negation		1	—
Braeutigam, Dr. phil. Ludw., Leibniz und Herbart über die Freiheit des menschlichen Willens		1	20
***Bruno, Giordano**, Von der Ursache, dem Princip und dem Einen, übers. von Lasson (53)		1	—
†**Buckle**, Gesch. d. Civilisation, übers. v. Dr. Ritter. 2 Bde.		9	50
in 2 Halbfranzbänden		12	50
***Cicero**, Ueber das höchste Gut und Uebel (62)		3	—
*— Ueber die Natur der Götter (63)		2	—
*— Akademia (64)		1	50
Comte, Aug., Die positive Philosophie. Im Auszug v. J. Rig, übers. von J. H. v. Kirchmann. 2 Bände		17	—
***Condillac**, Ueb. d. Empfindungen, übers. v. Dr. Johnson (31)		1	50
†**Dante**, Ueber die Monarchie, deutsch von Dr. Hubatsch		1	—
***Descartes**, philosophische Werke, complet in einem Bande		4	50

		ℳ	₰
*Descartes, I. Abhandl. üb. d. Methode richtig zu denken etc. (25I)	—	50
* — II. Untersuchungen üb. d. Grundlagen d. Philosophie (25II)	1	—
* — III. Die Principien der Philosophie (26I)	2	—
* — IV. Ueber die Leidenschaften der Seele (26II)	1	—
Dühring, Dr. E., Cursus der Philosophie	9	—
Einheit und Vielheit. Eine philosophische Untersuchung	1	20
Eucken, Prof. Rud., Beiträge zur Geschichte der neuern Philosophie, vornehmlich der deutschen	3	20
†Fichte, Reden a. d. deutsch. Nation m. einer Einltg. v. Dr. Kuhn	1	50
* — Versuch einer Kritik aller Offenbarung (48)	1	—
†Friedrich II., Antimacchiavel, von Dr. L. B. Foerster	1	—
Gerhard, Dr. C., Kant's Lehre von der Freiheit	2	—
Ginsberg, Lebens- und Charakterbild Spinoza's	1	—
*Grotius, Hugo, Drei Bücher über das Recht des Krieges und Friedens. 2 Bde. (15. 16)	5	—
Harpf, Ad., Die Ethik des Protagoras und deren zweifache Moralbegründung, kritisch untersucht	1	60
*Hegel, Encyclopäd. d. philos. Wissenschaften im Grundriss (30)	3	—
* — — Erläuterungen dazu von K. Rosenkranz (34)	1	—
†Humboldt, W. v., Abhandlungen über Geschichte u. Politik	1	—
†Hume, Nationalökonom. Abhdlgn., übs. v. Dr. Niedermüller	1	50
* — Untersuchungen üb. den menschl. Verstand. 3. Aufl. (13)	1	50
* — Dialoge üb. natürl. Religion. Deutsch v. Dr. Paulsen (75)	1	50
† Hutten, Ausgewählte Gespräche	1	50
Jaesche, Dr. Em., Das Grundgesetz der Wissenschaft	9	—
*Kant's sämmtliche Werke. 8 Bände, 1 Supplement-Band und 2 Bände Erläuterungen	32	—
— — in 11 dauerhaften Halbfranzbänden	45	20

Bei Bezug dieser **vollständigsten** und dabei doch **billigsten** Ausgabe auf einmal werden die **Erläuterungen** dazu, deren Einzelpreis 10 ℳ 50 ₰ beträgt, gratis gegeben.

	ℳ	₰
* — Kritik der reinen Vernunft. 6. Aufl (2) 2,40; in Lwnd. geb.	3	10
* — — Erläuterungen dazu. 3. Auflage (3)	—	50
* — Kritik der praktischen Vernunft. 3. Auflage (7)	1	—
* — — Erläuterungen dazu. 2. Auflage (8)	—	50
* — Kritik der Urtheilskraft. 2. Auflage (9)	2	—
* — — Erläuterungen dazu. 3. Auflage (10)	—	50
* — Anthropologie. 2. Auflage (14)	1	50
* — — Erläuterungen dazu (20)	—	50
* — D. Religion innerh. d. Grenzen d. bloss. Vernunft. 2. Aufl. (17)	1	50
* — — Erläuterungen dazu (21)	—	50
* — Prolegomena. 2. Auflage (22)	1	—
* — — Erläuterungen dazu (55)	1	—
* — Logik. 2. Auflage (23)	1	—
* — — Erläuterungen dazu (54)	1	—
* — Grundlegung zur Metaphysik der Sitten (28)	—	50
* — Metaphysik der Sitten (29)	2	—
* — — Erläut. z. Grundlegung u. z. Metaphysik d. Sitten (59I)	1	50
* — Kleinere Schriften zur Logik und Metaphysik (33)	4	—
* — — Erläuterungen dazu (58)	1	50

	ℳ	₰
*Kant, Kleinere Schriften z. Ethik u. Religions-Philosophie (37)	2	50
* — — Erläuterungen dazu (59 II)	—	50
* — Kleinere Schriften zur Naturphilosophie. 2 Bde. (49 I. II)	5	—
* — — Erläuterungen dazu (60)	1	50
* — Vermischte Schriften und Briefwechsel (52)	3	50
* — — Erläuterungen dazu (61)	1	—
* — Physische Geographie (76 I)	2	50
* — Die vier lateinischen Dissertationen (76 II)	1	—
*.Kirchmann, J. H. v., Die Lehre vom Wissen. 4. Aufl. (1) 75 ℳ, geb.	1	15
— Die Bedeutung der Philosophie	—	30
* — Grundbegriffe des Rechts und der Moral. 2. Aufl. (11)	1	25
— Ueber das Princip des Realismus	1	20
— Communismus der Natur. 3. Auflage	—	60
— Ueber die Wahrscheinlichkeit	1	20
* — Erläut. zu Aristoteles, Kant, Leibniz, Locke, Spinoza siehe unter den Werken der betr. Philosophen.		
*Kirchner, Dr. Fr., Wörterbuch der philos. Grundbegriffe (94)	4	—
— in Halbfranzband	5	20
Kleist, Hugo v., Plotinische Studien. 1. Heft: Stud. z. IV. Enneade	2	80
Knauer, Das Facit aus „E. v. Hartmann's Philos. d. Unbewussten"	1	—
— Seele und Geist	1	50
— Die Reflexionsbegriffe	1	20
Können wir etwas von Gott wissen. Ein Beitr. z. Erkenntnisslehre	1	20
Landau, Der Gottesbegriff	1	50
— Das Dasein Gottes und der Materialismus	2	—
Lasson, Gegenstand u. Behandlungsart d. Religionsphilosophie	1	20
† Lecky, Gesch. des Geistes der Aufklärung in Europa. 2. Ausg.	6	—
*Leibniz, G. W. v., Neue Abhandlungen über den menschlichen Verstand, herausgegeben von Schaarschmidt (56)	5	—
* — — Erläuterungen dazu von Schaarschmidt (65)	1	—
* — Die Theodicee (79)	4	50
* — — Erläuterungen dazu (80)	1	—
* — Die kleineren philosophisch wichtigeren Schriften (81)	2	—
* — — Erläuterungen dazu (82)	1	50
Lipps, Prof. Th., Psychologische Studien	3	20
*Locke, Ueber den menschlichen Verstand. 2 Bde. (50. 51)	6	—
* — — Erläuterungen dazu. 2 Hefte (52)	2	—
* — Leitung des Verstandes, übers. v. Jürgen B. Meyer (93)	1	—
† Lopez, Ueber die Civilehe, deutsch von Dr. Waldeck	—	50
† Luther, Sendschreiben an d. christl. Adel deutscher Nation	—	50
† Macchiavelli, Der Fürst, übersetzt von Dr. Grüzmacher	—	50
† — Erörterungen über die erste Dekade des Titus Livius	2	—
Merz, Dr. Joh. Th., Leibniz. Sein Leben u. seine Philosophie	3	—
*Mettrie, de la, Der Mensch eine Maschine, übersetzt von Dr. A. Ritter (67)	—	60
Meyer, W. A., Hypatia von Alexandria	1	40
Michelis, Dr. Fr., Die naturwissenschaftliche Unhaltbarkeit der Darwinschen Hypothese	—	60
† Milton's J., Polit. Hauptschr., übers. v. Bernhardi. 3 Bde.	10	50
† Mirabeau, Anklage gegen die Agiotage, übers. von Rast.	—	50

Monatshefte, Philosophische. Unter Mitwirkung v.
Dr. F. Ascherson, sowie mehrerer namhaften Fachgelehrten redigirt von C. Schaarschmidt. Erscheint
in Bänden von 10 Heften. Preis pro Band . . . . 12 —

Die **Philosophischen Monatshefte** werden, ihrem bisherigen Programme getreu, auch ferner keiner Schule und keinem System dienen, vielmehr den verschiedenen Seiten und Richtungen der wissenschaftlichen Bewegung auf dem ihnen zugehörigen Felde freies Spiel geben. Nach wie vor wird es das Bestreben der Redaction sein, über alle Erscheinungen der philosophischen Literatur, sowie über die für den Gang der philosophischen Thätigkeit einflussreichen Ereignisse die Leser der Monatshefte stets unterrichtet zu halten, um ihnen ein möglichst treues und vollständiges Bild von der Entwicklung der Philosophie in der Gegenwart zu geben.

Diesem Zwecke werden neben der **Bibliographie**, welche die **neuesten philosophischen Publikationen Deutschlands und des Auslandes** bietet, erstlich **Auszüge** und **Notizen** aus **deutschen** und **fremden Zeitschriften**, demnächst **Analysen** und **Recensionen aller** irgendwie **bedeutenden** oder doch **bemerkenswerthen Erscheinungen** auf dem Gebiete der Philosophie dienen

Die Philosophischen Monatshefte werden es aber auch zweitens sich angelegen sein lassen, durch selbständige **Aufsätze** und **Abhandlungen** in möglichst knapper Form, und soweit es ihr Raum verstattet, über die **wichtigsten Streitpunkte** und die brennenden **Zeitfragen** der **Philosophie** klärend und wo möglich fördernd in den Entwicklungsprocess dieser Wissenschaft einzugreifen.

In diesem Streben wird die Redaction der Philosophischen Monatshefte durch die Theilnahme einer grossen Anzahl von Mitarbeitern, zu denen die bedeutendsten Philosophen Deutschlands, Oesterreichs und der nordischen Länder zählen, werkthätig unterstützt.

Die Philosophischen Monatshefte erscheinen in Bänden zu 10 Heften à 4 Bogen zum Abonnementspreis von 12 M. Einzelne Hefte werden nur zum Preise von 2 M. abgegeben.

Die nachgenannten älteren Bände der **Philosophischen Monatshefte** sind folgendermassen im Preise ermässigt:
Band XII und XIII oder Jahrgang 1876 und 1877 . à 3 —
Bd. XIV, XV u. XVI od. Jahrg. 1878, 1879 u. 1880 à 6 —
Bei Bezug dieser 5 Bände auf einmal tritt eine weitere Ermässigung auf nur 20 M. insgesammt ein.

† **Monzambano**, Ueber die Verfassung des Deutschen Reiches,
   übers. von Dr. H. Bresslau . . . . 1 —
Neuhaeuser, Aristoteles' Lehre von dem sinnlichen Erkenntnissvermögen und seinen Organen . . . . 2 —
Noack, Ludw., Philosophie-geschichtliches Lexikon. Histor.-
   biogr. Handwörterbuch zur Geschichte der Philosophie. 18 —
Oncken, Wilh., Isokrates und Athen 2 50
* **Plato**, Der Staat, übersetzt von Schleiermacher (27) . 3 —
* — Gastmahl von Jung (83) . . . . 1 —

	ℳ	₰
* **Plato,** Theätet (87)	1	50
* — Parmenides (88)	1	50
Plümacher, O., Der Pessimismus in Vergangenheit u. Gegenwart. Geschichtliches und Kritisches	7	20
Quäbicker, Prof. Dr. R., Krit.-philos. Unters. I. Heft. Kant's u. Herbart's metaphys. Grundansichten üb. das Wesen d. Seele	2	—
— Ueb. Schleiermachers erkenntnisstheoretische Grundansicht	—	75
Renan, Ernst, Philosophische Dialoge und Fragmente, übers. von Dr. v. Zdekauer (seither 6 ℳ) ermässigt auf	2	—
— Spinoza. Rede übers. von C. Schaarschmidt	1	—
Rosenkranz, Karl, Neue Studien z. Cultur- u. Literaturgesch. in 4 Bänden (seither 38 ℳ), ermässigt auf	18	—
— Von Magdeburg bis Königsberg. Autobiographie (seither 8 ℳ), ermässigt auf	4	—
Rothenbücher, System d. Pythagoräer n. d. Angaben d. Aristoteles	1	50
* **Schleiermacher, Friedrich,** Monologen (6)	—	50
* — Philosophische Sittenlehre (24)	3	50
† **Schuler-Libloy,** Altgerm. Bilder u. die Zeit Karl's d. Grossen	—	50
— Abriss der europäischen Staats- und Rechtsgeschichte	5	—
† — Socialismus und Internationale	1	20
* **Scotus Erigena,** Ueber die Eintheilung der Natur, übers. v. L. Noack. 2 Bde. (40 l. II)	6	—
* — Sein Leben und seine Schriften von L. Noack (66)	—	50
* **Sextus Empiricus,** Pyrrhoneische Grundzüge. v. Dr. Pappenheim (74)	2	—
* — — Erläuterungen dazu von Pappenheim (86)	2	50
Spinoza. Sämmtliche Werke im Urtexte, herausgegeben von Dr. Hugo Ginsberg in 4 Bänden.		
I. Band Die Ethik	2	—
II. „ Der Briefwechsel	3	—
III. „ Der theologisch-politische Tractat	3	—
IV. „ Die unvollendeten Abhandlungen	3	—
* — Sämmtliche Werke, übers. von v. Kirchmann u. Prof. Schaarschmidt 8 —; gebdn. in 2 Halbfzbd.	11	—
* — Erläuterungen	4	—
* — Abhandlung von Gott, übers. v. Schaarschmidt (18)	1	—
* — Ethik. 4. Auflage (4) 1,50; in Halbleinwandband	2	—
* — — Erläuterungen dazu (5)	1	—
* — Theologisch-politische Abhandlung (35)	2	—
* — — Erläuterungen dazu (36)	—	50
* — Principien der Philosophie von Descartes (41)	1	—
* — — Erläuterungen dazu (42)	1	—
* — Verbesserung des Verstandes (44)	1	—
* — — Erläuterungen dazu (45)	1	—
* — Briefwechsel (46)	2	—
* — — Erläuterungen dazu (47)	—	50
Verhandlungen der philos. Gesellschaft zu Berlin, 21 Hefte à	1	20
† **Winckelmann,** Gesch. der Kunst des Alterthums, herausgeg. von Dr. J. Lessing. 2. Aufl. 4 —; in Halbfranzband	5	20
Wollny, Freiheit und Charakter des Menschen	1	20

Philosophische Bibliothek

oder

Sammlung

der

Hauptwerke der Philosophie
alter und neuer Zeit.

Begonnen

unter Mitwirkung namhafter Gelehrten

von

J. H. v. Kirchmann.

Vierter Band.

Benedict von Spinoza's Ethik.

Heidelberg, 1886.
GEORG WEISS, Verlag.

Benedict von Spinoza's
Ethik.

Uebersetzt, erläutert

und

mit einer Lebensbeschreibung Spinoza's versehen

von

J. H. v. Kirchmann.

Vierte verbesserte Auflage.

Heidelberg, 1886.
GEORG WEISS, Verlag.

$$13\overline{)791}$$

Vorwort des Uebersetzers
zur ersten Auflage.

Spinoza's Ethik bietet dem Uebersetzer mehr Schwierigkeiten als irgend ein anderes philosophisches Werk alter oder neuer Zeit. Zunächst sind es die Grundbegriffe seiner Philosophie, welche dem Vorstellen und selbst der Sprache der heutigen Zeit so fern liegen, dass die entsprechenden Worte dafür in letzterer kaum gefunden werden können. Sodann besteht bei Spinoza selbst vielfach ein Schwanken in der Schärfe seiner Begriffe und ein Wechsel in ihrer Bezeichnung, welcher die Deutlichkeit der Uebersetzung ausserordentlich erschwert und leicht den Leser glauben lassen kann, dass der Fehler nur an dem Uebersetzer liege. Ferner gebraucht Spinoza viele lateinische Worte in einem von dem gewöhnlichen völlig abweichenden Sinne, und der Uebersetzer kommt in Zweifel, ob er auch im Deutschen dem folgen oder das passendere Wort wählen soll. Endlich ist die geometrische Beweisführung, deren sich Spinoza im Geiste seiner Zeit bedient, und auf die er grossen Werth legt, weit entfernt, die Klarheit des Gedankenganges zu erhöhen, vielmehr ein Hinderniss für die natürliche und bündige Weise des Ausdrucks und damit eine neue Erschwerung des Verständnisses.

Der Uebersetzer ist deshalb fortwährend der Versuchung ausgesetzt, diese Mängel, die zum Theil nur in der Form liegen, bei der Uebertragung zu mildern, Undeutlichkeiten durch deutlichere Fassung zu klären und die schwerfällige Breite der Beweise zu kürzen. Unzweifelhaft würde die Uebersetzung weit lesbarer und verständlicher geworden sein, wenn der Unterzeichnete dieser Versuchung nachgegeben hätte; allein eine reifliche Erwägung liess ihn ein solches Vorgehen für unzulässig erachten.

Eine gute Uebersetzung muss nicht blos das Gute, sondern auch das Mangelhafte des Originals möglichst getreu wiedergeben, insbesondere gilt dies für ein Werk von so hoher Bedeutung, wie Spinoza's Ethik. Spinoza hat die Hälfte seines Lebens daran gearbeitet, und selbst, nachdem sie vollendet war, die letzten zehn Jahre seines Lebens an ihr gebessert. Unter solchen Umständen ist kein Uebersetzer berechtigt, seine eigene bessernde Hand an das Werk zu legen, vielmehr ist seine erste Pflicht, dem Werke bei der Uebertragung in das Deutsche seine volle Eigenthümlichkeit im guten wie im schlimmen Sinne zu erhalten, so weit es der Geist der deutschen Sprache überhaupt gestattet.

Die Vorrede von Jellis und Meyer, welche sich in der ersten Ausgabe der *Opera posthuma* befindet, ist nicht mit übersetzt worden, da sie für die Entstehung oder das Verständniss der Ethik ohne Werth ist und sich lediglich damit beschäftigt, die Uebereinstimmung der Ethik mit der Lehre der Bibel nachzuweisen.

Leser, welche nicht bereits genau mit den Gedanken und der Ausdrucksweise Spinoza's vertraut sind, also gerade die Leser, für welche diese Uebersetzung zunächst bestimmt ist, werden trotz aller auf sie verwendeten Sorgfalt unzweifelhaft an den meisten Sätzen Anstoss nehmen und über das schwierige Verständniss sich beklagen. Diesen Lesern wird gerathen, zunächst sich dadurch nicht abschrecken zu lassen, auch nicht gleich nach den Erläuterungen zu greifen, sondern in dem Studium des Werkes selbst beharrlich fortzufahren und zu versuchen, sich mit dem Autor unmittelbar zu verständigen. Es ist dies jedenfalls der richtigste, wenn auch nicht der bequemste Weg, das Verständniss des Werkes zu gewinnen. Je vertrauter sie mit den Gedanken des Autors auf diesem Wege geworden sind, desto nützlicher wird sich dann die spätere Benutzung der Erläuterungen erweisen, welche ihren Zweck nur erfüllen können, wenn der Leser mit dem Inhalte des ganzen Werkes bereits bekannt ist; erst dann werden sie die Klarheit der Auffassung erhöhen, die weit reichenden Beziehungen darlegen und so den Inhalt zum vollen Eigenthum des Lesers erheben können.

Eine andere Frage ist, ob ein Leser im Jahre 1868 sich von der Lehre Spinoza's befriedigt oder mindestens überzeugt erklären wird. Diese Frage gehört indess nicht hierher; hier war es nur die Aufgabe, dem Leser die

Möglichkeit zu gewähren, diesem grossen Geiste unmittelbar in seinem Hauptwerke nahe zu treten und so gleichsam aus eigener Wahrnehmung ein Urtheil über ihn zu fällen. Jeder einsichtige Leser wird dabei die Grösse der Grundgedanken Spinoza's von der mangelhaften Form ihrer Darstellung zu trennen wissen; in jenen war Spinoza seiner Zeit weit vorausgeschritten, und es mussten mehr als hundert Jahre verfliessen, ehe die Naturwissenschaft und die Philosophie am Anfange des neunzehnten Jahrhunderts bemerkten, dass ihre Fundamente zum grossen Theile bereits von Spinoza gelegt worden waren.

Aber auch abgesehen von dem Inhalte, wird das Studium der Ethik Spinoza's eine vortreffliche Schule für die Ausbildung des philosophischen Denkens nach allen Richtungen sein, und man kann sicher annehmen, dass Jeder, der das volle Verständniss dieses Werkes zu erreichen vermocht hat, vor keinem andern philosophischen Buche mehr zurückzuschrecken braucht.

Zur ersten Orientirung des Lesers kann die Einleitung dienen, welche im I. Bande dieser Sammlung als *Lehre vom Wissen* vorausgeschickt worden ist.

Berlin, im September 1868.

v. Kirchmann.

Vorwort zur dritten Auflage.

Bei dem regen Interesse, welches das Publikum an diesem Hauptwerke Spinoza's nimmt, wie der schnelle Absatz der beiden ersten starken Auflagen ergiebt, hat Unterzeichneter sich veranlasst gesehen, vor der neuen Auflage die Uebersetzung einer nochmaligen sorgfältigen Durchsicht zu unterziehen, zumal durch die seit dem ersten Erscheinen von dem Unterzeichneten fortgeführte Uebersetzung und Erläuterung der übrigen philosophischen Werke und der Briefe Spinoza's die Kenntniss und das Verständniss von dessen Philosophie sich nothwendig vertieft haben musste. In Folge dieser Durchsicht sind eine grosse Anzahl mehr oder weniger erheblicher Verbesserungen in die Uebersetzung des Textes und in die Lebensbeschreibung Sp.'s bei der jetzigen dritten Auflage eingeführt worden; doch ist dabei darauf gehalten worden, dass der Inhalt der einzelnen Seiten mit denen der beiden früheren Auflagen übereinstimmend geblieben ist, damit die in anderen Bänden der „Phil. Bibl." nach der Seitenzahl geschehenen Bezugnahmen auf die Ethik auch für diese dritte Auflage ihre Richtigkeit behalten.

Schliesslich noch ein Wort für Die, welche es mit dem Studium dieses Werkes ernstlich meinen. In Ergänzung des in dem Vorwort zur ersten Auflage gegebenen Raths wird ihnen noch empfohlen, das Studium der Philosophie Sp.'s nicht unmittelbar mit der Ethik zu beginnen, sondern mit dem „Anhange der metaphysischen Gedanken" zu Sp.'s Bearbeitung der Prinzipien des Descartes (B. XLI. der „Phil. Bibl."); und wollen sie noch gründlicher verfahren, so ist auch diese Bearbeitung der Prinzipien selbst, so wie die Abhandlung über die Verbesserung des Verstandes (B. XLIV. der „Phil. Bibl.") zu lesen. In diesen Schriften werden die wichtigsten in der Ethik auftretenden Begriffe vorbereitet und die deduktive Methode erläutert, nach welcher Sp. ein System in der Ethik dargestellt hat. Beide Systeme vermitteln den Uebergang aus der scholastischen Philosophie zu dem Systeme Sp.'s, wie es in der Ethik niedergelegt ist.

Ein weiteres und dabei sehr einfaches Hülfsmittel für das leichtere Verständniss der Ethik ist, dass der Leser im Stillen überall da, wo Sp. das Wort „Gott" gebraucht, dafür das Wort „Natur" oder noch genauer „wirkende Natur" (natura naturans) setzt. Beide gelten Sp. für ein und dasselbe, und Sp. selbst spricht dies wiederholt in der Ethik aus. Trotzdem ist es in Folge der religiösen Erziehung und des gewöhnlichen Sprachgebrauchs dem Leser kaum möglich, bei dem Worte „Gott" die Vorstellung abzuhalten, welche in der Bibel von Gott aufgestellt ist, und welche durchaus von dem Begriffe abweicht, den Sp. mit dem Worte „Gott" verbindet. Indem deshalb bei dem Worte „Gott" sich unwillkürlich immer die biblische Vorstellung von Gott eindrängt, entsteht hauptsächlich hieraus die Schwierigkeit, welche sich dem vollen Verständniss der Ethik entgegenstellt; setzt man dagegen statt dessen das Wort „Natur", so verschwinden sofort die meisten dieser Schwierigkeiten, und die Darstellung erhält eine Deutlichkeit, die den Leser selbst überrascht. Aehnliches gilt für andere Worte, wie „Wille", „Freiheit", „adäquate Vorstellung" u. s. w. Sp. hat hier und bei vielen anderen Ausdrücken die früher üblichen Worte beibehalten, obgleich er die damit bezeichneten Begriffe wesentlich verändert hatte. Es wäre deshalb vielleicht ein verdienstliches Unternehmen, wenn Jemand die in der jetzigen Sprache dafür zur Genüge vorhandenen richtigen Worte an Stelle jener missbräuchlich von Sp. benutzten Worte in dessen Ethik einschöbe; das Werk würde dadurch eine überraschende Deutlichkeit erhalten, aber freilich auch den Reiz der geheimnissvollen Weisheit verlieren, welcher es in seiner jetzigen Gestalt umschwebt.

Dasselbe gilt für die geometrische Form, in der der Inhalt dargestellt ist. In dem Vorwort zu Sp.'s Prinzipien des Descartes (B. XLI. der „Phil. Bibl.") ist ausführlich dargelegt worden, wie ungeeignet diese Form für den philosophischen Inhalt ist, und wie sehr Sp. selbst dadurch die natürliche und einfache Ermittelung seiner Gedanken geschädigt hat. Auch hier verlohnte es sich wohl, diese unpassende Form einmal zu beseitigen und den Inhalt in der seiner Natur entsprechenden Weise darzustellen. Das Werk würde dann auf die Hälfte seines Umfanges herabsinken, aber an Fasslichkeit unsäglich gewinnen; die Grösse und Hoheit seines Inhaltes würde erst dann in ihrem vollen Glanze strahlen, wenn diese trübe Hülle ihm abgenommen sein würde.

Berlin, im August 1877.

v. **Kirchmann**.

Vorwort zur vierten Auflage.

Die vierte Auflage ist einer eingehenden Durchsicht unterzogen worden und hat mancherlei Veränderungen erfahren.

Man erlaubt sich an dieser Stelle auf die in gleichem Verlage erschienene lateinische Ausgabe der Werke Spinoza's, besorgt von Hugo Ginsberg, hinzuweisen, deren erster Band die Ethik enthält.

Erklärung der Abkürzungen.

D. bedeutet Definition.
E. „ Erläuterung.
A. „ Axiom.
L. „ Lehrsatz.
Z. „ Zusatz.
Ln. „ Lehnsatz.
H. „ Heischesatz.
S. „ Satz.
Erkl. „ Erklärung.

Die Ziffern in Klammern am Schluss einzelner Sätze beziehen sich auf die Erläuterungen des Herausgebers, welche, in einem besondern Bändchen erschienen, unter denselben Nummern dort aufgeführt sind.

Die in Parenthesen aufgeführten Buchstaben und Ziffern beziehen sich auf die betreffenden Lehrsätze, Definitionen u. s. w. des Werkes selbst und rühren von Spinoza her.

Spinoza's Leben und Schriften.

Baruch oder Benedict von Spinoza wurde am 24. November 1632 in Amsterdam geboren, in dem Jahre, wo der dreissigjährige Krieg in Deutschland am heftigsten wüthete. Sp.'s Familie war mit anderen jüdischen Familien aus Spanien und Portugal im Anfang des 17. Jahrhunderts nach den Niederlanden ausgewandert, um dem Druck der Inquisition zu entgehen. Sein Vater war angesehen, nicht unbemittelt und von gesundem Verstande. Er liess seinen Sohn in der jüdischen Schule unterrichten; doch beschränkte dieser Unterricht sich auf die jüdische Religion und den Gottesdienst. Spinoza's Lehrer, Morteira, preist den Scharfsinn und die ausgebreiteten Kenntnisse seines Schülers, und schon in seinem funfzehnten Jahre galt Spinoza als ein ausgezeichneter Kenner des Talmud.

Spinoza wurde zum Studium der Theologie bestimmt. Die Anfangsgründe des Lateinischen lernte er bei einem Deutschen; später vervollkommnete er sich darin bei einem Arzt, Namens Van der Ende, der öffentlichen Unterricht ertheilte; im Griechischen blieb Spinoza immer schwach. Während dieser Studien verliebte sich Spinoza in die Tochter seines Lehrers; ein Nebenbuhler soll ihn aber durch einen reichen Perlenschmuck ausgestochen haben, was indess nach neuerlich aufgefundenen Nachrichten eine Fabel zn sein scheint. Jedenfalls scheint Spinoza's Liebe von Seiten des Mädchens nicht erwidert worden zu sein, und die Rückwirkungen dieser trüben Erfahrung lassen sich noch in der Vorstellung erkennen, welche Spinoza von der Liebe in seiner Ethik giebt; vielleicht war sie auch der Anlass, dass Spinoza sich nie verheirathete.

Spinoza äusserte schon als Jüngling sehr freie Ansichten über die Religion, und in Folge von Denunciationen kam die Sache bei den Richtern der Synagoge in Amsterdam zur Sprache. Da Spinoza zu keinem Widerruf zu bewegen war, ward über ihn in seinem 23. Jahre der grosse Bann ausgesprochen und er aus der jüdischen Gemeinde ausgestossen. Spinoza nahm dies ziemlich ruhig hin und schloss sich auch später keiner christlichen Konfession an. Er fand zunächst Zuflucht in dem Hause seines Lehrers v. d. Ende und erlernte das Schleifen optischer Gläser, womit er sich seinen Unterhalt erwarb. 1660 begab sich Spinoza nach Rhynsburg und setzte dort seine philosophischen Studien eifrig fort. Die Philosophie des Descartes stand damals in ihrer Blüthe; Spinoza studirte sie mit Eifer, gab auch einem jungen Manne darin Unterricht und diktirte ihm in geometrischer Beweisform den Inhalt der Prinzipien der Philosophie von Descartes. Dieses Heft kam später Freunden des Spinoza in Amsterdam zu Gesicht, und auf deren Ansuchen vervollständigte er diese Schrift und gestattete ihnen deren Herausgabe, welche unter dem Titel: „Die Grundsätze der Philosophie des Descartes, geometrisch bewiesen von B. von Spinoza, mit einem Anhange metaphysischer Untersuchungen" im Jahre 1663 zu Amsterdam erfolgte. Obgleich diese Schrift nur eine Darstellung der Philosophie des Descartes sein sollte, so traten doch die eigenen abweichenden Ansichten Spinoza's darin schon hervor. Spinoza selbst hat auf diese Arbeit niemals einen besonderen Werth gelegt, und nur einmal in seiner Ethik erwähnt er derselben (Ethik I. L. 19. *E.*). Während seines Aufenthalts in Rhynsburg wurde er viel von wissbegierigen jungen Leuten aufgesucht und zu Vorlesungen bestimmt, in welchen er denselben seine eigene Philosophie vortrug. Spinoza hatte zu dem Ende für seine Zuhörer eine Schrift in lateinischer Sprache verfasst, in welcher die wesentlichen Sätze seiner eigenen Philosophie kurz aufgestellt und begründet wurden. Dieselbe führte den Titel: „Ueber Gott, den Menschen und sein Wohl." Obgleich dieses Manuskript bei dem Tode Spinoza's noch vorhanden war, so ist es doch von L. Meyer, dem Herausgeber seiner nachgelassenen Werke, in diese nicht mit aufgenommen worden und später verloren gegangen. Erst 1860 wurde in Holland eine handschriftliche holländische Uebersetzung dieses Werkes aufgefunden und mit einer lateinischen Rückübersetzung 1862 von van Vloten herausgegeben.

Im Jahre 1664 zog Spinoza nach Voorburg, eine Meile vom Haag, und 1670 siedelte er auf Zureden seiner Freunde ganz nach dem Haag über. Hier wohnte Spinoza anfangs bei der Wittwe van Velden in grosser Eingezogenheit; er blieb meist auf seinem Zimmer, arbeitete und brachte oft zwei bis drei Tage zu, ohne Jemand zu sehen. Später miethete er sich der Ersparniss wegen eine billigere Wohnung bei dem Maler van der Spyk, bei dem er bis zu seinem Lebensende wohnen blieb.

Im Jahre 1670 erschien Spinoza's zweite Schrift, die „Theologisch-politische Abhandlung", in welcher zuerst die Grundgedanken des späteren Rationalismus über die Bedeutung und Auslegung der Bibel von Spinoza entwickelt worden sind. Die Bibel stellt nach Spinoza nur Sittengesetze auf; sie zielt auf Gehorsam, aber nicht auf Erkenntniss der Wahrheit.

Diese Schrift erregte grosses Aufsehen und erweckte dem Spinoza eine Menge Feinde. Es entspann sich darüber eine heftige literarische Fehde, und Spinoza kam selbst persönlich zu Amsterdam in Gefahr. Dies bestimmte ihn, von jeder weiteren Veröffentlichung seiner Schriften, insbesondere seiner schon damals vollendeten Ethik, abzusehen.

Zu diesen Schriften gehört zunächst die Abhandlung „Ueber die Verbesserung des Verstandes", welche wahrscheinlich bald nach Spinoza's geometrischer Bearbeitung der Philosophie des Descartes von ihm verfasst sein mag, aber von ihm nicht vollendet worden ist. Kurz nach dieser wird Spinoza die bereits erwähnte Abhandlung: „Ueber Gott, den Menschen und sein Wohl" verfasst haben, die er bei dem Unterricht der ihn in Rhynsburg besuchenden Schüler benutzte. Sie bildet den ersten Entwurf seines philosophischen Systems, und wahrscheinlich hat Spinoza bald darauf seine Ethik begonnen und ausgearbeitet, welche sein Hauptwerk bildet und sein System in streng geometrischer Weise vollständig entwickelt. Als Spinoza die erwähnte theologisch-politische Abhandlung verfasste, war seine Ethik zwar bereits vollendet; doch wird Spinoza noch bis zu seinem Tode an diesem seinem Haupt- und vollendetsten Werke gebessert haben. Sie sollte nach seiner Anordnung erst nach seinem Tode und auch dann nur anonym erscheinen. Sein letztes philosophisches Werk ist die „Politische Abhandlung", welche er vielleicht ein Jahr vor seinem Tode begonnen hat und an deren Vollendung er nur durch sein Ableben gehindert worden ist.

Im Februar 1673 bot ihm der Kurfürst von der Pfalz die Professur der Philosophie an der wieder errichteten Universität in Heidelberg an. Der Kurfürst kannte die Schriften des Spinoza und erklärte ihm nur: wie er erwarte, Spinoza werde die Freiheit zu philosophiren nicht zum Umsturz der öffentlich feststehenden Religion missbrauchen. Spinoza lehnte indess das Anerbieten ab, indem er dem Kanzler erwiderte: „Da ich nie Willens war, öffentlich zu lehren, so kann ich diese Gelegenheit nicht ergreifen. Erstlich bedenke ich, dass ich in der Fortbildung der Philosophie zurücktrete, wenn ich dem Unterricht der Jugend obliege; sodann, dass ich nicht weiss, innerhalb welcher Grenzen jene Freiheit gehalten werden soll, damit ich die Religion nicht umstürze."

Spinoza war von schwacher Gesundheit; er litt seit Jahren an der Abzehrung, und nur eine strenge Diät hatte ihn bis dahin geistig frisch und kräftig erhalten. Aus seinem Briefe vom 15. Juli 1676 (No. 72 der Sammlung) ersieht man, dass er damals, acht Monate vor seinem Tode, noch den lebendigsten Antheil an Wissenschaft und Philosophie nahm. Sein Tod erfolgte unerwartet und ohne Schmerzen am 21. Februar 1677. Spinoza hatte noch am Morgen mit seinen Wirthsleuten gesprochen und seinen Freund Meyer rufen lassen, in dessen Beisein er verschied.

Spinoza war von mittlerer Statur und dunkler Gesichtsfarbe; seine Züge waren regelmässig; lange schwarze Augenbrauen und schwarze Haare liessen die jüdische Abstammung erkennen. Er lebte ausserordentlich mässig; seine Mahlzeit für den ganzen Tag bestand oft nur in Milch- oder Hafergrützsuppe; selten trank er Wein; Einladungen lehnte er ab und war in seiner Kleidung ebenso einfach wie sauber und in seinen Geldangelegenheiten pünktlich und ordentlich. Bisweilen rauchte er eine Pfeife Tabak, und wenn er sich ein Vergnügen machen wollte, fing er Fliegen, warf sie in ein Spinnennetz und lachte laut über den Kampf derselben mit der Spinne. Er war gesprächig, leutselig und unterhielt sich vor dem Schlafengehen gern mit seinen Wirthsleuten. Bei seines Vaters Tode nahm er sich nur ein Bett aus der Erbschaft und liess das Uebrige seinen Schwestern. Sein Freund **Simon von Fries** wollte ihm einmal 2000 Gulden schenken; allein Spinoza lehnte es mit den Worten ab: „Die Natur ist mit Wenigem zufrieden, und wenn sie es ist, bin ich es auch." Das ihm von Fries in dessen Testament ausgesetzte Jahrgeld von 500 Gulden verminderte Spinoza selbst auf 300 Gulden, die er bis an sein Lebensende bezogen hat.

Zu seinen näheren Freunden gehörte der Arzt **Ludwig Meyer** aus Amsterdam und **Heinrich Oldenburg** aus Bremen, Resident des niedersächsischen Kreises bei Cromwell und Karl II. in London; Spinoza stand mit ihnen sowie mit andern bedeutenden Männern seiner Zeit in lebhaftem Briefwechsel, und eine Anzahl dieser Briefe hat Meyer nach Spinoza's Tode, zum Theil freilich stark verstümmelt, herausgegeben. Obgleich darin meist über Spinoza's Philosophie verhandelt wird, so bieten sie doch nicht die Aufklärung, welche man von ihnen erwarten könnte; Spinoza beschränkt sich darin meist auf wörtliche Wiederholung der in seiner Ethik aufgestellten Sätze und zeigt sich für die Klagen seiner Freunde über die Dunkelheit derselben wenig empfänglich.

Nach Spinoza's Tode übernahm sein Freund, der Arzt L. Meyer, in dessen Armen Spinoza seinen Geist aufgegeben hatte, die Herausgabe seiner Ethik, und zwar anonym, wie Spinoza verordnet hatte, nur die Anfangsbuchstaben seines Namens wurden auf den Titel gesetzt. Gleichzeitig damit veröffentlichte Meyer auch die übrigen oben genannten Abhandlungen über die Verbesserung des Verstandes und die politische Abhandlung, so weit Spinoza sie fortgesetzt hatte; ferner den Anfang einer lateinisch abgefassten hebräischen Grammatik und endlich 75 Briefe Spinoza's und seiner Freunde, die Meyer aus einer grossen bei Spinoza's Tode vorgefundenen Anzahl als die für seine Philosophie erheblichsten auswählte.

Dagegen ist Spinoza's Abhandlung: „Ueber Gott, den Menschen und sein Wohl" und die physikalisch-mathematische Abhandlung desselben über den „Regenbogen", wie erwähnt, erst um das Jahr 1860 in Holland wieder aufgefunden und nebst einigen noch ungedruckten Briefen 1862 in Amsterdam veröffentlicht worden.

Spinoza's oben genannte Werke wurden nach seinem Tode viel in Holland und Frankreich aufgelegt, auch ins Holländische und Französische übersetzt. Später mit Ende des 17. Jahrhunderts trat das Interesse an seiner Philosophie zurück; in Deutschland wurde sie von der Leibniz-Wolff'schen Philosophie verdrängt, und selbst Kant und Fichte zeigen sich von Spinoza nicht beeinflusst. In Frankreich und England liess die vorwiegende empirische Richtung die Philosophie Spinoza's nicht aufkommen. Erst durch Lessing und Jacobi wurde in Deutschland das Andenken an Spinoza wieder wachgerufen, und erst 120 Jahre nach Spinoza's Tode nahmen Schelling und Hegel seine Grundgedanken wieder auf und erbauten darauf ihr System des absoluten Idealismus. Hegel kann deshalb ohne das Studium des Spinoza nicht wohl verstanden werden. Seitdem ist die Philosophie Spinoza's in Deutschland wieder zu hohem Ansehen gekommen, und die erklärenden, kritisirenden, lobenden und tadelnden Schriften über Spinoza bilden ein langes Verzeichniss, was in Ueberweg's Geschichte der Philosophie nachgesehen werden kann.

Gesammtausgaben seiner bis dahin bekannten Werke sind erschienen von Paulus, Jena 1802 und 1803; von Gfrörer, Stuttgart 1830; von Bruder, Leipzig 1843; von Ginsberg, Heidelberg 1875—1882; von van Vloten und Land, Haag 1882 u. 1883. Eine vollständige deutsche Uebersetzung der philosophischen Werke Spinoza's hat geliefert Ewald, Gera 1791—1793, Berthold Auerbach, 2. Aufl. Stuttgart 1871, und J. H. von Kirchmann in Verbindung mit C. Schaarschmidt. Die beiden letztern Ausgaben enthalten auch die 1860 aufgefundene Abhandlung „Ueber Gott, den Menschen und sein Wohl". Die Ethik allein ist übersetzt von Wolff, 1744, und von Schmitt, Berlin 1811.

Benedict von Spinoza's
Ethik

auf geometrische Weise begründet

in

fünf Theilen, welche handeln:

I. Von Gott.
II. Von der Natur und dem Ursprung der Seele.
III. Von dem Ursprung und der Natur der Affekte.
IV. Von der menschlichen Knechtschaft oder von den Kräften der Affekte.
V. Von der Macht des Verstandes oder von der menschlichen Freiheit.

Erster Theil.[1]

Von Gott.

D. 1. Unter Ursache seiner verstehe ich das, dessen Wesen das Dasein in sich schliesst, oder das, dessen Natur nur als daseiend dargestellt werden kann. [2]

D. 2. Derjenige Gegenstand heisst in seiner Art endlich, welcher durch einen andern derselben Natur begrenzt werden kann. So heisst z. B. ein Körper endlich, weil man sich einen anderen, immer noch grösseren, vorstellt. So wird ein Gedanke durch einen anderen Gedanken begrenzt. Aber ein Körper wird nicht durch einen Gedanken und ein Gedanke nicht durch einen Körper begrenzt. [3]

D. 3. Unter Substanz verstehe ich das, was in sich ist und aus sich begriffen wird, d. h. das, dessen Vorstellung nicht der Vorstellung eines anderen Gegenstandes bedarf, um daraus gebildet werden zu müssen. [4]

D. 4. Unter Attribut verstehe ich das, was der Verstand von der Substanz als das erfasst, was ihr Wesen ausmacht. [5]

D. 5. Unter Zustand verstehe ich die Erregungen der Substanz, oder das, was in einem anderen ist, durch das es auch vorgestellt wird. [6]

D. 6. Unter Gott verstehe ich das unbedingt unendliche Wesen, d. h. die Substanz, welche aus unendlichen Attributen besteht, von denen jedes eine ewige und unendliche Wesenheit ausdrückt. [7]

E. Ich sage: unbedingt unendlich, nicht aber in seiner Art unendlich. Denn was nur in seiner Art unendlich ist, von dem können unendliche Attribute verneint werden; was aber unbedingt unendlich ist, zu dessen Wesen gehört Alles, was eine Wesenheit ausdrückt und keine Verneinung enthält.

D. 7. Derjenige Gegenstand heisst **frei**, der aus der blossen Nothwendigkeit seiner Natur existirt und von sich allein zum Handeln bestimmt wird; **nothwendig** aber oder vielmehr **gezwungen**, der von einem Andern bestimmt wird zum Dasein und zum Wirken in fester und bestimmter Weise.[8])

D. 8. Unter **Ewigkeit** verstehe ich das Dasein selbst, so weit es als nothwendig folgend aus der blossen Definition des ewigen Gegenstandes aufgefasst wird.

E. Denn ein solches Dasein wird, wie das Wesen des Gegenstandes, als ewige Wahrheit aufgefasst; es kann deshalb durch die Dauer oder die Zeit nicht erklärt werden, wenn man sich auch die Dauer als des Anfangs und des Endes entbehrend vorstellt.[9])

A. 1. Alles, was ist, ist in sich oder in einem Anderen.[10])

A. 2. Das, was durch ein Anderes nicht aufgefasst werden kann, muss durch sich selbst aufgefasst werden.[11])

A. 3. Aus einer gegebenen bestimmten Ursache folgt nothwendig eine Wirkung, und umgekehrt, wenn keine bestimmte Ursache gegeben ist, so ist es unmöglich, dass eine Wirkung folge.[12])

A. 4. Die Erkenntniss der Wirkung hängt von der Erkenntniss der Ursache ab und schliesst diese ein.[13])

A. 5. Gegenstände, die nichts mit einander gemein haben, können auch nicht durch sich gegenseitig erkannt werden, oder die Vorstellung des einen schliesst nicht die Vorstellung des anderen ein.[14])

A. 6. Eine wahre Vorstellung muss mit ihrem Vorgestellten übereinstimmen.[15])

A. 7. Alles, was als nicht daseiend vorgestellt werden kann, dessen Wesen schliesst nicht das Dasein ein.[16])

L. 1. *Die Substanz ist der Natur nach vor ihren Zuständen.*[17])

B. Dies erhellt aus D. 3 und 5.

L. 2. *Zwei Substanzen, welche verschiedene Attribute haben, haben nichts unter sich gemein.*[18])

B. Auch dies erhellt aus D. 3; denn jede muss in sich sein und durch sich aufgefasst werden, oder die Vorstellung der einen schliesst nicht die Vorstellung der anderen ein.

L. 3. *Von Gegenständen, die nichts unter sich gemein haben, kann der eine nicht die Ursache des anderen sein.* [19])

B. Wenn sie nichts unter sich gemein haben, so können sie auch nicht einer durch den andern erkannt werden (A. 5), folglich kann der eine nicht die Ursache des anderen sein (A. 4).

L. 4. *Zwei oder mehr verschiedene Dinge unterscheiden sich entweder durch den Unterschied der Attribute der Substanzen oder durch den Unterschied ihrer Zustände.* [20])

B. Alles, was ist, ist in sich oder in einem Anderen (A. 1), d. h. ausser der Erkenntniss giebt es nichts, als Substanzen und deren Zustände (D. 3 und 5). Es giebt deshalb ausser der Erkenntniss nichts, wodurch mehrere Dinge sich unterscheiden können, als die Substanzen oder, was dasselbe ist (A. 4), als die Attribute und die Zustände der Substanzen.

L. 5. *In der Natur kann es nicht zwei oder mehr Substanzen von derselben Natur oder von demselben Attribute geben.* [21])

B. Gäbe es deren mehrere verschiedene, so müssten sie sich entweder durch den Unterschied der Attribute oder den der Zustände unterscheiden (L. 4). Wäre es nur durch den Unterschied der Attribute, so wäre damit zugestanden, dass es nur **eine** Substanz von demselben Attribut geben könne. Wäre es aber durch den Unterschied der Zustände, so ist doch die Substanz von Natur vor ihren Zuständen (L. 1); lässt man also diese Zustände bei Seite und betrachtet die Substanzen an sich, d. h. wahrhaft (D. 3 und 6), so kann man nicht vorstellen, dass sich die eine von der anderen unterscheidet, d. h. es kann nicht mehrere Substanzen geben, sondern nur eine (L. 4).

L. 6. *Eine Substanz kann nicht von einer anderen Substanz hervorgebracht werden.* [22])

B. Es kann in der Natur nicht zwei Substanzen mit demselben Attribut geben (L. 5), d. h. (L. 2) welche etwas mit einander gemein haben. Deshalb kann die eine nicht die Ursache der anderen sein (L. 3), oder eine kann nicht von der anderen hervorgebracht werden.

Z. Daraus ergiebt sich, dass eine Substanz nicht von etwas Anderem hervorgebracht werden kann. Denn auser Substanzen und deren Zuständen giebt es in der Natur nichts, wie aus A. 1 und D. 3 und 5 erhellt. Aber von einer Substanz kann sie nicht hervorgebracht werden (L. 5); also kann eine Substanz von etwas Anderem unbedingt nicht hervorgebracht werden.

Ein anderer Beweis. Es lässt sich dies noch leichter aus dem Widersinnigen des Gegentheils erweisen. Denn wenn eine Substanz von etwas Anderem hervorgebracht werden könnte, so müsste ihre Erkenntniss von der Erkenntniss ihrer Ursache abhängig sein (A. 4); folglich wäre sie keine Substanz (D. 3).

L. 7. *Zur Natur der Substanz gehört das Dasein.* [23])

B. Die Substanz kann nicht von etwas Anderem hervorgebracht werden (Z. zu L. 6), sie ist deshalb die Ursache ihrer selbst; d. h. ihr Wesen enthält nothwendig das Dasein (D. 1), oder das Dasein gehört zu ihrer Natur.

L. 8. *Jede Substanz ist nothwendig unendlich.* [24])

B. Die Substanz mit einem Attribut existirt nur in der Einzahl (L. 5), und zu ihrer Natur gehört das Dasein (L. 7). Es gehört deshalb zu ihrer Natur, dass sie nothwendig als endliche oder als unendliche existirt. Aber das Erste ist unmöglich, denn dann müsste sie durch eine andere Substanz derselben Natur begrenzt werden (D. 2), die ebenfalls nothwendig dasein müsste (L. 7), mithin gäbe es zwei Substanzen desselben Attributs, was widersinnig ist (L. 5). Die Substanz besteht daher als eine unendliche.

E. 1. Da das Endlich-Sein in Wahrheit eine theilweise Verneinung ist, und das Unendliche die unbeschränkte Bejahung des Daseins irgend einer Natur ist, so folgt aus dem blossen Lehrsatz 7, dass jede Substanz unendlich sein muss.

E. 2. Ich zweifle nicht, dass es Allen, welche über die Dinge verworren urtheilen und nicht gewöhnt sind, die Dinge nach ihren ersten Gründen zu erforschen, schwer fallen wird, den Beweis des Lehrsatzes 7 zu fassen, weil sie nämlich zwischen den Zuständen der Substanzen und diesen selbst nicht unterscheiden und nicht wissen, wie die Dinge hervorgebracht werden. Daher kommt es, dass sie den Anfang, welchen sie bei den natürlichen Dingen sehen, den Substanzen andichten. Denn wer die wahren Ursachen der Dinge nicht kennt, vermischt Alles und lässt ohne irgend ein Widerstreben seiner Seele sowohl Bäume wie Menschen sprechen und die Menschen sich ebenso aus Steinen wie aus Samen bilden und jede Gestalt in jede beliebige andere sich verwandeln. So legt auch Der, welcher die göttliche Natur mit der menschlichen vermengt, Gott leicht menschliche Affekte bei; insbesondere so lange ihm unbekannt ist, wie die Affekte in der Seele hervorgebracht werden. Hätten dagegen die Menschen auf die Natur der Substanzen Acht, so würden sie nicht im Geringsten an der Wahrheit des Lehrsatzes 7 zweifeln; ja er würde Allen als selbstverständlich gelten und zu den Gemein-Begriffen gezählt werden. Denn dann würde man unter „Substanz" nur das verstehen, was in sich besteht und durch sich aufgefasst wird, d. h. dessen Erkenntniss nicht der Erkenntniss eines anderen Gegenstandes bedarf; unter Zuständen aber das, was in einem Anderen ist, und deren Vorstellung nach der Vorstellung des Gegenstandes, in dem sie sind, sich bildet. Deshalb kann man wahre Vorstellungen von Zuständen, die nicht bestehen, haben, weil, wenn sie ausserhalb des Verstandes auch nicht wirklich bestehen, ihr Wesen doch in einem Anderen so enthalten ist, dass sie durch dies Andere erfasst werden können. Aber die Wahrheit der Substanzen ist ausserhalb des Verstandes nur in ihnen selbst, weil sie durch sich vorgestellt werden. Wenn daher Jemand spräche, er habe die klare und deutliche, d. h. die wahre Vorstellung von einer Substanz, aber sei zweifelhaft, ob sie da sei, so wäre dies wahrhaftig ebenso, als wenn er sagte, er habe eine wahre Vorstellung, aber er zweifle doch, ob sie nicht eine falsche sei (wie jedem Aufmerksamen klar ist); oder wenn Jemand behauptete, dass eine Substanz erzeugt werden könne, so behauptete er zugleich, dass eine falsche Vorstellung zu einer wahren gemacht worden, und ein Verkehrteres kann man sich nicht vorstellen. Man muss deshalb nothwendig zugestehen, dass das Dasein der Substanz ebenso wie ihr Wesen eine ewige Wahrheit ist.

Man kann von hier aus auch in anderer Weise darlegen, dass es nur eine Substanz gleicher Natur geben kann, und ich halte es der Mühe werth, dies hier zu zeigen. Um dies ordnungsmässig zu thun, halte man fest 1) dass die wahre Definition jedes Gegenstandes nichts enthält noch ausspricht, als die Natur des definirten Gegenstandes. Daraus erhellt 2) dass keine Definition eine bestimmte Zahl des Einzelnen einschliesst oder ausdrückt, da sie eben nur die Natur des definirten Gegenstandes ausdrückt. So drückt z. B. die Definition des Dreiecks nur die einfache Natur des Dreiecks aus, aber keine bestimmte Zahl von Dreiecken. 3) Es ist festzuhalten, dass es von jedem daseienden Gegenstande nothwendig eine bestimmte Ursache geben muss, durch welche er existirt. 4) Endlich ist festzuhalten, dass die Ursache, weshalb ein Ding existirt, entweder in der Natur und Definition des daseienden Dinges enthalten sein muss (nämlich weil das Dasein zur Natur desselben gehört), oder dass diese Ursache ausserhalb des Dinges gegeben sein muss.

Aus diesen Sätzen folgt, dass, wenn eine bestimmte Zahl von Einzelnen in der Natur besteht, nothwendig eine Ursache da sein muss, weshalb gerade diese Zahl und nicht mehr oder weniger bestehen. Wenn z. B. in der Natur zwanzig Menschen bestehen (von denen ich des leichteren Verständnisses wegen annehme, dass sie zugleich bestehen und keine anderen Menschen vorher in der Natur bestanden haben), so genügt es nicht (um nämlich den Grund anzugeben, weshalb zwanzig Menschen bestehen), als Ursache die menschliche Natur im Allgemeinen darzulegen, sondern es ist ausserdem nöthig, die Ursache aufzuweisen, weshalb gerade zwanzig oder nicht mehr oder weniger bestehen; da (No. 3) es nothwendig für Jeden eine Ursache geben muss, weshalb er besteht. Diese Ursache kann aber nicht in der allgemeinen menschlichen Natur enthalten sein (No. 2. 3.), da die wahre Definition des Menschen die Zahl zwanzig nicht enthält. Es muss also die Ursache, weshalb diese zwanzig bestehen (No. 4) und folgeweise, weshalb jeder Einzelne besteht, nothwendig ausserhalb eines Jeden bestehen. Daraus folgt unbedingt, dass Alles, von dessen Natur mehrere Einzelne da sein können, nothwendig eine äussere Ursache für sein Dasein haben muss. Da es aber zur Natur der Substanz, wie hier gezeigt wird, gehört, zu bestehen, so muss ihre Definition das nothwendige Dasein einschliessen, und folglich muss man aus ihrer blossen Definition ihr Dasein folgern. Aber aus ihrer Definition folgt nicht das Dasein von mehreren Substanzen (wie schon in No. 2 und 3 oben gezeigt worden ist). Es folgt also aus ihr nothwendig, dass nur eine einzige Substanz derselben Natur besteht, wie behauptet worden [25]).

L. 9. *Je mehr Realität oder Sein ein jedes Ding hat, um so mehr Attribute kommen ihm zu.* [26])

B. Dies erhellt aus D. 4.

L. 10. *Jedes Attribut einer Substanz muss durch sich aufgefasst werden.*

B. Denn das Attribut ist das, was der Verstand von der Substanz als das auffasst, was ihr Wesen ausmacht (D. 4), folglich muss es durch sich selbst aufgefasst werden (D. 3).

E. Hieraus erhellt, dass, wenngleich zwei Attribute als wirklich verschieden aufgefasst werden, d. h. eines ohne die Hülfe des anderen, man doch deshalb nicht schliessen kann, dass sie zwei Dinge oder zwei verschiedene Substanzen ausmachen. Denn es gehört zur Natur der Substanz, dass jedes ihrer Attribute durch sich aufgefasst wird; da ja alle Attribute, welche sie hat, immer zugleich in ihr gewesen sind und keines von dem anderen hat hervorgebracht werden können, sondern jedes die Realität oder das Sein der Substanz ausdrückt. Es ist also durchaus nicht widersinnig, einer Substanz mehrere Attribute beizulegen; im Gegentheil ist nichts in der Natur einleuchtender, als dass jedes Wesen unter irgend einem Attribut aufgefasst werden muss, und dass, je mehr Realität oder Sein es hat, es desto mehr Attribute haben muss, welche sowohl die Nothwendigkeit oder Ewigkeit als die Unendlichkeit ausdrücken. Folglich ist auch nichts einleuchtender, als dass das unbedingt unendliche Wesen nothwendig als ein Wesen definirt werden muss (wie in D. 6 gezeigt worden), was aus unendlichen Attributen besteht, deren jedes eine gewisse ewige und unendliche Wesenheit ausdrückt. Wenn man aber fragt, an welchem Zeichen man den Unterschied der Substanzen erkennen könne, so lese man die folgenden Lehrsätze, welche zeigen, dass in der Natur nur eine Substanz besteht, und dass diese unbedingt unendlich ist. Deshalb würde man nach solchem Zeichen vergeblich suchen. [27])

L. 11. *Gott, oder die Substanz, welche aus unendlichen Attributen besteht, von denen jedes ewige und unendliche Wesenheit ausdrückt, ist nothwendig da.*

B. Wer dieses bestreitet, der stelle sich vor, wenn es ihm möglich ist, Gott bestehe nicht. Also (A. 7) schliesst sein Wesen sein Dasein nicht ein. Aber dies ist (L. 7) widersinnig. Also ist Gott nothwendig da. [28])

B. 2. Ein anderer Beweis. Jedem Gegenstande muss eine Ursache oder ein Grund zugetheilt werden, sowohl weshalb er besteht, als weshalb er nicht besteht. Wenn z. B. ein Dreieck da ist, so muss es einen Grund oder eine Ursache geben, weshalb es da ist; wenn es aber nicht da ist, so muss es auch einen Grund oder eine Ursache geben, welche sein Dasein verhindert, oder welche sein Dasein aufhebt. Dieser Grund oder diese Ursache muss entweder in der Natur des Gegenstandes oder ausserhalb desselben enthalten sein. So zeigt z. B. die eigene Natur des Kreises den Grund, weshalb ein viereckiger Kreis nicht besteht, nämlich weil er einen Widerspruch enthält. So folgt das Dasein der Substanz aus der blossen Natur derselben, weil diese das Dasein einschliesst (L. 7). Aber der Grund für das Dasein oder Nicht-Dasein des Kreises oder Dreiecks ergiebt sich nicht aus deren Natur, sondern nur aus der Ordnung der ganzen körperlichen Natur. Denn aus ihr muss hervorgehen, dass das Dreieck jetzt nothwendig besteht, oder dass sein gegenwärtiges Dasein unmöglich ist. Dies ist selbstverständlich. Hieraus folgt, dass dasjenige nothwendig besteht, bei dem kein Grund oder Ursache vorhanden ist, welche sein Dasein hindert. Wenn es also keinen Grund oder Ursache giebt, welcher das Dasein Gottes hindert oder aufhebt, so folgt, dass er nothwendig da ist. Gäbe es einen solchen Grund oder Ursache, so müsste sie entweder in der eigenen Natur Gottes oder ausserhalb derselben bestehen, d. h. in einer anderen Substanz von anderer Natur. Denn wäre sie von derselben Natur, so wäre damit eingeräumt, dass Gott da sei. Wäre die Substanz anderer Natur, so könnte sie mit Gott nichts gemein haben (L. 2), also auch sein Dasein weder setzen noch aufheben.

Da es also einen Grund oder eine Ursache, welche das göttliche Dasein aufhöbe, ausserhalb der göttlichen Natur nicht geben kann, so wird nothwendig in ihrer Natur selbst der Grund für ihr Nichtsein enthalten sein müssen, welche mithin einen Widerspruch einschlösse. Es ist widersinnig, von dem unbedingt unendlichen und höchst vollkommenen Wesen dies zu behaupten. Also giebt es weder in Gott noch ausserhalb Gottes eine Ursache oder einen Grund, welcher sein Dasein aufhöbe; Gott besteht also nothwendig. [29])

B. 3. Ein anderer Beweis. Das Nicht-Dasein-Können ist ein Unvermögen und dagegen das Dasein-Können ein Vermögen (wie sich von selbst ergiebt). Wenn also das, was schon nothwendig da ist, nur endliche Wesen sind, so sind diese mächtiger als das unbedingt unendliche Wesen, und dies ist widersinnig (wie sich von selbst ergiebt).

Es besteht mithin überhaupt gar nichts, oder es besteht nothwendig auch ein unbedingt unendliches Wesen. Aber wir selbst bestehen entweder in uns selbst oder in einem Anderen, welches nothwendig besteht (A. 1 und L. 7). Also besteht nothwendig ein unbedingt unendliches Wesen, d. h. Gott (D. 6). [30])

E. In diesem letzten Beweise habe ich das Dasein Gottes von rückwärts auf gezeigt, damit der Beweis leichter gefasst werde, nicht aber deshalb, weil Gottes Dasein aus demselben Grunde nicht auch geradezu sich ergäbe. Denn da das Dasein-Können ein Vermögen ist, so folgt, dass, je mehr Realität der Natur eines Gegenstandes zukommt, er um so mehr Kraft aus sich selbst hat, um zu bestehen; folglich muss ein unbedingt unendliches Wesen, oder Gott, ein unbedingt unendliches Vermögen zu bestehen von sich selbst haben und deshalb unbedingt bestehen. Indess mag vielleicht Mancher die Kraft dieses Beweises nicht leicht fassen, weil er gewöhnt ist, nur die Gegenstände zu betrachten, welche von äusseren Ursachen abfliessen, und weil er darunter das, was schnell entsteht d. h. was leicht da ist, auch leicht vergehen sieht, und weil umgekehrt er die Gegenstände für schwieriger in ihrer Herstellung hält, d. h. nicht so leicht zum Dasein zu bringen, von welchen er annimmt, dass Mehreres zu ihnen gehört. Um dergleichen Vorurtheile zu beseitigen, brauche ich hier nicht zu zeigen, in welchen Sinne der Satz: „Was schnell entsteht, vergeht schnell", wahr ist; auch nicht, ob rücksichtlich der ganzen Natur Alles gleich leicht ist oder nicht; es genügt die Bemerkung, dass ich hier nicht von Gegenständen spreche, welche durch äussere Ursachen entstehen, sondern nur von Substanzen, welche von keiner äusseren Ursache hervorgebracht werden können (L. 6).

Denn alle Gegenstände, welche aus äusseren Ursachen entstehen, mögen sie aus vielen oder wenig Theilen bestehen, verdanken Alles, was sie an Vollkommenheit oder Realität haben, der Kraft einer äusseren Ursache; ihr Dasein beruht daher nicht auf ihrer eigenen Vollkommenheit, sondern nur auf der der äusseren Ursachen. Dagegen verdankt die Substanz Alles, was sie an Vollkommenheit hat, keiner äusseren Ursache; deshalb muss auch ihr Dasein aus ihrer eigenen Natur hervorgehen, die folglich nichts Anderes ist, als ihre eigene Wesenheit. Die Vollkommenheit eines Gegenstandes hebt daher dessen Dasein nicht auf, sondern setzt es vielmehr; dagegen hebt die Unvollkommenheit es auf, und wir können deshalb des Daseins keines Gegenstandes sicherer sein, als des Daseins eines unbedingt unendlichen oder vollkommenen Wesens, d. h. Gottes. Denn da sein Wesen alle Unvollkommenheiten ausschliesst und die unbedingte Vollkommenheit in sich fasst, so hebt es eben dadurch allen Grund, an seinem Dasein zu zweifeln, auf und gewährt die höchste Gewissheit von seinem Dasein, was hoffentlich auch einem nur mässig aufmerksamen Leser einleuchten wird.

L. 12. *Es kann kein Attribut einer Substanz wahrhaft vorgestellt werden, aus dem folgte, dass die Substanz getheilt werden könne.* [31])

B. Denn die Theile, in welche eine so vorgestellte Substanz sich theilte, behalten entweder die Natur der Substanz oder nicht. Ist Ersteres der Fall, dann muss jeder Theil unendlich sein (L. 8) und die Ursache seiner selbst sein (L. 6) und aus einem anderen Attribute bestehen (L. 5). Mithin würden aus einer Substanz mehrere sich bilden, was widersinnig ist (L. 6). Ueberdem würden dann die Theile (L. 2) mit ihrem Ganzen nichts gemein haben, und das Ganze würde ohne seine Theile sein und vorgestellt werden können (D. 4, L. 10), was unzweifelhaft widersinnig ist. Im zweiten Falle, wenn die Theile nicht die Natur der Substanz behalten, würde, wenn die ganze Substanz in gleiche Theile getheilt würde, sie die Natur der Substanz verlieren und zu sein aufhören, was widersinnig ist (L. 7).

L. 13. *Die unbedingt unendliche Substanz ist untheilbar.* [32])

B. Wäre sie theilbar, so behielten die Theile, in welche sie getheilt würde, entweder die Natur der unbedingt unendlichen Substanz oder nicht. Im ersten Falle würden sich mehrere Substanzen derselben Natur ergeben, was widersinnig ist (L. 5). Im zweiten Falle könnte die unbedingt unendliche Substanz aufhören zu sein, wie oben gezeigt worden, was ebenfalls widersinnig ist (L. 11).

Z. Hieraus folgt, dass keine Substanz, und folglich auch keine körperliche Substanz als Substanz, theilbar ist. [33])

E. Die Untheilbarkeit der Substanz erhellt einfacher daraus, dass man sich die Natur der Substanz nicht anders als unendlich vorstellen kann, und dass in der Vorstellung eines Theiles der Substanz nur eine endliche Substanz vorgestellt wird, was einen offenbaren Widerspruch enthält (L. 8). [34])

L. 14. *Ausser Gott kann es eine Substanz weder geben, noch eine solche vorgestellt werden.*

B. Da Gott das unbedingt unendliche Wesen ist, von

dem kein Attribut verneint werden kann, was die Wesenheit einer Substanz ausdrückt (D. 6), und da Gott nothwendig da ist (L. 11), so müsste, wenn es eine Substanz ausser Gott gäbe, dieselbe durch ein Attribut Gottes ausgedrückt werden, und es würden dann zwei Substanzen desselben Attributs da sein, was widersinnig ist (L. 5). Also kann es keine Substanz ausser Gott geben, und folglich kann auch keine solche vorgestellt werden. Denn könnte sie vorgestellt werden, so müsste sie nothwendig als daseiend vorgestellt werden, dies ist aber nach dem ersten Theil dieses Beweises widersinnig. Es kann also ausser Gott eine Substanz weder bestehen, noch vorgestellt werden.[35]

Z. 1. Hieraus folgt offenbar, 1) dass Gott nur ein Einziger ist, d. h. dass es in der Natur nur eine Substanz giebt (L. 6), und dass diese unbedingt unendlich ist, wie ich schon in der E. zu L. 10 angedeutet habe.

Z. 2. Es folgt 2), dass das ausgedehnte Ding und das denkende Ding entweder Attribute Gottes sind (A. 1) oder Zustände von den Attributen Gottes.[36]

L. 15. *Alles, was ist, ist in Gott, und nichts kann ohne Gott sein oder vorgestellt werden.*

B. Ausser Gott giebt es keine Substanz und kann keine vorgestellt werden (L. 14), d. h. es giebt ausser Gott keinen Gegenstand, der in sich ist und durch sich vorgestellt wird (D. 3). Die Zustände aber können ohne Substanz weder sein noch vorgestellt werden (D. 5), deshalb können diese nur in der göttlichen Natur sein und durch sie allein vorgestellt werden. Ausser den Substanzen und ihren Zuständen giebt es aber nichts (A. 1). Daher kann nichts ohne Gott sein oder vorgestellt werden.[37]

E. Es giebt Menschen, welche Gott sich vorstellen, als bestände er, wie ein Mensch, aus einem Leibe und einer Seele, und als wäre er den Leidenschaften unterworfen. Indess erhellt aus dem bisher Dargelegten zur Genüge, wie weit Diese von der Kenntniss des wahren Gottes sich irrthümlich entfernen, und ich lasse diese Meinung bei Seite. Denn Alle, welche die göttliche Natur einigermassen betrachtet haben, bestreiten, dass Gott körperlich sei; sie beweisen dies am besten dadurch, dass man unter Körper irgend eine lange, breite, tiefe und in irgend einer Gestalt begrenzte Grösse sich vorstelle, und von Gott als einem unbedingt unendlichem Wesen nichts Widersinnigeres als dies aussagen könne. Indess erhellt aus anderen Gründen, womit sie dasselbe beweisen wollen, dass sie selbst die körperliche oder ausgedehnte Substanz von der göttlichen Natur überhaupt fern halten und sie als von Gott erschaffen ansehen. Dabei können sie aber durchaus nicht angeben, aus welcher göttlichen Macht dieselbe hätte geschaffen werden können; was klar zeigt, dass sie das, was sie behaupten, selbst nicht verstehen. Ich glaube wenigstens klar bewiesen zu haben (L. 6 Z.; L. 8 E. 2), dass keine Substanz von einer anderen hervorgebracht oder geschaffen werden kann; ferner, dass es ausser Gott keine Substanz giebt und keine vorgestellt werden kann (L. 14). Daraus habe ich gefolgert, dass die ausgedehnte Substanz eines von den unendlich vielen Attributen Gottes sei.

Indess will ich zur mehreren Verdeutlichung die Gründe der Gegner widerlegen, welche sich sämmtlich auf Nachfolgendes zurückführen lassen. **Erstens** meinen sie, dass die körperliche Substanz als Substanz aus Theilen bestehe und deshalb bestreiten sie, dass sie unendlich sein oder Gott zukommen könne. Man erläutert dies durch eine Menge Beispiele, von denen ich eins und das andere auswählen will. Man sagt, dass wenn die körperliche Substanz unendlich sei, so könne man sich vorstellen, dass sie in zwei Theile getheilt werde; jeder Theil müsse dann entweder endlich oder unendlich sein. Im ersten Falle wäre das Unendliche aus zwei endlichen Theilen gebildet, was widersinnig sei; im letzten Falle gäbe es ein Unendliches, was doppelt so gross sei als ein anderes Unendliche; was auch widersinnig sei. **Ferner** sagt man, dass, wenn man eine unendliche Grösse mit einem Maasse von der Grösse eines Fusses messe, sie aus unendlich vielen solchen Theilen bestehen müsse; dasselbe gelte für ein Maass von der Grösse eines Zolles. Somit wäre eine unendliche Zahl zwölfmal grösser als eine andere unendliche Zahl. **Endlich** sagt man, dass, wenn man sich zwei Linien, a b und a c vorstellt, die aus

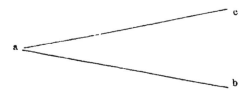

einem Punkte einer gewissen unendlichen Grösse sich in einem festen und anfänglich bestimmten Abstande ohne Ende forterstrecken, dann sicherlich der Abstand zwischen b und c sich fortwährend vergrössern und aus einem bestimmten zuletzt ein unbestimmbarer werden müsse.

Da nun solche widersinnige Folgen, wie man meint, hervortreten, sobald man die Grösse als unendlich annehme, so schliesst man, dass die körperliche Substanz endlich sein müsse und deshalb nicht zum Wesen Gottes gehören könne. Einen zweiten Grund nimmt man ebenfalls von der höchsten Vollkommenheit Gottes her. Man sagt, Gott könne nicht leiden, da er das höchst vollkommene Wesen sei; die körperliche Substanz aber könne leiden, da sie theilbar sei; also folge, dass sie nicht zum Wesen Gottes gehören könne. Dies sind die Gründe, welche ich bei den Schriftstellern finde, und durch welche sie zu zeigen suchen, dass die körperliche Substanz der göttlichen Natur unwürdig sei und ihr nicht zukommen könne.

Wer indessen recht Acht hat, wird bemerken, dass ich auf diese Gründe schon geantwortet habe. Sie laufen alle darauf hinaus, dass die körperliche Substanz aus Theilen bestehe, was ich schon als widersinnig dargelegt habe (L. 12; L. 13 Z.). Wer die Frage richtig erwägt, wird finden, dass alle jene Widersinnigkeiten, die ich als solche anerkenne, aus denen Jene den Schluss auf die Endlichkeit der ausgedehnten Substanz machen, nicht die Folge der vorausgesetzten Unendlichkeit der Grösse sind, sondern daraus entspringen, dass man die unendliche Grösse als messbar annimmt, und dass sie aus endlichen Theilen sich zusammensetze. Diese verkehrten Folgerungen beweisen also vielmehr, dass die unendliche Grösse nicht messbar ist und nicht aus endlichen Theilen besteht; ein Satz, den ich bereits oben bewiesen habe (L. 12). Der Pfeil, den Jene gegen mich richten, trifft also in Wahrheit

sie selbst. Wenn sie also selbst aus ihrer widersinnigen
Folgerung doch darlegen wollen, dass die ausgedehnte
Substanz endlich sei, so thun sie wahrhaft dasselbe, als
wenn Jemand voraussetzt, ein Kreis habe die Eigenschaften eines Vierecks, und nun folgert, dass der Kreis
keinen Mittelpunkt habe, von dem alle zum Umring gezogenen Linien gleich wären. Sie nehmen an, dass die
körperliche Substanz aus endlichen Theilen bestehe, vielfach und theilbar sei, um daraus ihre Endlichkeit zu
folgern; obgleich sie doch nur unendlich, einzig und untheilbar vorgestellt werden kann (L. 8, 5 und 12). Ganz
ebenso nehmen Andere an, dass die Linie aus Punkten
zusammengesetzt sei, und wissen dann eine Menge Gründe
aufzufinden, aus denen sie zeigen, dass die Linie nicht
unendlich theilbar sei. Es ist gerade so widersinnig,
wenn man die körperliche Substanz aus Körpern oder
Theilen zusammensetzt, als wenn man den Körper aus
Oberflächen, die Oberflächen aus Linien und die Linien
endlich aus Punkten zusammensetzt. Dies müssen Alle
einräumen, welche wissen, dass die klare Vernunft untrüglich ist, besonders Die, welche leugnen, dass es eine
leere Stelle im Raume gebe. Denn könnte die körperliche
Substanz so getheilt werden, dass ihre Theile wirklich
unterschieden wären, weshalb sollte dann nicht ein Theil
vernichtet werden können, während die übrigen so wie
vorher mit einander verbunden blieben? und warum sollten
dann alle so aneinandergepasst sein, dass keine leere
Stelle dazwischen bliebe? Denn Dinge, welche wirklich
von einander unterschieden sind, können sicherlich eins
ohne das andere sein und in ihrem Zustande verbleiben.
Da es aber kein Leeres in der Wirklichkeit giebt (worüber anderwärts), sondern alle Theile so zusammentreffen
müssen, dass kein Leeres bleibt, so folgt auch hieraus,
dass sie nicht real von einander unterschieden werden
können, d. h., dass die körperliche Substanz als Substanz
untheilbar ist. Wenn man indess die Frage erhebt, weshalb der Mensch von Natur so geneigt ist, die Grösse
zu theilen, so antworte ich, dass die Grösse von dem
Menschen auf zweierlei Weise vorgestellt wird; einmal
abstract oder oberflächlich, wie man sie in dem bildlichen
Vorstellen auffasst, und dann als Substanz, was blos vom
Verstande geschieht. Meint man die Grösse in der blos

bildlichen Vorstellung, was gemeinhin und am leichtesten geschieht, so erscheint sie endlich, theilbar und aus Theilen zusammengesetzt; stellt man sich aber die Grösse so vor, wie sie im Verstande ist, und so wie sie Substanz ist, was allerdings sehr schwer geschieht, dann wird man finden, dass sie unendlich, einzig und untheilbar ist, wie bewiesen worden ist.

Dies wird für Jeden klar sein, der zwischen bildlichem Vorstellen und Verstand zu unterscheiden versteht. Insbesondere, wenn man noch bedenkt, dass der Stoff überall derselbe ist, und dass man nur dann Theile in ihm unterscheiden kann, wenn man sich ihn in verschiedenen Zuständen vorstellt. Deshalb lassen sich die Theile in ihm nur zuständlich, aber nicht wirklich unterscheiden. So nehmen wir z. B. von dem Wasser als Wasser an, dass es getheilt werden könne und seine Theile sich von einander trennen lassen; dies gilt aber nicht, wenn das Wasser als körperliche Substanz aufgefasst wird; da ist es weder trennbar noch theilbar. Ebenso entsteht und verdirbt das Wasser als Wasser, aber als Substanz entsteht es weder noch verdirbt. — Hiermit glaube ich auch den zweiten Grund widerlegt zu haben, der ebenfalls darauf gestützt wird, dass der Stoff als Substanz theilbar und aus Theilen zusammengesetzt sei.

Wäre dies aber auch nicht, so wüsste ich doch nicht, weshalb der Stoff der göttlichen Natur unwürdig sein sollte, da es ausser Gott keine Substanz giebt, durch die sie leiden könnte (L. 14). Ich sage, Alles ist in Gott, und Alles, was geschieht, geschieht nur durch die Gesetze der unendlichen Natur Gottes, und Alles folgt aus der Nothwendigkeit seines Wesens, wie ich bald zeigen werde. Man kann daher durchaus nicht behaupten, dass Gott von etwas Anderem leide, oder dass die ausgedehnte Substanz der göttlichen Natur unwürdig sei, selbst wenn man sie als theilbar annähme, sobald sie nur als ewig und unendlich anerkannt wird.

Doch genug hiervon für jetzt.[38])

L. 16. *Aus der Nothwendigkeit der göttlichen Natur muss Unendliches auf unendlich viele Weise folgen, d. h. Alles, was von einem unendlichen Verstand erfasst werden kann.*

B. Dieser Lehrsatz muss Jedem klar werden, sobald er Acht hat, dass der Verstand aus der gegebenen Definition irgend eines Gegenstandes verschiedene Eigenschaften ableitet, die in Wahrheit aus ihr (d. h. aus dem Wesen der Sache) nothwendig folgen, und zwar um so mehrere, je mehr Realität die Definition der Sache ausdrückt, das heisst je mehr Realität das Wesen des definirten Gegenstandes enthält. Da nun die göttliche Natur unbedingt unendlich viele Attribute hat (D. 6), von denen jedes eine unendliche Wesenheit in seiner Art ausdrückt, so muss aus deren Nothwendigkeit Unendliches auf unendlich viele Weise nothwendig folgen (d. h. Alles, was von einem unendlichen Verstand erfasst werden kann).[39]

Z. 1. Hieraus ergiebt sich, 1) dass Gott die wirksame Ursache von allen Dingen ist, welche von einem unendlichen Verstand erfasst werden können.

Z. 2. Es ergiebt sich 2) dass Gott diese Ursache durch sich ist, und nicht durch ein Hinzutretendes.

Z. 3. Es ergiebt sich 3) dass Gott unbedingt die erste Ursache ist.[40]

L. 17. *Gott handelt nur nach den Gesetzen seiner Natur, und nicht aus einem Zwange, den er von Jemand erlitte.*

B. Ich habe soeben in L. 16 gezeigt, dass aus der blossen Nothwendigkeit der göttlichen Natur, oder was dasselbe ist, aus den blossen Gesetzen seiner Natur unendlich Vieles unbedingt folge, und in L. 15 habe ich bewiesen, dass ohne Gott nichts sein oder vorgestellt werden könne, vielmehr Alles in Gott sei. Daher kann es nichts ausser ihm geben, was ihn zum Handeln bestimmen oder zwingen könnte, und Gott handelt daher nur nach den Gesetzen seiner Natur und ohne Zwang von Jemand.

Z. 1. Hieraus folgt 1) dass es keine Ursache giebt, welche Gott von Aussen oder von Innen neben der Vollkommenheit seiner Natur zum Handeln bestimmte.

Z. 2. Es folgt 2) dass nur Gott eine freie Ursache ist. Denn nur Gott allein besteht vermöge der blossen Nothwendigkeit seiner Natur (L. 11 und Z. 1 zu L. 14), und er handelt aus der blossen Nothwendigkeit seiner

Natur (L. 17); er ist daher allein eine freie Ursache (D. 7).⁴¹)

E. Andere meinen, Gott sei deshalb eine freie Ursache, weil er, nach ihrer Ansicht, bewirken kann, dass das nicht geschieht oder von ihm nicht ausgeführt wird, was, wie angegeben, aus seiner Natur folgt oder in seiner Macht steht. Aber dies wäre gerade so, als wenn man behauptete, Gott könne bewirken, dass aus der Natur eines Dreiecks nicht folge, dass dessen drei Winkel zweien rechten gleich seien, oder dass aus einer gegebenen Ursache keine Wirkung folge; was widersinnig ist. Ferner werde ich unten, ohne Hülfe dieses Lehrsatzes, zeigen, dass der Natur Gottes weder Verstand noch Wille zukommt. Ich weiss allerdings, dass Viele meinen, sie könnten beweisen, zur Natur Gottes gehöre der höchste Verstand und freier Wille; denn sie sagen, dass sie nichts Vollkommneres kennen und Gott zutheilen können, als das, was in uns selbst die höchste Vollkommenheit ist. Obgleich sie nun Gott in Wirklichkeit mit dem höchsten Verstande begeben, so glauben sie doch nicht, dass er von Allem, was er wirklich vorstellt, auch bewirken könne, dass es existire; denn sie glauben auf diese Weise die Macht Gottes zu zerstören; hätte er nämlich nach ihrer Meinung Alles, was in seinem Verstande wäre, erschaffen, so könnte er dann nichts weiter erschaffen, was nach ihrer Meinung der Allmacht Gottes widerstritte. Man zieht es deshalb vor, Gott als gleichgültig für Alles anzunehmen, so dass er nichts schafft, als das, was er mit einem gewissen unbedingten Willen zu schaffen beschlossen hat. Ich glaube jedoch deutlich genug bewiesen zu haben (L. 16), dass aus der höchsten Macht oder unendlichen Natur Gottes Unendliches auf unendlich viele Weise, d. h. Alles nothwendig hervorgegangen ist, oder immer mit derselben Nothwendigkeit folgt, mit welcher aus der Natur eines Dreiecks von Ewigkeit zu Ewigkeit folgt, dass dessen drei Winkel gleich zwei rechten Winkeln sind. Gottes Allmacht ist daher von Ewigkeit wirklich gewesen und wird in derselben Wirklichkeit in Ewigkeit bleiben. Auf diese Weise wird Gottes Allmacht nach meiner Ansicht weit vollkommener hingestellt; ja wenn ich offen sprechen soll, so scheinen jene Gegner die Allmacht Gottes vielmehr zu leugnen.

Denn sie müssen einräumen, dass Gott unendlich Vieles als erschaffbar vorstellt, was er doch niemals wird schaffen können, weil er sonst, wenn er Alles, was er vorstellt, erschüfe, nach ihnen seine Allmacht erschöpfen und sich unvollkommen machen würde. Um also Gott als vollkommen anzunehmen, müssen sie zugleich annehmen, dass er nicht Alles bewirken kann, was in seiner Macht steht. Ich wüsste aber keine Annahme, welche widersinniger wäre und der Allmacht Gottes mehr widerstritte, als diese.

Nun noch Einiges über den Gott gewöhnlich zugetheilten Verstand und Willen.

Sollen Verstand und Wille zu dem ewigen Wesen Gottes gehören, so muss unter beiden Attributen allerdings etwas Anderes als gewöhnlich vorgestellt werden. Der Verstand und Wille, welche Gottes Wesen bildeten, müssten von unserem Verstand und Willen im höchsten Masse verschieden sein und könnten nur im Namen übereinstimmen, wie etwa das Sternbild des Hundes mit dem Hunde als bellendes Thier übereinstimmt.

Mein Beweis ist folgender: Der der göttlichen Natur zugehörige Verstand kann nicht, wie nach der gewöhnlichen Annahme der unsrige, den vorgestellten Gegenständen zeitlich nachfolgen oder gleichzeitig mit ihnen sein: denn Gott ist der Ursachlichkeit nach vor allen Dingen (L. 16, Z. 1); vielmehr ist die Wahrheit und das wirkliche Wesen der Dinge so, weil sie in Gottes Verstande so inhaltlich bestehen. Gottes Verstand, soweit er die Wesenheit Gottes bildet, ist daher in Wahrheit die Ursache aller Dinge, sowohl nach ihrer Wesenheit, wie nach ihrem Dasein. Dieses scheinen auch Diejenigen bemerkt zu haben, welche behaupten, dass Gottes Verstand, Wille und Macht ein und dasselbe sei. Da also Gottes Verstand die alleinige Ursache, sowohl von dem Wesen wie von dem Dasein der Dinge ist wie wir gezeigt haben), so muss er selbst nothwendig sowohl nach seinem Wesen wie nach seinem Dasein von den Dingen unterschieden sein. Denn das Bewirkte unterscheidet sich von seiner Ursache genau in dem, was es von der Ursache hat. Ein Mensch z. B. ist wohl die Ursache des Daseins, aber nicht der Wesenheit eines anderen Menschen; denn diese ist eine ewige Wahrheit. Beide können daher rücksichtlich der Wesenheit übereinstimmen, aber in dem Dasein müssen sie von einander unterschieden sein. Deshalb wird, wenn das Dasein des Einen untergeht, nicht auch das des Andern untergehen; wenn aber das Wesen des Einen zerstört und falsch werden könnte, so würde auch das Wesen des Andern zerstört werden. Etwas also, was die Ursache sowohl von dem Wesen wie von dem Dasein einer gewissen Wirkung ist, muss sich deshalb von einer solchen Wirkung, sowohl im Wesen wie in dem Dasein, unterscheiden. Nun ist aber Gottes Verstand die Ursache sowohl von dem Wesen wie von dem Dasein unseres Verstandes; Gottes Verstand, soweit er als das göttliche Wesen bildend aufgefasst wird, ist also von unserem Verstande sowohl in Bezug auf Wesen als Dasein unterschieden und kann nur im Namen mit ihm zusammentreffen, wie oben gesagt worden. In Betreff des Willens kann der Beweis ebenso geführt werden, wie man leicht einsehen wird.[42])

L. 18. *Gott ist von allen Dingen die innewohnende und nicht die übergehende Ursache.*

B. Alles, was ist, ist in Gott und muss durch Gott vorgestellt werden (L. 15); Gott ist also die Ursache der in ihm seienden Dinge (L. 16, Z. 1); dies ist das Erste. Ferner kann es ausser Gott keine Substanz geben (L. 14), d. h. kein Ding, was ausser Gott in sich ist (D. 3). Gott ist also von allen die innewohnende und nicht die in Anderes übergehende Ursache.[43])

L. 19. *Gott oder alle Attribute Gottes sind ewig.*

B. Denn Gott ist die Substanz (D. 6), welche nothwendig besteht (L. 11), d. h. zu deren Natur das Dasein nothwendig gehört (L. 7), oder was dasselbe ist, aus deren Definition ihr Dasein folgt, also ist er ewig (D. 8). Dann ist unter den Attributen Gottes das zu verstehen, was die Wesenheit der göttlichen Substanz ausdrückt (D. 4), d. h. was zur Substanz gehört. Dieses selbst, sage ich, müssen die Attribute enthalten. Aber zur Natur der Substanz gehört die Ewigkeit (wie ich schon aus L. 7 bewiesen habe); deshalb muss jedes Attribut die Ewigkeit enthalten, und deshalb sind alle Attribute ewig.

E. Dieser Lehrsatz ergiebt sich auch ganz deutlich aus der Art, wie ich Gottes Dasein bewiesen habe (L. 11). Denn aus diesem Beweise ergiebt sich, dass das Dasein Gottes wie dessen Wesenheit eine ewige Wahrheit sind. Endlich habe ich im 19. Lehrsatze des 1. Theils von Descartes' Philosophischen Prinzipien die Ewigkeit Gottes noch auf andere Art bewiesen, und es ist nicht nöthig, diesen Beweis hier zu wiederholen.[44)]

L. 20. *Gottes Dasein und Gottes Wesenheit sind ein und dasselbe.*

B. Gott und alle seine Attribute sind ewig (L. 19), d. h. jedes seiner Attribute drückt das Dasein aus (D. 8). Dieselben Attribute Gottes, welche Gottes ewige Wesenheit darlegen (D. 4), legen zugleich sein ewiges Dasein dar, d. h. dasselbe, was Gottes Wesenheit ausmacht, macht auch sein Dasein aus; daher ist sein Dasein und seine Wesenheit ein und dasselbe.

Z. 1. Hieraus folgt 1) dass Gottes Dasein, wie seine Wesenheit, eine ewige Wahrheit sind.

Z. 2. Es folgt 2) dass Gott oder alle Attribute Gottes unveränderlich sind. Denn wenn sie sich dem Dasein nach veränderten, so müssten sie sich auch der Wesenheit nach ändern (L. 19), d. h. (wie sich von selbst versteht) aus wahren falsche werden, und dies ist widersinnig.[45)]

L. 21. *Alles, was aus der unbedingten Natur eines Attributes Gottes folgt, hat immer und unendlich bestehen müssen; oder es ist durch dasselbe Attribut ewig und unendlich.*

B. Wenn Jemand dies leugnet, so stelle er sich, wenn er kann, vor, dass etwas in einem Attribute Gottes aus dessen unbedingter Natur folgt, was endlich sei und eine beschränkte Existenz oder Dauer hat, z. B. die Vorstellung Gottes in seinem Denken. Das Denken als Attribut Gottes ist aber nothwendig seiner Natur nach unendlich (L. 11). Nun wird es aber, so weit es die Vorstellung Gottes hat, als endlich vorausgesetzt. Aber als endlich kann es nur dann gefasst werden, wenn es durch das Denken selbst (nach D. 2) beschränkt wird, und zwar nicht durch das Denken, insoweit es die Vorstellung Gottes befasst (denn insoweit wird es eben als endlich angenommen): sondern beschränkt durch das Denken, so weit es die Vorstellung Gottes nicht befasst, welche aber doch nothwendig bestehen muss (L. 11). Damit hat man ein Denken, was die Vorstellung Gottes nicht befasst. Mithin folgt aus Gottes Natur, soweit sie unbedingtes Denken ist, die Vorstellung Gottes nicht nothwendig (denn es wird aufgefasst, als befasse es die Vorstellung Gottes, und auch nicht), was gegen die Voraussetzung ist. Wenn also die Vorstellung Gottes in seinem Denken oder irgend etwas in irgend einem Attribute Gottes (es ist gleichgültig, welches, da der Beweis allgemein ist) aus der Nothwendigkeit der unbedingten Natur dieses Attributs folgt, so muss es nothwendig unendlich sein. Dies war das Erste.

Ferner kann das, was aus der Nothwendigkeit der Natur eines Attributs so folgt, keine beschränkte Dauer haben. Wer dies bestreitet, mag sich vorstellen, dass Etwas, was aus der Nothwendigkeit und Natur eines Attributs folgt, in einem Attribut Gottes gegeben sei, z. B. die Vorstellung Gottes in seinem Denken, und man nehme an, dass sie einmal nicht gewesen sei oder einmal nicht mehr sein werde. Da nun das Denken als ein Attribut Gottes aufzufassen ist, so muss es nothwendig und unveränderlich bestehn (L. 11 und L. 20 Z. 2), daher müsste über die Grenzen der Dauer der Vorstellung Gottes hinaus (denn man nimmt an, dass sie einmal nicht gewesen oder nicht mehr sein wird) das Denken ohne die Vorstellung Gottes bestehen. Dies ist aber gegen die Voraussetzung; es ist nämlich angenommen worden, dass wenn das Denken zugegeben ist, auch die Vorstellung Gottes nothwendig folgt. Daher kann die Vorstellung Gottes in seinem Denken, oder etwas, was nothwendig aus der unbedingten Natur eines Attributs Gottes folgt, keine beschränkte Dauer haben, sondern es ist durch dies Attribut ewig. Das war das Zweite.

Man bemerkt, dass dasselbe von jedem gilt, was in einem Attribut Gottes aus der unbedingten Natur Gottes nothwendig folgt.[46]

L. 22. *Alles, was aus einem Attribut Gottes folgt,*

soweit das Attribut durch eine solche Modification modificirt ist, welche sowohl nothwendig wie unendlich durch dasselbe besteht, muss ebenfalls nothwendig und unendlich bestehen.

B. Der Beweis dieses Lehrsatzes geschieht in derselben Art wie der des vorhergehenden.⁴⁷)

L. 23. *Jeder Zustand, der nothwendig und unendlich besteht, ist eine nothwendige Folge entweder der unbedingten Natur eines Attributes Gottes, oder eines Attributes, was durch eine solche Modification modificirt ist, die nothwendig und unendlich ist.*

B. Denn der Zustand ist in einem anderen, durch welches er aufgefasst werden muss (D. 5), d. h. er kann blos in Gott und blos durch Gott aufgefasst werden (L. 15). Wenn man also annimmt, dass ein Zustand nothwendig besteht und unendlich ist, so muss Beides nothwendig gefolgert oder aufgefasst werden durch ein Attribut Gottes, soweit es als Ausdruck der Unendlichkeit und Nothwendigkeit des Daseins oder der Ewigkeit (D. 8) vorgestellt wird, d. h. (D. 6; L. 19), soweit es unbedingt aufgefasst wird. Also muss ein Zustand, der sowohl nothwendig wie unendlich besteht aus der unbedingten Natur eines Attributes Gottes folgen, und zwar entweder unmittelbar (worüber L. 21) oder vermittelst einer Modification, welche aus dessen unbedingter Natur folgt, d. h. (L. 22), welche sowohl nothwendig als unendlich besteht.⁴⁸)

L. 24. *Das Wesen der von Gott hervorgebrachten Dinge schliesst das Dasein derselben nicht ein.*

B. Es erhellt aus D. 1; denn dasjenige, dessen Natur (an sich nämlich betrachtet) dies Dasein einschliesst, ist die Ursache seiner selbst und besteht durch die blosse Nothwendigkeit seiner Natur.

Z. Hieraus folgt, dass Gott nicht blos die Ursache ist, dass die Dinge zu sein anfangen, sondern auch dass sie zu sein fortfahren, d. h. (um mich eines scholastischen Ausdrucks zu bedienen) dass Gott die *Causa essendi* der Dinge ist. Denn mögen die Dinge nun da sein oder nicht, so finden wir, so oft wir deren Wesen beachten, dass dies weder das Dasein noch die Dauer einschliesst. Deshalb kann deren Wesen weder die

Ursache ihres Daseins noch ihrer Fortdauer sein, sondern nur Gott kann diese Ursache sein, zu dessen Natur allein das Dasein gehört (L. 14, Z. 1).[49]

L. 25. *Gott ist die wirkende Ursache, nicht blos von dem Dasein, sondern auch von dem Wesen der Dinge.*

B. Wenn dies geleugnet wird, so kann Gott nicht die Ursache des Wesens der Dinge sein, also kann das Wesen der Dinge ohne Gott vorgestellt werden (A. 4), aber dies ist widersinnig (L. 15), daher ist Gott die Ursache auch von dem Wesen der Dinge.

E. Dieser Lehrsatz ergiebt sich deutlicher aus L. 16; denn aus diesem folgt, dass, wenn die göttliche Natur gegeben ist, daraus sowohl das Wesen als das Dasein der Dinge nothwendig gefolgert werden muss, und, um es kurz zu sagen, in dem Sinne, in welchem Gott die Ursache seiner selbst genannt wird, muss er auch die Ursache aller Dinge genannt werden. Dies wird sich noch deutlicher aus dem folgenden Zusatz ergeben.

Z. Die einzelnen Dinge sind nur die Erregungen der Attribute Gottes oder die Zustände, wodurch die Attribute Gottes sich auf eine feste und bestimmte Weise darstellen. Der Beweis erhellt aus L. 15 und D. 5.[50]

L. 26. *Ein Ding, was zu einer Wirksamkeit bestimmt worden ist, ist von Gott nothwendig so bestimmt worden, und ein Ding, welches von Gott nicht dazu bestimmt worden, kann sich selbst nicht zur Wirksamkeit bestimmen.*

B. Das, was als das gilt, was die Dinge zu einer Wirksamkeit bestimmt, ist nothwendig etwas Positives (wie von selbst klar ist), desbalb ist Gott nach der Nothwendigkeit seiner Natur die wirksame Ursache sowohl von dem Wesen wie von dem Dasein dieses Positiven (L. 25 u. 16). Dies war der erste, und daraus folgt auch auf das Deutlichste der zweite Satz. Denn wenn ein Ding, was von Gott nicht bestimmt wäre, sich selbst bestimmen könnte, so wäre der erste Theil dieses Beweises falsch, was, wie gezeigt worden, widersinnig ist.[51]

L. 27. *Ein Ding, was von Gott bestimmt ist, etwas zu bewirken, kann sich selbst nicht unbestimmt machen.*

B. Dieser Lehrsatz erhellt aus A. 3. [52])

L. 28. *Jedes Einzelne oder jeder Gegenstand von endlichem und begrenztem Dasein kann zum Dasein und zum Handeln nur durch eine andere Ursache bestimmt werden, welche wiederum endlich ist und ein begrenztes Dasein hat. Auch diese Sache kann nur da sein und zum Handeln durch eine andere bestimmt werden, die wieder endlich ist und ein begrenztes Dasein hat, und so fort ohne Ende.*

B. Alles, was zum Dasein und Handeln bestimmt ist, ist von Gott so bestimmt (L. 26; L. 24 Z.). Aber das, was endlich ist und ein bestimmtes Dasein hat, hat nicht von der unbedingten Natur eines Attributes Gottes hervorgebracht werden können, denn Alles, was aus der unbedingten Natur eines Attributes Gottes folgt, ist unendlich und ewig (L. 21). Es hat also aus Gott oder aus einem seiner Attribute folgen müssen, insofern es in einer gewissen Weise erregt angesehen wird, denn ausser Substanz und Zuständen giebt es nichts (A. 1; D. 3 und 5), und die Zustände sind nur Erregungen der Attribute Gottes (L. 25 Z.). Ebensowenig konnte das Endliche aus einem Attribut Gottes hervorgehen, soweit es durch eine Modification bestimmt ist, die ewig und unendlich ist (L. 22). Hiernach musste das Endliche folgen oder zu seinem Dasein und Thätigkeit von Gott oder einem seiner Attribute insofern bestimmt werden, als das Attribut mit einer Maassgabe behaftet ist, die endlich ist und ein bestimmtes Dasein hat. Dies war das Erste.

Ferner muss diese Ursache oder dieser Zustand wiederum (und zwar aus demselben Grunde, aus welchem schon der erste Satz bewiesen worden ist) von einem Anderen bestimmt worden sein, welcher auch endlich ist und ein bestimmtes Dasein hat, und dieser Letztere wiederum (aus demselben Grunde) von einem Anderen, und so immer fort (aus demselben Grunde) ohne Ende.

E. Da Einiges von Gott unmittelbar hat hervorgebracht werden müssen, nämlich das, was aus seiner unbedingten

Natur nothwendig folgt, und dies Erste das vermittelte, was doch ohne Gott nicht sein noch vorgestellt werden kann, so ergiebt sich daraus, 1) dass Gott die unbedingte nächste Ursache der Dinge ist, welche unmittelbar von ihm hervorgebracht sind; aber nicht in ihrer Gattung, wie man sagt. Denn die Wirkungen Gottes können ohne ihre Ursache weder sein noch vorgestellt werden (L. 15; L. 24 Z.). Es folgt 2), dass Gott eigentlich nicht die entfernte Ursache der Einzel-Dinge genannt werden kann, ausser vielleicht, um sie von denen zu unterscheiden, welche Gott unmittelbar hervorgebracht hat, oder vielmehr welche aus seiner unbedingten Natur folgen. Denn unter einer entfernten Ursache versteht man eine solche, welche mit der Wirkung in keiner Weise verknüpft ist. Aber alles Daseiende ist in Gott und ist von Gott so abhängig, dass ohne ihn es weder sein noch vorgestellt werden kann. [53])

L. 29. *In der Natur giebt es kein Zufälliges, sondern Alles ist vermöge der Nothwendigkeit der göttlichen Natur bestimmt, in einer gewissen Weise da zu sein und zu wirken.*

B. Alles Daseiende ist in Gott (L. 15); Gott kann aber nicht ein zufälliges Ding genannt werden; denn er besteht nothwendig und nicht zufällig (L. 11). Ferner sind die Zustände der göttlichen Natur aus ihr ebenfalls nothwendig, nicht aber zufällig erfolgt (L. 16); und dies gilt, mag die göttliche Natur unbedingt (L. 21) oder in gewisser Weise zum Handeln bestimmt angesehen werden (L. 27).

Ferner ist Gott die Ursache von diesen Zuständen nicht blos soweit sie einfach bestehen (L. 24 Z.), sondern auch soweit sie zur Wirksamkeit bestimmt aufgefasst werden (L. 26). Wenn sie von Gott nicht so bestimmt wären (L. 26), wäre es unmöglich, also nicht zufällig, dass sie sich selbst bestimmten; und umgekehrt, wenn sie von Gott bestimmt sind (L. 27), so ist es unmöglich, also nicht zufällig, dass sie sich selbst unbestimmt machen. Es ist daher Alles durch die Nothwendigkeit der göttlichen Natur nicht blos zum Dasein überhaupt, sondern auch zu einer gewissen Weise des Daseins und der Wirksamkeit bestimmt, und es giebt nichts Zufälliges.

E. Ehe ich weitergehe, will ich erklären, oder vielmehr daran erinnern, was wir unter wirkender Natur *(natura naturans)* und unter bewirkter Natur *(natura naturata)* zu verstehen haben. Ich glaube, es ergiebt sich schon aus dem Bisherigen, dass wir unter ersterer das zu verstehen haben, was in sich ist und durch sich vorgestellt wird, oder solche Attribute der Substanz, welche deren ewige und unendliche Wesenheit ausdrücken, d. h. Gott, soweit er als freie Ursache betrachtet wird (L. 14 Z. 1 und L. 17 Z. 2).

Unter bewirkter Natur verstehe ich Alles, was aus der Nothwendigkeit der göttlichen Natur oder irgend eines göttlichen Attributs folgt, d. h. alle Zustände der göttlichen Attribute, insofern sie als Dinge aufgefasst werden, welche in Gott sind, und ohne Gott weder sein noch vorgestellt werden können. [54])

L. 30. *Der Verstand, mag er in Wirklichkeit endlich oder unendlich sein, muss die Attribute und die Zustände Gottes auffassen und nichts weiter.*

B. Eine wahre Vorstellung muss mit ihrem Vorgestellten übereinstimmen (A. 6), d. h. (wie von selbst klar ist) das, was im Verstande gegenständlich enthalten ist, das muss es nothwendig in der Natur geben. In der Natur giebt es aber blos eine Substanz (L. 14 Z. 1), nämlich Gott, und keine anderen Zustände, als die in Gott sind, und die ohne Gott weder sein noch vorgestellt werden können (L. 15). Also muss sowohl ein endlicher wie ein unendlicher Verstand die Attribute und die Zustände Gottes auffassen und nichts weiter. [55])

L. 31. *Der Verstand als wirklicher, mag er endlich oder unendlich sein, ebenso der Wille, das Begehren, die Liebe u. s. w. gehören zur bewirkten Natur und nicht zur wirkenden Natur.*

B. Unter Verstand verstehe ich nämlich (wie von selbst klar ist) nicht das unbedingte Denken, sondern nur einen gewissen Zustand des Denkens, welcher von anderen Zuständen, wie Begehren, Liebe u. s. w., sich unterscheidet und deshalb durch das unbedingte Denken aufgefasst werden muss (D. 5), d. h. er muss durch ein Attribut Gottes, was das ewige und unendliche Wesen des Denkens ausdrückt, so vorgestellt werden, dass er ohne dies Attribut weder sein noch vorgestellt werden kann (L. 15; D. 6). Deshalb gehört er zur bewirkten Natur (L. 29 E.) und nicht zur wirkenden, wie auch die übrigen Zustände des Denkens.

E. Der Grund, weshalb ich hier von dem Verstand, als wirklichen, spreche, ist nicht, weil ich anerkenne, dass es irgend einen Verstand der Möglichkeit nach gäbe, sondern ich habe, um alle Verwirrung zu vermeiden, nur von einem uns völlig klaren Gegenstande sprechen wollen, nämlich von dem Verstehen selbst, was uns klarer ist als alles Andere. Denn wir können nichts verstehen, was nicht zu einer vollkommneren Kenntniss des Verstehens beitrüge. [56])

L. 32. *Der Wille kann nicht eine freie Ursache, sondern nur eine nothwendige genannt werden.*

B. Der Wille ist nur ein gewisser Zustand des Denkens, wie der Verstand. Deshalb kann das einzelne Wollen nur durch eine andere Ursache da sein oder zur Wirksamkeit bestimmt werden (L. 28), und diese andere wieder nur von einer anderen, und so fort ohne Ende. Wird der Wille als unendlich angenommen, so muss er ebenfalls von Gott zum Dasein und zur Wirksamkeit bestimmt werden, und zwar von Gott nicht als unendliche Substanz, sondern, insofern er ein Attribut hat, was die unendliche und ewige Wesenheit des Denkens ausdrückt (L. 23). Mag man sich also den Willen endlich oder unendlich vorstellen, so erfordert er immer eine Ursache, durch welche er zum Dasein und zur Wirksamkeit bestimmt wird. Der Wille kann deshalb nicht eine freie Ursache genannt werden, sondern nur eine nothwendige oder gezwungene (D. 7).

Z. 1. Hieraus folgt 1) dass Gott nicht aus Freiheit des Willens handelt.

Z. 2. Es folgt 2) dass Wille und Verstand sich wie Bewegung und Ruhe zu Gottes Natur verhalten, und überhaupt wie alles Natürliche, was von Gott zum Dasein und zur Wirksamkeit auf eine gewisse Weise bestimmt werden muss (L. 29). Denn der Wille bedarf, wie alles Andere, einer Ursache, von welcher er zum Dasein und Wirken in gewisser Weise bestimmt wird. Und wenn auch aus einem gegebenen Willen oder Verstande unendlich Vieles folgt, so kann doch deshalb nicht gesagt werden, dass Gott aus freiem Willen handle, so wenig wie wegen der Folgen der Bewegung und Ruhe (denn auch aus diesen folgt unendlich Vieles) gesagt werden kann, dass Gott aus freier Bewegung oder freier Ruhe handle. Der Wille gehört deshalb nicht mehr zur Natur Gottes als alles andere Natürliche: vielmehr verhält er sich zu ihr ebenso wie Bewegung und Ruhe und alles Andere, von dem ich gezeigt habe, dass es aus der Nothwendigkeit der göttlichen Natur folgt und von ihr bestimmt wird, in gewisser Weise zu bestehen und zu wirken. 57)

L. 33. *Die Dinge konnten auf keine andere Weise und in keiner anderen Ordnung von Gott hervorgebracht werden, als sie hervorgebracht sind.*

B. Denn alle Dinge sind aus der gegebenen Natur Gottes nothwendig gefolgt (L. 16) und sind aus der Nothwendigkeit von Gottes Natur zum Dasein und Wirken in gewisser Weise bestimmt worden (L. 29). Wenn also die Dinge von anderer Natur hätten sein oder in anderer Weise zur Wirksamkeit bestimmt werden können, so dass die Ordnung der Natur eine andere wäre, so könnte auch die Natur Gottes eine andere sein, als sie schon ist, und dann hätte diese andere auch da sein müssen (L. 11), und folglich könnte es zwei oder mehr Götter geben, was widersinnig ist (L. 14 Z. 1). Deshalb konnten die Dinge auf keine andere Weise und in keiner anderen Ordnung u. s. w. 58)

E. 1. Nachdem ich hiermit deutlicher wie Sonnenlicht gezeigt habe, dass es durchaus Nichts in den Dingen giebt, weshalb sie zufällig genannt werden könnten, so will ich mit wenigen Worten erklären, was unter **zufällig** zu verstehen ist, zuvor aber, was unter **nothwendig** und **unmöglich** zu verstehen ist. Eine Sache heisst **nothwendig** entweder rücksichtlich ihres Wesens oder rücksichtlich ihrer Ursache. Denn das Dasein einer Sache folgt entweder nothwendig aus ihrem Wesen und ihrer Definition oder aus einer gegebenen wirkenden Ursache. Dann heisst auch aus diesen Gründen eine Sache **unmöglich**, weil nämlich entweder ihr Wesen oder ihre

Definition einen Widerspruch enthält, oder weil es keine äussere Ursache giebt, welche zur Hervorbringung einer solchen Sache bestimmt ist. Aber zufällig wird eine Sache aus keinem anderen Grunde genannt, als wegen Mangels unserer Erkenntniss. Denn eine Sache, von der wir nicht wissen, ob ihr Wesen den Widerspruch einschliesst, oder von der wir wohl wissen, dass sie keinen Widerspruch enthält, aber von deren Dasein wir doch nichts behaupten können, weil die Ordnung der Ursachen uns verborgen ist, diese können wir niemals weder für nothwendig noch für unmöglich halten, und nennen sie deshalb zufällig oder möglich. [59])

E. 2. Aus Vorstehendem folgt offenbar, dass die Dinge in höchster Vollkommenheit von Gott hervorgebracht worden sind, da sie aus der gegebenen vollkommensten Natur gefolgt sind. Auch überführt dies Gott keiner Unvollkommenheit, vielmehr hat dessen Vollkommenheit uns zu dieser Behauptung genöthigt. Aus dem Gegentheil dieses Satzes würde sogar offenbar sich ergeben (wie ich eben gezeigt habe), dass Gott nicht im höchsten Maasse vollkommen wäre. Denn wären die Dinge in anderer Weise hervorgebracht worden, so müsste Gott eine andere Natur zugetheilt werden, verschieden von der, welche wir aus der Betrachtung eines vollkommensten Wesens ihm zuzusprechen genöthigt gewesen sind. Indess zweifle ich nicht, dass Viele diese Behauptung als widersinnig verwerfen werden und sich nicht anschicken mögen, sie zu erwägen, und zwar aus keinem anderen Grunde, als weil sie gewohnt sind, Gott eine andere Freiheit zu ertheilen, die sehr verschieden ist von der von mir dargelegten (D. 6), nämlich einen unbedingten Willen. Indess zweifle ich auch nicht, dass, wenn sie die Frage überlegen und die Reihe meiner Beweise gehörig bei sich erwägen wollten, sie eine solche Freiheit, wie sie sie Gott zusprechen, nicht allein als verkehrt, sondern auch als ein grosses Hinderniss des Wissens entschieden verwerfen würden. Ich brauche nicht das zu wiederholen, was ich L. 17 E. gesagt habe. Doch will ich ihnen zu Liebe noch zeigen, dass, selbst wenn man zugiebt, der Wille gehöre zum Wesen Gottes, aus seiner Vollkommenheit dennoch folgt, dass die Dinge auf keine andere Weise und Ordnung von Gott hätten geschaffen werden können.

Dies wird sich leicht zeigen lassen, wenn wir das, was wir den Gegnern selbst zugestehen, überlegen; nämlich dass es blos von Gottes Beschluss und Willen abhängt, dass jede Sache das ist, was sie ist. Denn ohnedem wäre Gott nicht die Ursache von allen Dingen. Ferner dass alle Beschlüsse Gottes von Ewigkeit her von Gott selbst beschlossen worden sind, denn ohnedem würde Gott der Unvollkommenheit und Unbeständigkeit überwiesen werden.

Da es aber in dem Ewigen kein **Wann** und kein **Vor** und kein **Nach** giebt, so folgt daraus, nämlich aus der blossen Vollkommenheit Gottes, dass Gott es nicht anders beschliessen konnte und niemals gekonnt hat, oder dass Gott nicht **vor** seinen Beschlüssen gewesen ist und nicht ohne sie sein kann.

Aber man sagt, dass aus der Annahme, Gott hätte eine andere Natur der Dinge gemacht oder hätte von Ewigkeit her anders über die Natur und Ordnung der Dinge beschlossen, keine Unvollkommenheit in Gott folge. Wenn man indess dieses behauptet, so muss man auch zugestehen, Gott könne seinen Entschluss ändern. Denn wenn Gott über die Natur und ihre Ordnung etwas Anderes beschlossen hätte, als er beschlossen hat, das heisst, wenn er etwas Anderes über die Natur gewollt und vorgestellt hätte, so hätte er nothwendig einen anderen Verstand und Willen haben müssen, als er schon hat. Und wenn man Gott einen anderen Verstand und Willen zutheilen darf, ohne dabei sein Wesen und seine Vollkommenheit zu verändern, was hindert da, dass er seine Beschlüsse über die erschaffenen Dinge ändern könnte und doch gleich vollkommen verbliebe? Denn sein Verstand und Wille in Bezug auf die erschaffenen Dinge und ihre Ordnung bleibt in demselben Verhältniss zu seinem Wesen und seiner Vollkommenheit, welcher Art man ihn sich auch vorstellen mag. Ferner erkennen alle mir bekannten Philosophen an, dass es in Gott keinen Verstand der Möglichkeit nach giebt, sondern nur einen wirklichen. Da aber sein Verstand und sein Wille von seinem Wesen nicht zu unterscheiden sind, was ebenfalls Alle zugeben, so folgt auch hieraus, dass wenn Gott einen anderen Verstand und Willen wirklich gehabt hätte, auch sein Wesen nothwendig ein anderes sein müsste. Wären also (wie ich anfänglich gefolgert habe) die Dinge anders, als sie sind, von Gott hervorgebracht worden, so hätte sein Wille und sein Verstand, mithin sein Wesen ein anderes sein müssen, was widersinnig ist.

Da also die Dinge auf keine andere Weise und Ordnung von Gott haben hervorgebracht werden können, und da aus der höchsten Vollkommenheit Gottes folgt, dass dies wahr ist, so kann keine gesunde Vernunft uns überreden, zu glauben, dass Gott nicht Alles, was in seinem Verstande ist, mit derselben Vollkommenheit habe erschaffen wollen, mit der er es erkennt.

Aber man wird sagen, dass in den Dingen weder Vollkommenheit noch Unvollkommenheit sei, sondern dass das in ihnen, weshalb sie vollkommen oder unvollkommen sind oder gut oder schlecht genannt werden, nur von Gottes Willen abhänge; so dass, wenn Gott es gewollt hätte, er auch hätte es bewirken können, dass das, was jetzt Vollkommenheit ist, die höchste Unvollkommenheit wäre, und umgekehrt.

Aber was wäre dies anders, als geradezu zu behaupten, dass Gott, der das, was er will, nothwendig erkennt, durch seinen Willen hätte bewirken können, dass er die Dinge anders erkenne, als er sie erkennt. Dies wäre, wie ich gezeigt habe, eine grosse Widersinnigkeit.

Ich kann daher ihren Beweisgrund gegen sie selbst in folgender Weise umkehren: Alles hängt von Gottes Macht ab. Sollten also die Dinge sich anders verhalten können, so müsste auch nothwendig Gottes Wille sich anders verhalten; Gottes Wille kann sich aber nicht anders verhalten (wie ich eben aus Gottes Vollkommenheit bewiesen habe), folglich können auch die Dinge sich nicht anders verhalten.

Ich gestehe, dass die Meinung, welche Alles einem gewissen gleichgültigen Willen Gottes unterwirft und von seinem Gutfinden Alles abhängen lässt, weniger von der Wahrheit abirrt als die Meinung Derer, welche annehmen, dass Gott nur handle um des Guten willen. Denn Letztere scheinen etwas ausser Gott hinzustellen, was nicht von Gott abhängt, auf das Gott wie auf ein Muster bei seinem Handeln Acht hat, oder auf welches, wie auf ein Ziel, er abzielt.

Dies heisst wahrhaftig Gott dem Schicksal (Fatum)

unterwerfen. Man kann nichts Verkehrteres von Gott behaupten, der nach meiner Darlegung sowohl von dem Wesen wie von dem Dasein aller Dinge die erste und einzige freie Ursache ist. Ich brauche deshalb die Zeit nicht mit Widerlegung einer solchen Widersinnigkeit zu verschwenden.⁶⁰)

L. 34. *Die Macht Gottes ist seine Wesenheit selbst.*

B. Denn aus der blossen Nothwendigkeit des göttlichen Wesens folgt, dass Gott die Ursache seiner selbst (L. 11) und aller Dinge ist (L. 16 Z.). Also ist die Macht Gottes, durch die er und alle Dinge sind und handeln, seine Wesenheit selbst.⁶¹)

L. 35. *Alles, was nach unserer Vorstellung in Gottes Macht ist, ist nothwendig.*

B. Denn Alles, was in Gottes Macht ist, muss in seinem Wesen so enthalten sein (L. 34), dass es aus demselben nothwendig folgt, also nothwendig ist.⁶²)

L. 36. *Es besteht nichts, aus dessen Natur nicht eine Wirkung folgte.*

B. Alles, was besteht, drückt die Natur und das Wesen Gottes auf eine gewisse und bestimmte Weise aus (L. 25 Z.); d. h. Alles, was besteht, drückt die Macht Gottes, welche die Ursache von allen Dingen ist, auf eine gewisse und bestimmte Weise aus (L. 34); folglich muss aus demselben eine Wirkung folgen (L. 16).⁶³)

Anhang. Hiermit habe ich die Natur und Eigenschaften Gottes dargelegt, nämlich dass er nothwendig besteht; dass er ein einziger ist; dass er nur aus der Nothwendigkeit seiner Natur ist und handelt; dass er die freie Ursache von allen Dingen ist und in welcher Weise; dass Alles in Gott ist und von ihm so abhängt, dass ohne ihn es weder sein noch vorgestellt werden kann, und endlich, dass Alles von Gott vorausbestimmt worden ist, und zwar nicht aus Freiheit des Willens oder aus einem unbedingten Belieben, sondern aus der unbedingten Natur oder unendlichen Macht Gottes.

Ich habe ferner bei jeder Gelegenheit die Vorurtheile zu entfernen gesucht, welche das Verständniss meiner

Beweise hindern könnten. Da indess noch manche sonstige Vorurtheile bestehen, welche es auch, und zwar ganz besonders hindern könnten und können, dass man die Verkettung der Dinge so, wie ich sie dargelegt habe, auffasse, so habe ich es für nöthig erachtet, diese Vorurtheile hier einer Prüfung durch die Vernunft zu unterwerfen. Und da alle Vorurtheile, welche ich hier besprechen will, von dem einen abhängen, dass nach der gewöhnlichen Meinung alle natürlichen Dinge, wie die Menschen selbst, eines Zweckes wegen handeln; ja dass Gott selbst unzweifelhaft Alles nach einem gewissen Ziele leitet (man sagt nämlich, Gott habe Alles der Menschen wegen gemacht, den Menschen aber, dass er Gott verehre), so will ich diese Meinung zunächst betrachten.

Ich werde zuerst den Grund suchen, weshalb man sich meistentheils bei diesem Vorurtheil beruhigt, und weshalb man zu dieser Annahme von Natur geneigt ist; sodann werde ich dessen Unwahrheit darlegen und endlich zeigen, wie daraus die Vorurtheile über gut und böse, über Verdienst und Sünde, über Lob und Tadel, über Ordnung und Verwirrung, über Schönheit und Hässlichkeit und über Anderes der Art entstanden sind.

Es ist hier nicht der Ort, um dies aus der Natur des menschlichen Geistes abzuleiten; es wird genügen, wenn ich von dem ausgehe, was von Jedermann anerkannt werden muss; also davon, dass die Menschen ohne Kenntniss der Ursachen der Dinge auf die Welt kommen, und dass Alle den Trieb haben, das ihnen Nützliche zu suchen, und dass sie sich dessen bewusst sind.

Daraus folgt zunächst, dass die Menschen sich für frei halten; denn sie sind sich ihres Begehrens und ihrer Triebe bewusst und denken nicht im Traume an die Ursachen, welche sie zum Begehren und Wollen veranlassen, da sie diese nicht kennen. Sodann folgt daraus, dass die Menschen Alles um eines Zweckes willen thun, nämlich des Nutzens wegen, den sie begehren; daher kommt es, dass sie immer nur nach den Zwecken des Geschehenen fragen und sich bei deren Mittheilung beruhigen, da sie keinen Anlass zu weiteren Zweifeln haben. Können sie aber diese Zwecke von Anderen nicht erfahren, so bleibt ihnen nur übrig, auf sich selbst und auf die Zwecke zu sehen, wodurch sie zu Aehnlichem bestimmt zu werden pflegen. So beurtheilen sie die Sinnesweise des Anderen nothwendig nach ihrer eigenen. Da sie ferner in sich und ausser sich viele Mittel finden, die zur Erreichung ihres Nutzens erheblich beitragen, wie z. B. die Augen zum Sehen, die Zähne zum Kauen, die Kräuter und Thiere zur Nahrung, die Sonne zur Erleuchtung, das Meer zur Ernährung der Fische u. s. w., so kommt es hiervon, dass sie alles Natürliche gleichsam als Mittel für ihren Nutzen ansehen, und da sie wissen, dass sie diese Mittel vorgefunden und nicht selbst eingerichtet haben, so entstand der Glaube, dass irgend ein Anderer es sein müsse, der diese Mittel zu ihrem Nutzen bereitet habe. Denn nachdem sie einmal die Dinge als Mittel betrachtet hatten, so konnten sie nicht annehmen, dass diese sich selbst gemacht hätten, vielmehr mussten sie aus den Mitteln, welche sie sich selbst herzurichten pflegen, schliessen, dass es einen oder mehrere Leiter der Natur gäbe, welche mit menschlicher Freiheit ausgestattet, Alles für sie besorgt und zu ihrem Nutzen gemacht haben. Da sie nun von dem Verstande dieser Leiter niemals etwas gehört hatten, so konnten sie ihr Urtheil darüber nur nach ihrem Verstande bilden. Daher ihre Annahme, dass die Götter Alles zum Nutzen der Menschen leiten, um sich dieselben zu verbinden und von ihnen in höchsten Ehren gehalten zu werden.

Daher ist es gekommen, dass Jeder eine andere Art der Gottesverehrung sich in seinem Kopfe ausgedacht hat, damit Gott ihn mehr wie die Uebrigen liebe, und die ganze Natur nach dem blinden Begehren und unersättlichem Geize derselben leite. Dies Vorurtheil ist zum Aberglauben geworden und hat in den Köpfen tiefe Wurzel geschlagen; es war der Grund, dass Jeder vor Allem die Endzwecke der Dinge einzusehen und zu erklären sich bemühte. Während sie aber zu zeigen suchten, dass die Natur nichts umsonst thue, d. h. nichts, was nicht zum Besten der Menschen diene, so haben sie doch nur damit gezeigt, dass die Natur und die Götter, wie die Menschen, sich im Wahnsinn befinden. Man sehe nur, wohin dies endlich führte! Unter vielem Nützlichen mussten sie auch vieles Schädliche in der Natur bemerken, wie Stürme, Erdbeben, Krankheiten u. s. w., und man nahm an, dass diese daher kommen, weil die Götter über das

Unrecht erzürnt wären, was die Menschen ihnen zugefügt hätten, und über die Sünden, die Jene bei ihrer Verehrung begangen hätten. Obgleich die Erfahrung täglich dagegen stritt und durch unzählige Beispiele zeigte, dass Nutzen und Schaden die Frommen ebenso wie die Gottlosen treffen, so liess man doch von dem eingewurzelten Vorurtheile nicht ab. Denn es wurde ihnen leichter, diese Erfahrung zu dem anderen Unbekannten, dessen Nutzen man nicht einsah, zu rechnen und so sich den gegenwärtigen und eingeborenen Zustand der Unwissenheit zu bewahren, als das ganze Gebäude niederzureissen und ein neues auszudenken. Es galt ihnen daher als gewiss, dass die Beschlüsse der Götter die menschliche Fassungskraft weit übersteigen. Dies allein hätte hingereicht, dass die Wahrheit dem menschlichen Geschlecht ewig verborgen geblieben wäre, wenn nicht die Mathematik, welche sich nicht mit den Zwecken, sondern nur mit dem Wesen und den Eigenschaften der Gestalten beschäftigt, dem Menschen ein anderes Richtmaass der Wahrheit gezeigt hätte. Auch können noch andere Ursachen neben der Mathematik bezeichnet werden (deren Aufzählung indess überflüssig ist), durch welche die Menschen veranlasst wurden, diese gemeinen Vorurtheile zu bemerken und zur wahren Erkenntniss der Dinge überzugehen. Damit habe ich das dargelegt, was ich als Erstes versprochen habe. Um nun aber zu zeigen, dass sich die Natur keinen Zweck vorgesetzt hat, und dass alle Endzwecke nur eine menschliche Einbildung sind, bedarf es nicht viel. Denn ich glaube, dass dies schon genügend aus den Unterlagen und Ursachen erhellt, welche diesem Vorurtheil, wie gezeigt, den Ursprung gegeben haben.

Auch erhellt es aus L. 16 und L. 32 Z., sowie aus Allem, womit ich gezeigt habe, dass in der Natur Alles mit einer gewissen ewigen Nothwendigkeit und höchsten Vollkommenheit vorgeht. Indess will ich noch hinzufügen, dass durch diese Lehre vom Zweck die Natur überhaupt umgestossen wird. Denn sie behandelt das als Wirkung, was in Wahrheit Ursache ist, und umgekehrt; ferner macht sie das Frühere in der Natur zu dem Späteren und endlich das Höchste und Vollkommenste zum Unvollkommensten. Denn (wenn ich die zwei ersten Punkte bei Seite lasse, weil sie sich von selbst verstehen), so erhellt aus L. 21, 22 und 23, dass diejenige Wirkung die vollkommenste ist, welche von Gott unmittelbar hervorgebracht wird; je mehr Mittelursachen sie zu ihrer Hervorbringung bedarf, desto unvollkommener ist sie. Wenn nun aber die von Gott unmittelbar hervorgebrachten Dinge nur gemacht wären, damit Gott seinen Zweck erreichte, so müssten nothwendig die letzten, derentwegen die früheren gemacht sind, die vorzüglichsten sein. Auch hebt diese Lehre die Vollkommenheit Gottes auf; denn wenn Gott wegen eines Zweckes handelt, so begehrt er nothwendig etwas, was ihm fehlt. Wenn nun auch die Theologen und Metaphysiker zwischen dem Zweck des Bedürfnisses und dem Zweck der Verähnlichung unterscheiden, so gestehen sie doch zu, dass Gott Alles nur seinetwegen gethan hat und nicht der zu schaffenden Dinge wegen, weil sie vor der Schöpfung nichts neben Gott angeben können, dessentwegen Gott gehandelt hätte. So müssen sie also einräumen, dass Gott dasjenige, wofür er die Mittel hat bereiten wollen, entbehrt hat, und dass er dies begehrt hat, wie von selbst klar ist.

Es muss hier auch erwähnt werden, dass die Anhänger dieser Lehre, welche in Aufstellung von Zwecken der Dinge ihren Scharfsinn zeigen wollten, für den Beweis ihrer Lehre eine neue Art der Begründung hervorgeholt haben, indem sie diese nicht auf die Unmöglichkeit, sondern auf die Unwissenheit zurückführten, woraus erhellt, dass dieser Lehre kein anderes Mittel der Begründung zu Gebote gestanden hat. Wenn z. B. ein Stein aus einer Höhe auf eines Menschen Kopf gefallen wäre und ihn getödtet hätte, so würden sie auf diese Art beweisen, dass der Stein gefallen sei, um den Menschen zu tödten; denn wenn er nicht zu diesem Zweck mit dem Willen Gottes gefallen wäre, wie hätten da so viele Umstände aus Zufall zusammentreffen können? (denn oft wirken mehrere zugleich.) Man wird vielleicht antworten, es sei deshalb so gekommen, weil der Wind gewent, und weil den Menschen sein Weg dahin geführt habe. Aber Jene werden darauf bestehen: Weshalb hat der Wind damals geweht? weshalb führte den Menschen damals sein Weg dahin? Wenn man darauf erwidert, der Wind sei damals entstanden, weil das Meer den Tag vorher bei ruhigem Wetter sich zu bewegen angefangen hatte, und weil der Mensch von einem Freunde eingeladen worden war, so werden sie wiederum fragen, da des Fragens hier kein Ende ist: Warum wurde das Meer unruhig? Weshalb war der Mensch damals eingeladen? Und so werden sie fort und fort nach den Ursachen der Ursachen fragen, bis man zu dem Willen Gottes, d. h. zu dem Asyl der Unwissenheit, seine Zuflucht nimmt.

Ebenso staunen sie bei dem Anblick des Baues des menschlichen Körpers; und weil sie die Ursachen von so viel Kunst nicht kennen, so schliessen sie, dass er nicht durch mechanische Kräfte, sondern durch eine göttliche und übernatürliche Kunst gebildet und so eingerichtet worden, dass kein Theil den anderen verletzt. So kommt es, dass Der, welcher die wahren Ursachen der Wunder aufsucht und sich bestrebt, die natürlichen Dinge wie ein Unterrichteter einzusehen und nicht wie ein Dummer anzustaunen, hier und da für einen Ketzer und Gottlosen gehalten und als ein solcher von Denen öffentlich erklärt wird, welche die Menge als die Dolmetscher der Natur und der Götter verehrt. Denn diese wissen, dass mit dem Wegfall der Unwissenheit auch das Staunen, d. h. das einzige Mittel für ihre Beweise und für die Erhaltung ihres Ansehens, aufhört.

Ich lasse dies und gehe nach meinem Plane zu dem dritten Punkt über. Nachdem die Menschen sich eingeredet hatten, dass Alles, was geschieht, ihretwegen geschähe, so mussten sie in jedem Dinge dasjenige für das Vorzügliche halten, was ihnen am nützlichsten war, und Alles das am höchsten schätzen, von dem sie am angenehmsten berührt wurden. Daraus mussten sich die Begriffe bilden, nach welchen sie die Natur der Dinge erklärten, als: Gut, Schlecht, Ordnung, Unordnung, Warm, Kalt, Schönheit, Hässlichkeit u. s. w. Da sie sich für frei hielten, so entsprangen daraus die Begriffe von Lob und Tadel, Sünde und Verdienst. Diese letzteren werde ich später nach Untersuchung der menschlichen Natur erörtern. Jene aber will ich hier kurz erklären.

Man nannte nämlich Alles gut, was zum Wohlbefinden oder zur Gottesverehrung nützte, und das Gegentheil davon schlecht; und da Die, welche die Natur der Dinge nicht einsehen, nichts von den Dingen bejahen, sondern die Dinge sich nur bildlich vorstellen und die Vorstellungen für Erkenntnisse halten, so sind sie deshalb von einer Ordnung in den Dingen überzeugt, während sie doch von den Dingen und ihrer Natur nichts wissen. Denn wenn die Dinge so eingerichtet sind, dass wir bei der sinnlichen Wahrnehmung ihre Bilder leicht auffassen, und wir uns ihrer leicht erinnern können, so nennen wir sie gut geordnet, im anderen Falle schlecht geordnet oder verwirrt. Und weil uns das am liebsten ist, was wir leicht uns bildlich vorstellen können, so ziehen die Menschen die Ordnung der Verwirrung vor, als wenn die Ordnung, ohne Rücksicht auf unser Vorstellen, etwas in der Natur wäre. Daher sagt man, dass Gott Alles in Ordnung erschaffen habe, und auf diese Weise theilt man, ohne es zu wissen, Gott das bildliche Vorstellen zu; im Fall man nicht vielleicht vorzieht, dass Gott in Rücksicht auf die menschliche Einbildung alle Dinge so geordnet habe, dass sie von dieser am leichtesten bildlich erfasst werden können. Man lässt sich auch hierin nicht dadurch irre machen, dass sich unendlich Vieles findet, was unser bildliches Vorstellen weit übersteigt, und Vieles, was es wegen seiner Schwäche verwirrt. Doch genug davon.

Auch die übrigen Begriffe neben den Arten des bildlichen Vorstellens, wodurch die Einbildung in verschiedener Weise erregt wird, sind nichts und werden doch von den Unwissenden als die wichtigsten Bestimmungen der Dinge behandelt; weil, wie erwähnt, sie glauben, dass die Dinge nur ihretwegen gemacht worden seien, und weil sie die Natur eines Gegenstandes gut oder schlecht, gesund oder faul und verdorben nennen, je nachdem sie von demselben erregt werden. So nennen sie z. B. die Gegenstände dann schön, wenn die Bewegung, welche die Nerven von diesen, durch die Augen dargestellten Gegenständen empfangen, dem Wohlbefinden zuträglich ist. Im gegentheiligen Falle heissen sie sie hässlich. Was ferner durch die Nase den Sinn erregt, nennen sie wohlriechend oder stinkend; was durch die Zunge, süss oder bitter, schmackhaft oder unschmackhaft; was durch das Gefühl, hart oder weich, schwer oder leicht. Wenn die Dinge endlich die Ohren erregen, so sagt man, dass sie einen Lärm, Ton oder Harmonie hören lassen, und diese Harmonie hat die Menschen so bethört, dass selbst Gott nach ihrer Meinung daran sich erfreut. Auch giebt es Philosophen, die sich überredet haben, dass die himmlischen Bewegungen eine Harmonie bilden. Dies Alles zeigt zur Genüge, dass Jeder nach der Beschaffenheit seines Gehirns über die Dinge urtheilt, oder vielmehr die Erregungen seiner Einbildungskraft für die Dinge selbst genommen hat. Man darf sich daher (beiläufig bemerkt) nicht wundern, dass unter den Menschen, wie wir sehen, so viel Streitigkeiten sich erhoben haben, aus denen endlich der Skeptizismus hervorgegangen ist. Denn wenn auch die menschlichen Körper in Vielem übereinstimmen, so weichen sie doch in noch Mehrerem von einander ab; daher hält dies der Eine für gut, der Andere für schlecht. Was dem Einen geordnet ist, ist dem Andern verworren; was dem Einen angenehm, ist dem Andern unangenehm. Dasselbe gilt von allem Uebrigen. Ich lasse es bei Seite, da hier nicht der Ort ist, um ausführlich darüber zu handeln, und da wir Alle die genügende Erfahrung davon gemacht haben. Denn in aller Munde sind die Worte: „Wieviel Köpfe, soviel Sinne"; „Jeder hat an seinem Sinne genug"; „So verschieden die Geschmäcke, so verschieden auch die Köpfe." Diese Redensarten zeigen hinlänglich, dass die Menschen mehr nach dem Zustand ihres Gehirns über die Dinge urtheilen und über die Dinge mehr phantasiren. Denn wenn sie die Dinge erkannt hätten, so würden diese, wie die Mathematik beweist, Alle, wenn auch nicht anlocken, doch wenigstens überzeugen.

Wir sehen also, dass alle jene Gründe, aus denen die Menge die Natur zu erklären pflegt, nur verschiedene Weisen der Einbildung sind, welche nicht die Natur irgend einer Sache anzeigen, sondern nur den Zustand der Einbildungskraft. Und weil die Menschen Namen haben, als wenn die Dinge dazu ausserhalb der Einbildungskraft beständen, so nenne ich diese nicht Dinge der Vernunft, sondern Dinge der Einbildung, und so können alle Beweisgründe, die man gegen mich aus ähnlichen Begriffen herbeiholt, leicht umgestossen werden. Viele pflegen nämlich ihren Beweis so zu führen: Wenn Alles aus der Nothwendigkeit der vollkommensten göttlichen Natur gefolgt ist, woher kommt dann so viel Unvollkommenes in der Natur, als das Untergehen und Faulen der Dinge, das Verderben und der Gestank der Dinge und die Hässlichkeit derselben, welche Ekel erregt, und die Unordnung, das Schlechte, die Sünde u. s. w.? Indess können sie, wie ich eben bemerkt, leicht widerlegt werden; denn die Vollkommenheit der Dinge ist nur nach deren Natur und Vermögen zu schätzen, und die Dinge sind nicht deshalb mehr oder weniger vollkommen, weil sie den Sinn der Menschen ergötzen oder beleidigen, und weil sie der menschlichen Natur entsprechen oder ihr widerstreiten. Auf die Frage aber: warum Gott nicht alle Menschen so geschaffen habe, dass sie blos von der Vernunft sich leiten liessen, habe ich nur die Antwort: Weil ihm nicht der Stoff fehlte, um Alles vom höchsten bis zu dem niedrigsten Grade der Vollkommenheit zu schaffen. Oder um mich richtiger auszudrücken: Weil die Gesetze seiner Natur so umfassend gewesen sind, dass sie zureichten, um Alles hervorzubringen, was von einem unendlichen Verstande vorgestellt werden kann, wie ich durch L. 16 bewiesen habe. Dies sind die Vorurtheile, welche ich hier berühren wollte; wenn noch andere der Art bestehen sollten, so wird Jeder sie bei mässigem Nachdenken leicht berichtigen können. [64])

Zweiter Theil.
Ueber die Natur und den Ursprung der Seele.[1])

Vorwort.

Ich gehe nun zur Auseinandersetzung dessen über, was aus der Wesenheit Gottes oder des ewigen und unendlichen Seienden nothwendig folgen muss. Diese Auseinandersetzung umfasst zwar nicht Alles (denn I. L. 16 habe ich gezeigt, dass unendlich Vieles auf unendlich viele Weise aus ihm folgen muss), sondern nur das, was für die Erkenntniss der menschlichen Seele und ihrer höchsten Seligkeit gleichsam handgreiflich daraus hergeleitet werden kann.

D. 1. Unter **Körper** verstehe ich einen Zustand, welcher Gottes Wesen, insofern es als ausgedehnte Sache aufgefasst wird, in gewisser und bestimmter Weise ausdrückt. (I. L. 25 Z.) [2])

D. 2. Zum Wesen einer Sache gehört, sage ich, das, wodurch, wenn es gegeben ist, die Sache nothwendig gesetzt wird, und wodurch, wenn es weggenommen wird, die Sache nothwendig aufgehoben wird, oder: das, ohne welches die Sache, und umgekehrt das, was ohne die Sache weder sein noch vorgestellt werden kann. [3])

D. 3. Unter Vorstellung verstehe ich den Begriff der Seele, welche die Seele bildet, weil sie ein denkendes Ding ist.

E. Ich sage lieber Auffassung als Wahrnehmung, weil letzteres Wort anzudeuten scheint, dass die Seele von dem Gegenstande leidet, während Auffassung die Thätigkeit der Seele auszudrücken scheint. [4])

D. 4. Unter zureichender Vorstellung verstehe ich eine Vorstellung, welche, sofern sie an sich und ohne Beziehung auf den Gegenstand betrachtet wird, alle Eigenschaften oder inneren Bestimmungen einer wahren Vorstellung hat.

E. Ich sage „innere", um diejenige auszuschliessen, welche äusserlich ist, nämlich die Uebereinstimmung der Vorstellung mit ihrem Vorgestellten. [5])

D. 5. Dauer ist eine unbestimmte Fortsetzung des Daseins.

E. Ich sage „unbestimmt", weil sie durch die eigene Natur der daseienden Sache keineswegs bestimmt werden kann und auch nicht von der wirkenden Ursache, da diese das Dasein der Sache nothwendig setzt, aber es nicht aufhebt. [6])

D. 6. Unter Realität und Vollkommenheit verstehe ich ein und dasselbe. [7])

D. 7. Unter Einzel-Dingen verstehe ich Dinge, welche endlich sind und ein begrenztes Dasein haben. Wenn mehrere Einzeldinge in einer Wirksamkeit so zusammenwirken, dass alle zugleich die Ursache der einen Wirkung sind, so betrachte ich sie alle insoweit als eine einzelne Sache. [8])

A. 1. Das Wesen des Menschen schliesst nicht sein nothwendiges Dasein ein; d. h. nach der Ordnung der Natur kann es ebenso geschehen, dass dieser oder jener Mensch ist, als dass er nicht ist.

A. 2. Der Mensch denkt. [9])

A. 3. Die Zustände des Denkens, wie Liebe, Begehren und Alles sonst, was mit Gemüthsaffekt bezeichnet wird, giebt es nur, wenn in demselben Einzelwesen die Vorstellung des geliebten, begehrten u. s. w. Gegenstandes gegeben ist. Aber die Vorstellung kann bestehen, wenn auch kein anderer Zustand des Denkens gegeben ist.[10]

A. 4. Wir empfinden, dass der Körper auf viele Weise erregt wird.[11]

A. 5. Wir empfinden und nehmen keine anderen einzelnen Gegenstände wahr, als Körper und Zustände des Denkens.[12]

Die Heischesätze sehe man hinter II. L. 13.

L. 1. *Das Denken ist ein Attribut Gottes, oder Gott ist ein denkendes Wesen.*

B. Die einzelnen Denkakte oder dieser und jener Gedanke sind Zustände, welche die Natur Gottes auf eine gewisse und bestimmte Weise ausdrücken. (I. L. 25 Z.) Es kommt also Gott ein Attribut zu (I. D. 5), dessen Vorstellung alle einzelnen Gedanken einschliessen, durch welches sie ebenfalls vorgestellt werden. Es ist also das Denken eines von den unendlich vielen Attributen Gottes, welches das ewige und unendliche Wesen Gottes ausdrückt (I. D. 6), d. h. Gott ist ein denkendes Wesen.

E. Dieser Lehrsatz erhellt auch daraus, dass wir uns ein denkendes Wesen als unendlich vorstellen können. Denn je Mehreres ein denkendes Wesen denken kann, desto mehr enthält es, nach unserer Vorstellung, Realität oder Vollkommenheit. Ein Wesen also, was unendlich Vieles auf unendlich viele Weise denken kann, ist nothwendig in der Kraft des Denkens unendlich. Da wir somit, auf das blosse Denken achtend, ein unendliches Wesen vorstellen, so ist nothwendig das Denken eines von den unendlich vielen Attributen Gottes (I. D. 4 und 6), wie ich behauptet habe.

L. 2. *Die Ausdehnung ist ein Attribut Gottes, oder Gott ist ein ausgedehntes Wesen.*

Der Beweis davon nimmt denselben Gang wie der Beweis des vorhergehenden Lehrsatzes.[13]

L. 3. *In Gott besteht nothwendig sowohl eine Vorstellung von seinem Wesen wie von Allem, was aus seinem Wesen nothwendig folgt.*

B. Denn Gott kann Unendlich Vieles auf unendlich viele Weise denken (II. L. 1), oder er kann eine Vorstellung seines Wesens und aller daraus sich nothwendig ergebenden Folgen bilden. (Was nach I. L. 16 dasselbe ist.) Nun ist aber Alles, was in Gottes Macht ist, nothwendig. (I. L. 35.) Es giebt deshalb nothwendig eine solche Vorstellung, und sie ist nur in Gott. (I. L. 15.)

E. Die Menge versteht unter der Macht Gottes seinen freien Willen und sein Recht auf alle Dinge, welche da sind. Letztere werden deshalb gewöhnlich als zufällig betrachtet. Denn man sagt, Gott hat die Macht, Alles zu zerstören und in Nichts zu verwandeln. Man vergleicht ferner die Macht Gottes mit der Macht der Könige. Dies habe ich I. L. 32 Z. 1 und 2 widerlegt und I. L. 16 gezeigt, dass Gott mit derselben Nothwendigkeit handelt, mit der er sich selbst erkennt, d. h. so wie aus der Nothwendigkeit der göttlichen Natur folgt (und Alle einstimmig behaupten), dass Gott sich selbst erkennt, mit derselben Nothwendigkeit folgt, dass Gott Unendlich Vieles auf unendlich viele Weise thut. Sodann habe ich I. L. 34 gezeigt, dass Gottes Macht nur sein thätiges Wesen ist; es ist deshalb uns ebenso unmöglich, vorzustellen, dass Gott nicht handle, als dass Gott nicht sei. Wenn es verstattet wäre, dies weiter zu verfolgen, so könnte ich ferner zeigen, dass jene Macht, welche die Menge Gott zutheilt, nur eine menschliche ist (mithin die Menge Gott nur als Menschen oder nur nach dem Bilde eines Menschen sich vorstellt), ja selbst die Ohnmacht dabei einschliesst. Doch mag ich über dieselbe Sache nicht so viele Male dasselbe wiederholen. Ich bitte nur nochmals den Leser, dass er wiederholt erwäge, was von I. L. 16 bis zu Ende hierüber gesagt worden ist. Denn Niemand wird das richtig verstehen können, was ich meine, wenn er sich nicht hütet, Gottes Macht mit der menschlichen Macht und dem Recht der Könige zu verwechseln [14])

L. 4. *Die Vorstellung in Gott, aus welcher unendlich Vieles auf unendlich viele Weise folgt, kann nur eine einzige sein.*

B. Der unendliche Verstand umfasst nichts ausser den Attributen Gottes und seinen Zuständen (I. L. 30), aber Gott ist ein Einziger (I. L. 14 Z. 1), daher kann die Vorstellung in Gott, aus welcher unendlich Vieles auf unendlich viele Weise folgt, nur eine einzige sein. [15])

L. 5. *Das wirkliche Sein der Vorstellungen erkennt Gott nur, insofern er als denkendes Wesen aufgefasst wird, als seine Ursache an, und nicht insofern Gott durch ein anderes Attribut erklärt wird; d. h. die Vorstellungen sowohl von Gottes Attributen als von den einzelnen Dingen erkennen nicht das Vorgestellte selbst oder die wahrgenommenen Dinge als ihre Ursache an, sondern Gott selbst, insofern er ein denkendes Wesen ist.*

B. Dies erhellt aus II. L. 3. Denn dort folgerten wir, dass Gott die Vorstellung seines Wesens und aller Dinge, welche daraus folgen, nur dadurch bilden könne, dass Gott ein denkendes Wesen ist, und nicht dadurch, dass er der Gegenstand seiner Vorstellung ist. Darum erkennt das wirkliche Sein der Vorstellungen Gott, insofern er ein denkendes Wesen ist, als Ursache an. Ein anderer Beweis ist folgender: Das wirkliche Sein der Vorstellungen ist ein Zustand des Denkens (wie von selbst klar ist), d. h. ein Zustand (I. L. 25 Z.), welcher die Natur Gottes, sofern er ein denkendes Wesen ist, auf gewisse Weise ausdrückt. Dieser Zustand schliesst mithin die Vorstellung von keinem anderen Attribute Gottes ein (I. L. 10) und ist folglich keines anderen Attributes als des Denkens Wirkung (I. A. 4.). Also erkennt das wirkliche Sein der Vorstellungen Gott nur, insofern er als ein denkendes Wesen aufgefasst wird u. s. w. [16])

L. 6. *Die Zustände eines jeden Attributes haben Gott zur Ursache, nur insofern er unter dem Attribute, dessen Zustände sie sind, aufgefasst wird, und nicht unter dem eines anderen Attributes.*

B. Denn jedes Attribut wird durch sich und ohne ein anderes vorgestellt. (I. L. 10.) Deshalb schliessen die Zustände jedes einzelnen Attributs den Begriff ihres Attributes und nicht den eines anderen Attributes in sich ein; mithin (I. A. 4.) haben sie Gott zur Ursache, nur insofern er unter diesem Attribut, dessen Zustände sie sind, aufgefasst wird und nicht unter einem anderen.

Z. Hieraus ergiebt sich, dass das wirkliche Sein der Dinge, welche keine Zustände des Denkens sind, nicht deshalb aus der Natur Gottes folgt, weil er die Dinge früher vorgestellt hat, sondern die vorgestellten Dinge folgen und werden gefolgert, auf dieselbe Weise und mit derselben Nothwendigkeit aus ihren Attributen, wie die Vorstellungen nach unserer Darlegung aus dem Attribut des Denkens folgen. [17])

L. 7. *Die Ordnung und Verknüpfung der Vorstellungen ist dieselbe wie die Ordnung und Verknüpfung der Dinge.*

B. Dies erhellt aus I. A. 4. Denn die Vorstellung von jedem Verursachten hängt von der Vorstellung der Ursache ab, deren Wirkung es ist.

Z. Hieraus ergiebt sich, dass Gottes Macht zu denken seiner wirklichen Macht zu handeln gleich ist, d. h. Alles, was aus der unendlichen Natur Gottes in der Wirklichkeit folgt, dies Alles folgt aus der Vorstellung in Gott, in derselben Ordnung und Verknüpfung in Gott als gegenständlicher Inhalt seines Denkens. [18])

E. Ehe wir weiter gehen, ist an das oben Dargelegte zu erinnern, nämlich dass Alles, was von einem unendlichen Verstand als das aufgefasst werden kann, was das Wesen der Substanz ausmacht, dass dies Alles nur zu der einen und einzigen Substanz gehört, und dass folglich die denkende und die ausgedehnte Substanz eine und dieselbe Substanz sind, welche bald unter diesem, bald unter jenem Attribut aufgefasst wird. Deshalb ist auch der Zustand der Ausdehnung und die Vorstellung dieses Zustandes ein und dasselbe, nur auf zwei Weisen ausgedrückt. Dies scheinen Einige bei den Juden gleichsam durch den Nebel eingesehen zu haben, da sie annehmen, dass Gott, Gottes Verstand und die von ihm verstandenen Dinge ein und dasselbe seien. So ist z. B. ein Kreis, welcher in der Natur besteht, und die Vorstellung dieses bestehenden Kreises, die auch in Gott ist, ein und dasselbe, nur durch verschiedene Attribute ausgedrückt. Mögen wir daher die Natur unter dem Attribut der Ausdehnung oder unter dem Attribut des Denkens oder unter irgend einem anderen auffassen, so werden wir dieselbe Ordnung und dieselbe Verknüpfung der Ursachen, d. h. dieselbe wechselseitige Folge der Dinge antreffen. Aus keinem anderen Grunde habe ich gesagt, dass Gott z. B.

die Ursache der Vorstellung des Kreises ist, insofern er blos ein denkendes Wesen ist; aber die Ursache des Kreises selbst, blos insofern er ein ausgedehntes Wesen ist, als weil das wirkliche Sein der Vorstellung des Kreises nur durch einen anderen Zustand des Denkens als seine nächste Ursache und dieser wiederum durch einen anderen und so fort ohne Ende vorgestellt werden kann.

Wir müssen daher, so lange wir die Dinge nur als Zustände des Denkens auffassen, die Ordnung der ganzen Natur oder die Verknüpfung der Ursachen durch das Attribut des Denkens allein erklären; und insofern sie als Zustände der Ausdehnung aufgefasst werden, muss auch die Ordnung der ganzen Natur blos durch das Attribut der Ausdehnung erklärt werden. Dasselbe nehme ich von den übrigen Attributen an.

Deshalb ist die wahre Ursache der Dinge, wie sie an sich sind, Gott, insofern er aus unendlich vielen Attributen besteht, und deutlicher kann ich dies gegenwärtig nicht erklären.[19])

L. 8. *Die Vorstellungen der einzelnen Dinge oder Zustände, welche nicht bestehen, müssen in der unendlichen Vorstellung Gottes so befasst sein, wie das wirkliche Wesen der einzelnen Dinge oder Zustände in den Attributen Gottes enthalten ist.*

B. Dieser Lehrsatz ergiebt sich aus II. L. 7 E.

Z. Hieraus folgt, dass, so lange die einzelnen Dinge nicht bestehen, als nur insofern sie in Gottes Attributen befasst sind, deren vorgestelltes Sein oder deren Vorstellungen auch nur bestehen, soweit die unendliche Vorstellung Gottes besteht.

Wenn aber von den einzelnen Sachen gesagt wird, dass sie da sind, nicht blos insofern sie in Gottes Attributen befasst sind, sondern insofern auch die zeitliche Dauer von ihnen ausgesagt wird, so werden deren Vorstellungen ebenfalls dasjenige Dasein haben, mit welchem man ihre zeitliche Dauer bezeichnet.

E. Wenn Jemand zum besseren Verständniss dessen ein Beispiel verlangt, so kann ich nicht wohl eins geben, was die hier besprochene Frage, die vielleicht in ihrer Art einzig ist, vollkommen angemessen ausdrückt; doch will ich den Gegenstand, so gut es geht, erläutern.

Der Kreis ist nämlich von solcher Natur, dass die Rechtecke aus allen geraden, in ihm sich durchschneidenden Linien gleich sind. Der Kreis enthält daher unendlich viele einander gleiche Rechtecke. Man kann aber dennoch nicht sagen, dass eines derselben da ist, als nur insofern ein Kreis da ist, und ebenso kann man nicht sagen, dass die Vorstellung eines dieser Rechtecke da ist, als nur insofern es in der Vorstellung des Kreises befasst ist. Nun stelle man sich vor, dass von jenen unendlich vielen Rechtecken nur zwei, nämlich D und E bestehen, dann bestehen deren Vorstellungen nicht blos, insofern sie nur in der Vorstellung des Kreises befasst sind, sondern auch insofern sie das Dasein dieser beiden Rechtecke in sich enthalten; dadurch werden sie von den übrigen Vorstellungen der anderen Rechtecke unterschieden. [20])

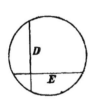

L. 9. *Die Vorstellung eines einzelnen, wirklich daseienden Gegenstandes hat Gott zur Ursache, nicht insofern er unendlich ist, sondern insofern er aufgefasst wird als erregt von einer anderen Vorstellung eines einzelnen, wirklich bestehenden Gegenstandes, dessen Ursache Gott wiederum nur ist, insofern er von einer anderen dritten Vorstellung erregt ist, und so weiter ohne Ende.*

B. Die Vorstellung eines einzelnen, wirklich daseienden Gegenstandes ist ein einzelner Zustand des Denkens und von den anderen unterschieden (II. L. 8 Z. u. E.), und hat deshalb Gott, insofern er nur ein denkendes Wesen ist, zur Ursache (II. L. 6); aber nicht, insofern Gott ein unbedingt denkendes Wesen ist, sondern nur, insofern Gott als erregt durch einen anderen Zustand des Denkens aufgefasst wird; und ebenso ist dieser Zustand nur die Wirkung, insofern Gott von einem anderen erregt ist, und so fort ohne Ende (I. L. 28). Nun ist aber die Ordnung und Verknüpfung der Vorstellungen dieselbe wie die Ordnung und Verknüpfung der Ursachen (II. L. 7), deshalb ist die Ursache einer einzelnen Vorstellung eine andere Vorstellung, oder Gott, insofern er von einer anderen Vorstellung erregt aufgefasst wird, und von dieser ist die Ursache wieder Gott, insofern er von einer anderen erregt ist, und so fort ohne Ende.

Z. Von dem, was in dem einzelnen Gegenstand irgend einer Vorstellung vorgeht, giebt es in Gott eine Erkenntniss nur, insofern er die Vorstellung des Gegenstandes hat.

B. Alles, was in dem Gegenstande irgend einer Vorstellung vorgeht, davon giebt es in Gott eine Vorstellung nicht, insofern er unendlich ist (II. L. 3), sondern insofern, als er durch eine andere Vorstellung eines einzelnen Gegenstandes erregt aufgefasst wird (II. L. 9); die Ordnung und Verknüpfung der Vorstellungen ist aber dieselbe wie die Ordnung und Verknüpfung der Dinge (II. L. 7); die Erkenntnis dessen, was in einem einzelnen Gegenstande vorgeht, wird also in Gott sein, nur insofern er die Vorstellung dieses Gegenstandes hat. [21]

L. 10. *Zum Wesen des Menschen gehört nicht das Sein der Substanz, oder die Substanz bildet nicht das Wirkliche des Menschen.*

B. Denn das Sein der Substanz schliesst nothwendiges Dasein ein (I. L. 7). Wenn mithin zum Wesen des Menschen das Sein der Substanz gehörte, so würde mit der Substanz auch nothwendig der Mensch gegeben sein (II. D. 2), und folglich würde der Mensch nothwendig da sein, was widersinnig ist (II. A. 1), deshalb gehört u. s. w.

E. Es folgt dieser Lehrsatz auch aus I. L. 5, weil es nämlich nicht zwei Substanzen derselben Natur giebt. Da aber mehrere Menschen da sein können, so ist folglich das, was das Wirkliche des Menschen ausmacht, nicht das Sein der Substanz. Uebrigens erhellt dieser Satz auch aus den übrigen Bestimmungen der Substanz, nämlich, dass die Substanz von Natur unendlich, unveränderlich, untheilbar u. s. w. ist, wie Jeder leicht bemerken kann.

Z. Hieraus folgt, dass das Wesen des Menschen aus gewissen Modifikationen der Attribute Gottes gebildet wird. Denn das Sein der Substanz gehört nicht zu dem Wesen des Menschen (II. L. 10). Der Mensch ist also etwas, was in Gott ist (I. L. 15), und was ohne Gott weder sein noch vorgestellt werden kann, d. h. er ist eine Erregung oder ein Zustand, welcher die Natur Gottes auf eine gewisse und bestimmte Weise ausdrückt (I. L. 25 Z.).

E. 2. Jedermann muss einräumen, dass ohne Gott nichts sein und vorgestellt werden kann. Denn allgemein wird anerkannt, dass Gott die alleinige Ursache aller Dinge ist, sowohl nach ihrem Wesen wie nach ihrem Dasein; d. h. Gott ist, wie man sich ausdrückt, die Ursache der Dinge nicht blos nach ihrem Werden, sondern auch nach ihrem Sein. Aber dabei behaupten die Meisten, dass das zum Wesen eines Dinges gehöre, ohne welches es weder sein, noch vorgestellt werden kann; sie nehmen daher an, dass entweder Gottes Natur zum Wesen der erschaffenen Dinge gehöre, oder dass die erschaffenen Dinge ohne Gott sein oder vorgestellt werden können, oder sie schwanken in ihren Ansichten, was das Wahrscheinlichere ist.

Der Grund hiervon ist, dass sie nach meiner Meinung den ordnungsmässigen Gang des Philosophirens nicht innegehalten haben. Denn sie hielten die göttliche Natur, die sie vor Allem hätten betrachten sollen, weil sie sowohl nach ihrer Erkenntniss wie nach ihrer Natur das Erste ist in der Reihe des Erkennens, für das Letzte; und die Dinge welche die Gegenstände der Dinge heissen, hielten sie für die ersten von allen. Daher ist es gekommen, dass sie während der Betrachtung der natürlichen Dinge an nichts weniger dachten, als an die göttliche Natur, und nachdem sie dann ihren Sinn auf die Betrachtung der göttlichen Natur richteten, konnten sie nichts weniger aus ihrem Denken beseitigen, als ihre ersten Einbildungen, auf welche sie die Erkenntniss der natürlichen Dinge aufgebaut hatten, die also zur Erkenntniss der göttlichen Natur nichts helfen konnten.

Man darf sich daher nicht wundern, wenn sie sich hin und wieder widersprechen. Doch dies bei Seite. Meine Absicht war hier nur, den Grund anzugeben, weshalb ich nicht gesagt habe, dass das zum Wesen eines Dinges gehört, ohne welches es weder sein noch vorgestellt werden kann; nämlich weil die einzelnen Dinge nicht ohne Gott sein und vorgestellt werden können, und Gott doch nicht zu ihrem Wesen gehört.

Vielmehr habe ich gesagt, dass dasjenige das Wesen eines Dinges nothwendig ausmacht, mit dessen Gegebensein das Ding gesetzt wird, um mit dessen Wegnahme es aufgehoben wird, oder dasjenige, ohne welches das Ding, und umgekehrt das, was ohne das Ding weder sein noch vorgestellt werden kann (II. D. 2).[22])

L. 11. *Das Erste, was das wirkliche Sein der menschlichen Seele ausmacht, ist nichts Anderes als die Vorstellung eines einzelnen, wirklich bestehenden Dinges.*

B. Das Wesen des Menschen wird durch gewisse Zustände der Attribute Gottes gebildet (II. L. 10 Z.), nämlich durch die Zustände des Denkens (II. A. 2), von denen die Vorstellung, der Natur nach, der erste von allen Zuständen des Denkens ist (II. A. 3). Ist diese Vorstellung gegeben, so müssen die übrigen Zustände des Denkens (denen nämlich die Vorstellung von Natur vorgeht) in demselben Einzelwesen sein (II. A. 4). Daher ist die Vorstellung das Erste, was das Sein der menschlichen Seele ausmacht, aber nicht die Vorstellung eines noch nicht bestehenden Dinges; denn dann könnte man nicht sagen, dass die Vorstellung selbst besteht (II. L. 8 Z.). Es muss deshalb die Vorstellung eines wirklich bestehenden Dinges sein. Aber auch nicht die Vorstellung von einem unendlichen Dinge, denn ein unendliches Ding muss immer nothwendig bestehen (I. L. 21 und 23); aber dies ist widersinnig (II. A. 1). Das Erste also, was das wirkliche Sein der menschlichen Seele ausmacht, ist die Vorstellung eines einzelnen wirklich bestehenden Dinges.

Z. Hieraus ergiebt sich, dass die menschliche Seele ein Theil des unendlichen Verstandes Gottes ist. Wenn wir ferner sagen, dass die menschliche Seele Dies oder Jenes auffasst, so sagen wir nichts Anderes, als dass Gott, nicht insofern er unendlich ist, sondern insofern er sich durch die Natur der menschlichen Seele darstellt, oder insofern er das Wesen der menschlichen Seele ausmacht, diese oder jene Vorstellung hat; und wenn wir sagen, dass Gott diese oder jene Vorstellung habe, nicht blos insofern er die Natur der menschlichen Seele ausmacht, sondern insofern er zugleich mit der menschlichen Seele auch die Vorstellung eines anderen Dinges hat, dann sagen wir, dass die menschliche Seele das Ding nur theilweise, d. h. unzureichend auffasse.

E. Hier werden sicherlich die Leser stocken, und es wird ihnen Vieles beikommen, was ihnen Bedenken macht; deshalb bitte ich sie, mit mir langsam weiter zu gehen und nicht eher ihr Urtheil zu fällen, als bis sie Alles durchlesen haben.[23])

L. 12. *Alles, was in dem Gegenstande der Vorstellung, welche die menschliche Seele ausmacht, vorgeht, dies muss von der menschlichen Seele aufgefasst werden; oder es wird von diesem Gegenstande nothwendig eine Vorstellung in der Seele geben; d. h. wenn der Gegenstand der Vorstellung, welche die menschliche Seele ausmacht, ein Körper ist, so kann in diesem Körper nichts vorgehen, was von der Seele nicht aufgefasst wird.*

B. Denn Alles, was in dem Gegenstande irgend einer Vorstellung vorgeht, davon giebt es nothwendig in Gott eine Erkenntniss (II. L. 9 Z.), insofern er als von der Vorstellung dieses Gegenstandes erregt aufgefasst wird, d. h. insofern er die Seele eines Gegenstandes bildet (II. L. 11). Was also in dem Gegenstande der Vorstellung, welche die menschliche Seele ausmacht, vorgeht, davon giebt es nothwendig eine Erkenntniss in Gott, soweit er die Natur der menschlichen Seele ausmacht, d. h. die Erkenntniss dieses Vorganges wird nothwendig in der Seele sein, oder die Seele fasst ihn auf (II. L. 11 Z.).

E. Dieser Lehrsatz folgt auch aus II. L. 7 E. und wird dadurch deutlicher eingesehen.[24])

L. 13. *Der Gegenstand der Vorstellung, welche die menschliche Seele ausmacht, ist ein Körper oder ein gewisser Zustand der Ausdehnung, der wirklich besteht, und nichts Anderes.*

B. Wenn der Körper nicht der Gegenstand der menschlichen Seele wäre, so wären die Vorstellungen von den Zuständen des Körpers in Gott (II. L. 9 Z.), nicht insofern er unsere Seele, sondern insofern er die Seele eines anderen Gegenstandes ausmachte, d. h. die Vorstellungen der Zustände des Körpers wären nicht in unserer Seele (II. L. 11 Z.) Allein wir haben die Vorstellungen von den Zuständen des Körpers (II. A. 4), deshalb ist der Gegenstand der Vorstellung, welche die menschliche Seele ausmacht, ein Körper, und zwar ein wirklich bestehender (II. L. 11). Ferner, wenn noch etwas Anderes ausser dem Körper Gegenstand der Seele wäre, so müsste nothwendig, da nichts besteht, aus dem nicht nothwendig eine Wirkung folgt (I. L. 36), es eine Vorstellung irgend einer solchen Wirkung in unserer Seele geben (II. L. 11). Eine solche giebt es aber nicht (II. A. 5). Deshalb ist der Gegenstand unserer Seele ein bestehender Körper und nichts Anderes.

Z. Hieraus ergiebt sich, dass der Mensch aus Seele und Körper besteht, und dass der menschliche Körper so besteht, wie wir ihn wahrnehmen.

E. Dadurch wird es verständlich, nicht nur dass die menschliche Seele mit dem Körper vereint ist, sondern auch was unter der Einheit von Seele und Körper zu verstehen ist. Aber diese Einheit wird Niemand zureichend oder bestimmt verstehen, wenn er nicht zuvor die Natur unseres Körpers zureichend erkennt. Denn das, was bis hierher dargelegt worden ist, ist sehr allgemein und gilt nicht blos für Menschen, sondern auch für die übrigen Einzeldinge, die alle, wenn auch in verschiedenen Graden, doch beseelt sind. Denn von jedem Dinge giebt es nothwendig in Gott eine Vorstellung, deren Ursache Gott ist, ebenso wie dies bei der Vorstellung von dem menschlichen Körper der Fall ist, und mithin gilt das, was von der Vorstellung des menschlichen Körpers gesagt worden ist, auch von der Vorstellung jedes anderen Dinges.

Dennoch kann man nicht leugnen, dass die Vorstellungen ebenso wie die Gegenstände, selbst unterschieden sind, und die eine vorzüglicher als die andere ist und mehr an Realität enthält, je nachdem der Gegenstand der einen Vorstellung vorzüglicher ist und mehr an Realität enthält als der Gegenstand der anderen. Um deshalb zu bestimmen, was die menschliche Seele von den anderen Seelen unterscheidet, und worin sie die übrigen übertrifft, müssen wir nothwendig deren Gegenstand, d. h., wie gesagt, die Natur des menschlichen Körpers erkennen lernen.

Die Natur desselben hier erläutern kann ich jedoch nicht; auch ist es für das, was ich beweisen will, nicht nothwendig. Nur das will ich im Allgemeinen bemerken: Je mehr ein Körper vor dem anderen geeignet ist, Mehreres zugleich zu thun oder zu leiden, desto mehr ist dessen Seele mehr wie die übrigen geeignet, Mehreres zugleich aufzufassen; und je mehr die Handlungen eines Körpers von ihm allein abhängen, und je weniger andere Körper im Handeln mit ihm zusammenwirken, desto geschickter ist seine Seele zu scharfer Erkenntniss. Hieraus kann man den Werth einer Seele vor der anderen abnehmen, ferner den Grund einsehen, weshalb wir nur eine sehr verworrene Kenntniss von unserem Körper haben, so wie Vieles, was ich später hiervon ableiten werde.

Ich habe es deshalb der Mühe werth erachtet, dies genauer zu erklären und zu begründen; und deshalb muss Einiges über die Natur der Körper hier vorausgeschickt werden. [25]

A. 1. Alle Körper bewegen sich oder ruhen.

A. 2. Jeder Körper bewegt sich bald langsamer, bald schneller.

Ln. 1. Die Körper unterscheiden sich von einander in Bezug auf Bewegung und Ruhe, Schnelligkeit und Langsamkeit, aber nicht in Bezug auf die Substanz.

B. Den ersten Theil dieses Satzes nehme ich als selbstverständlich an. Dass aber die Körper nicht in Bezug auf die Substanz sich unterscheiden, erhellt sowohl aus I. L. 5 wie 8; aber noch deutlicher aus dem, was in der Erläuterung zu I. L. 15 gesagt worden ist.

Ln. 2. Alle Körper stimmen in Einigem mit einander überein.

B. Denn alle Körper stimmen darin überein, dass sie den Begriff eines und desselben Attributes enthalten (II. D. 1). Ferner dass sie bald langsamer, bald schneller, und überhaupt, dass sie bald sich bewegen, bald ruhen können.

Ln. 3. Ein bewegter oder ruhender Körper muss zur Bewegung oder Ruhe durch einen anderen Körper bestimmt werden, welcher auch zur Bewegung oder Ruhe von einem anderen bestimmt worden ist, und dieser wieder von einem anderen, und so fort ohne Ende.

B. Die Körper sind einzelne Dinge (II. D. 1), welche sich nach II. Ln. 1 in Bezug auf Bewegung oder Ruhe von einander unterscheiden; desshalb musste jeder zur Bewegung oder Ruhe nothwendig von einem anderen einzelnen Dinge bestimmt werden (I. L. 28), nämlich von einem anderen Körper (II. L. 6), der auch sich bewegt oder ruht (II. A. 1). Aber auch dieser hätte (aus demselben Grunde) sich nicht bewegen oder ruhen können, wenn er nicht von einem anderen zur Bewegung oder Ruhe bestimmt worden wäre. Und dieser wiederum (aus demselben Grunde) von einem anderen, und so fort ohne Ende.

Z. Hieraus ergiebt sich, dass ein bewegter Körper so lange sich bewegt, bis er von einem anderen Körper zur Ruhe bestimmt wird, und dass ein ruhender Körper so lange ruht, bis er von einem anderen zur Bewegung bestimmt wird. Dies ist auch selbstverständlich. Denn wenn ich annehme, dass z. B. der Körper A ruht und ich auf andere Körper nicht Acht habe, so kann ich von dem Körper A nichts aussagen, als dass er ruht. Trifft es sich später, dass der Körper A sich bewegt, so konnte dies offenbar nicht daraus hervorgehen, dass er ruhte, denn daraus konnte nur seine Ruhe folgen. Wenn umgekehrt angenommen wird, dass A sich bewegt, so kann man, so lange man blos auf A Acht hat, nichts als seine Bewegung von ihm aussagen. Trifft sich später, dass A ruht, so konnte dies offenbar nicht aus der Bewegung hervorgehen, welche er hatte, denn aus der Bewegung kann nichts Anderes folgen, als dass A sich bewegt. Es tritt also die Ruhe durch einen Gegenstand ein, der nicht in A war, also durch eine äussere Ursache, welche seine Ruhe bestimmt.

A. 1. Alle Zustände, in welche ein Körper von einem anderen Körper versetzt wird, folgen zusammen aus der Natur jener und dieser, so dass derselbe Körper sich verschieden bewegt, je nach der Verschiedenheit der Natur der ihn bewegenden Körper, und ebenso, dass verschiedene Körper von ein und demselben Körper auf verschiedene Weise bewegt werden.

A. 2. Wenn ein bewegter Körper auf einen ruhenden, den er nicht wegbewegen kann, stösst, so wendet er sich zurück, um in der Bewegung fortzufahren, und der Winkel

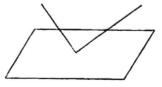

der Linie seiner Rückbewegung mit der Ebene des ruhenden Körpers, auf welchen er gestossen hat, wird gleich sein dem Winkel, welchen die Linie der einfallenden Bewegung mit derselben Ebene bildet.

Soviel von den **einfachsten Körpern**, die sich nämlich blos durch Bewegung und Ruhe, Schnelligkeit und Langsamkeit von einander unterscheiden. Jetzt wollen wir zu den **zusammengesetzten** übergehen. [26])

D. Wenn einige Körper gleicher oder verschiedener Grösse von den übrigen so zusammengedrängt werden, dass sie sich wechselseitig berühren, oder wenn sie in gleichen oder verschiedenen Graden der Schnelligkeit sich bewegen, so dass sie sich ihre Bewegungen in einer gewissen Art mittheilen, so heissen diese **Körper mit einander geeint**, und man sagt, dass sie sämmtlich **einen Körper** oder ein **Einzelding** bilden, was sich von den übrigen durch diese Vereinung der Körper unterscheidet.

A. 3. Je nachdem die Theile eines Einzeldings oder zusammengesetzten Körpers mit grösseren oder kleineren Oberflächen auf einander liegen, desto schwerer oder leichter können sie zu einer Veränderung ihrer Lage gezwungen werden, und kann es folglich um so leichter oder schwerer bewirkt werden, dass dieses Einzelding eine andere Gestalt annimmt. Daher werde ich die Körper, deren Theile in grossen Oberflächen auf einander liegen, **hart**; deren Theile in kleinen auf einander liegen, **weich**, und endlich deren Theile sich unter einander bewegen, **flüssig** nennen.

Ln. 4. Wenn von einem Körper oder Einzeldinge, was aus mehreren Körpern besteht, einige Körper abgetrennt werden, und gleichzeitig ebenso viele andere derselben Natur in deren Stelle nachfolgen, so wird das Einzelding seine Natur wie vorher behalten, ohne irgend eine Veränderung seiner Gestalt.

B. Denn die Körper unterscheiden sich nicht rücksichtlich der Substanz (II. Ln. 1). Aber das, was die Form eines Einzeldinges ausmacht, besteht in der Verbindung von Körpern (II. Ln. 3 D.); diese bleibt aber (nach der Voraussetzung), wenn auch die Körper sich fortwährend ändern; das Einzelding wird also sowohl rücksichtlich seiner Substanz als seines Zustandes seine frühere Natur behalten.

Ln. 5. Wenn die Theile, welche ein Einzelding bilden, grösser oder kleiner werden, jedoch in dem Verhältniss, dass alle dieselbe Weise der

Bewegung oder Ruhe, wie vorher, gegen einander behalten, so wird das Einzelding ebenfalls seine Natur behalten, und ohne irgend eine Veränderung seiner Form.

Der Beweis dieses Lehnsatzes ist mit dem des vorgehenden gleich.

Ln. 6. Wenn gewisse Körper, welche ein Einzelding bilden, genöthigt werden, ihre Bewegung, die sie nach einer Richtung hatten, in eine andere umzulenken, aber so, dass sie ihre Bewegung fortsetzen und gegenseitig in derselben Weise wie früher mittheilen können, so wird ebenfalls das Einzelding seine Natur behalten, ohne Veränderung seiner Form.

B. Es erhellt dies von selbst. Denn bei dieser Voraussetzung behält das Einzelding Alles, was, laut seiner Definition, seine Form ausmacht.

Ln. 7. Ausserdem behält ein Einzelding, was so zusammengesetzt ist, seine Natur, mag es sich im Ganzen bewegen oder ruhen, oder nach dieser oder jener Richtung sich bewegen; wenn nur jeder Theil seine Bewegung behält und sie, so wie vorher, den übrigen mittheilt.

B. Dies erhellt aus der Definition vor II. Ln. 4.

E. Daraus ist zu entnehmen, wie ein zusammengesetztes Einzelding auf viele Weise erregt werden und doch seine Natur bewahren kann. Bis hier haben wir ein Einzelding angenommen, was nur aus Körpern zusammengesetzt ist, die blos durch Bewegung und Ruhe, Schnelligkeit und Langsamkeit sich unterscheiden, d. h. welches aus den einfachsten Körpern gebildet ist. Stellen wir uns nun aber ein anderes Einzelding vor, was aus mehreren Einzeldingen verschiedener Natur zusammengesetzt ist, so werden wir finden, dass es noch auf mehrere andere Weise erregt werden könne und doch seine Natur sich bewahren. Denn wenn jeder Theil desselben aus mehreren Körpern zusammengesetzt ist (nach II. Ln. 7), so wird jeder Theil ohne Veränderung seiner Natur bald langsamer, bald schneller sich bewegen und deshalb seine Bewegungen den übrigen bald schneller, bald langsamer mittheilen. Wenn wir uns nun noch eine dritte Art von Einzeldingen vorstellen, welche aus solchen der zweiten Art zusammengesetzt sind, so werden wir finden, dass sie in viel mehr Weisen erregt werden können, und doch ohne Veränderung ihrer Form. Und wenn wir so ohne Ende fortfahren, so werden wir leicht uns vorstellen, dass die ganze Natur nur ein Einzelding ist, dessen Theile, d. h. alle Körper in unendlich vielen Zuständen wechseln, ohne dass das ganze Einzelding sich irgend verändert. Wäre es meine Absicht, die Körper zum Hauptgegenstand meiner Untersuchung zu machen, so hätte ich dies müssen ausführlicher erklären und beweisen. Indess ist meine Absicht, wie gesagt, eine andere; ich habe das Vorstehende nur angeführt, weil ich daraus leicht das ableiten kann, was ich zu beweisen mir vorgesetzt habe. [27])

II. 1. Der menschliche Körper besteht aus sehr vielen Einzeldingen (verschiedener Natur), von denen jedes sehr zusammengesetzt ist.

II. 2. Von den Einzeldingen, aus welchen der menschliche Körper besteht, sind einige flüssig, andere weich und noch andere hart.

II. 3. Die Einzeldinge, welche den menschlichen Körper bilden, und folglich auch der menschliche Körper selbst, werden von äusseren Körpern in sehr vieler Weise erregt.

II. 4. Der menschliche Körper braucht zu seiner Erhaltung sehr vieler anderer Körper, durch welche er fortwährend wiedererzeugt wird.

II. 5. Wenn der flüssige Theil des menschlichen Körpers von einem äusseren Körper bestimmt wird, auf einen andern weichen oft zu stossen, so verändert er dessen Fläche und drückt ihm gleichsam gewisse Spuren des äusseren stossenden Körpers ein.

II. 6. Der menschliche Körper kann die äusseren Körper auf sehr verschiedene Weise bewegen und in sehr verschiedener Weise bestimmen. [28])

L. 14. Die menschliche Seele ist zur Auffassung von Vielem geeignet, und um so mehr, in je mehr Weisen ihr Körper bestimmt werden kann.

B. Denn der menschliche Körper wird in sehr verschiedener Weise von äusseren Körpern erregt (II. H. 3. 6) und veranlasst, die äusseren Körper in sehr verschiedener Weise zu erregen. Alles aber, was in dem menschlichen Körper vorgeht, muss die menschliche Seele auffassen (II. L. 12). Die menschliche Seele ist deshalb zur Auffassung von sehr Vielem geeignet, und um so mehr u. s. w.[29])

L. 15. *Die Vorstellung, welche das wirkliche Sein der menschlichen Seele ausmacht, ist nicht einfach, sondern aus sehr vielen Vorstellungen zusammengesetzt.*

B. Die Vorstellung, welche das wirkliche Sein der menschlichen Seele ausmacht, ist die Vorstellung eines Körpers (II. L. 13), der aus sehr vielen und sehr zusammengesetzten Einzeldingen gebildet wird (II. H. 1). Aber von jedem Einzeldinge, was den Körper bildet, giebt es nothwendig eine Vorstellung in Gott (II. L. 8 Z.); deshalb ist die Vorstellung des menschlichen Körpers aus vielen Vorstellungen der ihn bildenden Theile zusammengesetzt (II. L. 7).[30])

L. 16. *Die Vorstellung jeder Weise, in welcher der menschliche Körper durch äussere Körper erregt wird, muss sowohl die Natur des menschlichen Körpers wie die des äusseren Körpers enthalten.*

B. Denn alle Weisen, in welchen ein Körper erregt wird, sind eine Folge dieses Körpers und zugleich dessen, der ihn erregt. (II. Ln. 3 Z; A. 1). Daher muss die Vorstellung dieser Erregungen nothwendig die Natur beider Körper enthalten (I. A. 4); mithin enthält die Vorstellung jeder Weise, in welcher der menschliche Körper von einem äusseren Körper erregt wird, sowohl die Natur des menschlichen Körpers wie die des äusseren.

Z. 1. Hieraus folgt 1) dass die menschliche Seele die Natur vieler Körper zugleich mit ihres Körpers Natur auffasst.

Z. 2. Es folgt 2) dass die Vorstellungen, die wir von äusseren Körpern haben, mehr die Verfassung unseres eigenen Körpers als die Natur der äusseren Körper anzeigen, wie ich im Anhange zum I. Theil mit vielen Beispielen erläutert habe.[31])

L. 17. *Wenn der menschliche Körper in einer Weise erregt ist, welche die Natur eines äusseren Körpers einschliesst, so wird die menschliche Seele diesen äusseren Körper als wirklich daseiend oder ihr gegenwärtig auffassen, bis ihr Körper in einer Weise erregt wird, welche das Dasein oder die Gegenwart dieses äusseren Körpers ausschliesst.*

B. Dies ist klar; denn so lange der menschliche Körper so erregt ist, so lange wird die menschliche Seele diese Erregung des Körpers betrachten (II. L. 12), d. h. sie wird die Vorstellung eines wirklich bestehenden Zustandes haben (II. L. 16), welcher die Natur des äusseren Körpers mit enthält, d. h. eine Vorstellung, welche das Dasein oder die Gegenwart der Natur eines äusseren Körpers nicht ausschliesst, sondern setzt. Mithin wird die Seele einen äusseren Körper als wirklich daseiend und gegenwärtig betrachten (II. L. 16 Z.), bis ein anderer Zustand u. s. w.

Z. Die Seele kann äussere Körper, von denen der menschliche Körper einmal erregt gewesen ist, auch wenn sie nicht bestehen und nicht gegenwärtig sind, dennoch so betrachten, als wenn sie gegenwärtig wären.

B. Wenn äussere Körper die flüssigen Theile des menschlichen Körpers so bestimmen, dass sie oft auf die weicheren stossen, so ändern sie deren Flächen (II. H. 5), weshalb sie von ihnen auf andere Weise zurückgestossen werden, als es früher zu geschehen pflegte, und weshalb sie auch später, wenn sie auf diese neuen Flächen durch ihre willkürliche Bewegung aufstossen, auf dieselbe Weise zurückgeworfen werden, als wenn sie von äusseren Körpern gegen diese Flächen gestossen worden wären. Folglich erregen sie den menschlichen Körper, wenn sie fortfahren, in solcher Zurückwerfung sich zu bewegen, auf dieselbe Weise, und die Seele wird davon ebenso denken (II. L. 12), d. h. die Seele wird den äusseren Körper wieder als gegenwärtig betrachten (II. L. 17), und zwar so oft, als die flüssigen Theile des menschlichen Körpers in ihrer willkürlichen Bewegung denselben Flächen begegnen werden. Wenn also auch die äusseren Körper, von denen der menschliche Körper einmal erregt worden ist, nicht bestehen, so wird doch die Seele sie so oft als gegenwärtig betrachten, als diese Thätigkeit des menschlichen Körpers sich wiederholen wird.

E. Man sieht damit, wie es möglich ist, dass wir das, was nicht ist, als gegenwärtig betrachten, wie oft geschieht. Es ist auch möglich, dass dies aus andern Ursachen eintritt; doch genügt es mir, hier eine aufgezeigt zu haben, durch welche ich den Vorgang so erklären kann, als wenn ich ihn durch seine wahre Ursache dargelegt hätte. Ich glaube indess nicht, dass ich von der Wahrheit weit abirre, da alle dabei von mir angenommenen Voraussetzungen kaum etwas enthalten, was nicht nach der Erfahrung feststünde, und wir in diese Erfahrung nicht Zweifel setzen dürfen, nachdem ich gezeigt habe, dass der menschliche Körper so besteht, wie wir ihn sinnlich wahrnehmen (II. L. 13 Z.). Ausserdem erkennen wir deutlich den Unterschied (II. L. 16 Z. 2, und L. 17 Z.) zwischen der Vorstellung z. B. des Peter, welche das Wesen der eigenen Seele des Peter ausmacht, und zwischen der Vorstellung desselben Peter, welche in einem andern Menschen, etwa in Paul ist; denn jene drückt das Wesen des eigenen Körpers des Peter geradezu aus und enthält nur so lange das Dasein des Peter, als dieser besteht; diese zeigt aber mehr die Verfassung des Körpers des Paul an als die Natur des Peter und wird daher des Paul Seele, solange diese Verfassung des Körpers von Paul dauert, den Peter, wenn er auch nicht besteht, doch als sich gegenwärtig betrachten. Ferner werden wir, um die gewohnten Ausdrücke beizubehalten, die Erregungen des menschlichen Körpers, deren Vorstellungen uns die äusseren Körper als gegenwärtig darstellen, die **Bilder der Dinge** nennen, obgleich sie die Gestalten der Dinge nicht wiedergeben; und wenn die Seele auf diese Weise die Körper betrachtet, werden wir sagen, dass sie dieselben sich **bildlich vorstellt**. Und hier bitte ich, damit ich beginne zu zeigen, was Irrthum ist, zu bemerken, dass die bildlichen Vorstellungen der Seele, an sich betrachtet, keinen Irrthum enthalten, d. h. dass die Seele deshalb, weil sie sich etwas bildlich vorstellt, nicht irrt, sondern nur in dem Betracht, dass ihr die Vorstellung fehlt, welche das Dasein jener Dinge, welche sie sich als gegenwärtig bildlich vorstellt, ausschliesst. Denn wenn die Seele, während sie sich Dinge, die nicht bestehen, als gegenwärtig bildlich vorstellt, zugleich wüsste, dass sie in Wahrheit nicht bestehen, so würde sie diese Kraft, sich bildlich vorzustellen, eher zu den Vorzügen als zu den Fehlern ihrer Natur rechnen, zumal wenn dieses Vermögen des bildlichen Vorstellens von ihrer Natur allein abhinge, d. h. wenn dieses Vermögen des bildlichen Vorstellens der Seele ein freies wäre. (I. D. 7).[32])

L. 18. *Wenn der menschliche Körper einmal von zwei oder mehreren Körpern zugleich erregt worden ist, so entsinnt sich die Seele, wenn sie später einen von ihnen sich vorstellt, sofort auch der andern.*

B. Die Seele stellt sich deshalb einen Körper bildlich vor (nach L. 17 Z), weil der menschliche Körper von den Eindrücken des äusseren Körpers ebenso erregt und bestimmt wird, wie wenn einige seiner Theile von dem äusseren Körper selbst den Anstoss erhalten hätten. Nun war (nach der Voraussetzung) der Körper so bestimmt worden, dass die Seele zugleich zwei Körper sich bildlich vorstellte; folglich wird sie auch jetzt zugleich zweie sich vorstellen, und die Seele wird, sobald sie den einen sich vorstellt, sofort auch des andern sich erinnern.

E. Hieraus ergiebt sich deutlich, was das Gedächtniss ist. Es ist nämlich nur eine gewisse Verknüpfung der Vorstellungen, welche die Natur der ausserhalb des menschlichen Körpers befindlichen Dinge mit enthalten. Diese Verkettung bildet sich in der Seele nach der Ordnung und Verknüpfung der Erregungen des menschlichen Körpers.

Ich sage erstens: Eine Verknüpfung von nur solchen Vorstellungen, welche die Natur der Dinge ausserhalb des menschlichen Körpers mit enthalten, aber nicht eine Verkettung solcher Vorstellungen, welche die Natur derselbigen Dinge darlegen. Denn sie sind in Wahrheit Vorstellungen von den Erregungen des menschlichen Körpers, welche sowohl die Natur dieses als der äusseren Körper einschliessen (II. L. 16).

Ich sage zweitens: Eine Verkettung nach der Ordnung und Verknüpfung der Erregungen des menschlichen Körpers, um sie von der Verkettung der Vorstellungen zu unterscheiden, welche nach der Ordnung des Verstandes geschieht, mittelst welcher die Seele die Dinge nach ihren ersten Ursachen erfasst, und welche Ordnung bei allen Menschen dieselbe ist.

Hieraus erkennt man auch deutlich, warum die Seele von dem Gedanken eines Gegenstandes sofort auf den Gedanken eines andern kommt, obgleich er mit dem vorigen keine Aehnlichkeit hat. So kommt z. B. ein Römer von dem Gedanken des Wortes Pomus (Apfel) sofort auf den Gedanken der Frucht, die mit jenem artikulirten Laut keine Aehnlichkeit hat, und die mit ihm nichts gemein hat, als dass von diesen beiden der Körper desselben oft erregt worden ist, d. h. dass dieser Mensch oft das Wort Pomus gehört hat, während er die Frucht selbst sah. So wird Jeder von einem Gedanken auf einen andern kommen, wie die Gewohnheit eines Jeden die Bilder der Dinge im Körper geordnet hat. So wird ein Soldat z. B., wenn er die Spuren eines Pferdes im Sande sieht, sofort von dem Gedanken eines Pferdes auf den des Reiters und von diesem auf den Gedanken des Krieges u. s. w. kommen; aber der Bauer wird von dem Gedanken des Pferdes auf den Gedanken des Pfluges, des Ackers u. s. w. kommen. So kommt Jeder danach, wie er sich gewöhnt hat, die Bilder der Dinge auf diese oder jene Weise zu verbinden und zu verknüpfen, von dem einen auf diesen oder auf einen andern Gedanken.[33])

L. 19. *Die menschliche Seele erkennt ihren eigenen Körper, und dass er besteht, nur durch die Vorstellungen der Zustände, in welche ihr Körper versetzt wird.*

B. Denn die menschliche Seele ist die Vorstellung selbst oder die Erkenntniss des menschlichen Körpers (II. L. 13), welche zwar in Gott ist (II. L. 9), insofern er aufgefasst wird als erregt durch eine andere Vorstellung einer einzelnen Sache; oder weil der menschliche Körper (II. H. 4) sehr vieler Körper bedarf, durch die er fortwährend gleichsam wieder erzeugt wird, und die Ordnung und Verknüpfung der Vorstellungen dieselbe ist wie die Ordnung und Verknüpfung der Ursachen (II. L. 7), so wird diese Vorstellung in Gott sein, insofern er als von den Vorstellungen sehr vieler einzelner Dinge erregt aufgefasst wird. Gott hat also die Vorstellung des menschlichen Körpers oder erkennt den menschlichen Körper, insofern er von sehr vielen andern Vorstellungen erregt ist und nicht insofern er die Natur der menschlichen Seele ausmacht, d. h. die menschliche Seele erkennt ihren Körper nicht (II. L. 11 Z.). Aber die Vorstellungen der Erregungen des Körpers sind in Gott, soweit er die Natur der menschlichen Seele ausmacht, oder die menschliche Seele fasst diese Zustände auf (II. L. 12) und folglich auch den menschlichen Körper selbst (II. L. 16), und zwar als wirklich bestehend (II. L. 17). Die menschliche Seele erfasst also nur insoweit ihren eigenen Körper.[34]

L. 20. *Von der menschlichen Seele giebt es auch in Gott eine Vorstellung oder Erkenntniss, welche in Gott auf dieselbe Weise folgt und auf Gott in derselben Weise sich bezieht wie die Vorstellung oder Erkenntniss des menschlichen Körpers.*

B. Das Denken ist ein Attribut Gottes (II. L. 1), folglich muss sowohl davon (II. L. 3) als von allen dessen Zuständen und folglich auch von der menschlichen Seele (II. L. 11) es nothwendig in Gott eine Vorstellung geben. Sodann folgt nicht, dass diese Vorstellung oder Erkenntniss der Seele in Gott besteht, insoweit er unendlich ist, sondern soweit er durch eine andere Vorstellung einer einzelnen Sache erregt ist (II. L. 9). Die Ordnung und Verknüpfung der Vorstellungen ist aber dieselbe wie die Ordnung und Verknüpfung der Ursachen (II. L. 7); daraus ergiebt sich, dass diese Vorstellung oder Erkenntniss der Seele in Gott ist und sich auf Gott in derselben Weise bezieht wie die Vorstellung und Erkenntniss des Körpers. [35]

L. 21. *Die Vorstellung von der Seele ist auf dieselbe Weise mit der Seele vereint, wie die Seele selbst mit dem Körper vereint ist.*

B. Dass die Seele mit dem Körper vereint ist, habe ich dadurch bewiesen, dass der Körper der Gegenstand der Seele ist (II. L. 12. 13). Folglich muss aus demselben Grunde die Vorstellung von der Seele mit ihrem Gegenstande, d. h. mit der Seele selbst in derselben

Weise vereint sein, wie die Seele mit dem Körper vereint ist.

E. Dieser Lehrsatz erhellt viel deutlicher aus dem zu II. L. 7 E. Gesagten. Dort habe ich nämlich gezeigt, dass die Vorstellung des Körpers und der Körper, d. h. die Seele und der Körper (II. L. 13) ein und dasselbe Einzelding sind, was bald unter dem Attribute des Denkens, bald unter dem der Ausdehnung aufgefasst wird. Deshalb ist die Vorstellung von der Seele und die Seele selbst ein und derselbe Gegenstand, welcher unter ein und demselben Attribut, nämlich dem des Denkens, aufgefasst wird. Ich sage, es folgt, dass die Vorstellung der Seele und die Seele selbst mit derselben Nothwendigkeit und aus demselben Vermögen des Denkens in Gott bestehen. Denn in Wahrheit ist die Vorstelluug von der Seele, d. h. die Vorstellung von einer Vorstellung nichts Anderes als die Form der Vorstellung, insoweit diese als ein Zustand des Denkens und ohne Beziehung auf den Gegenstand aufgefasst wird. Denn sobald Jemand etwas weiss, so weiss er auch damit, dass er es weiss, und er weiss zugleich, dass er sein Wissen weiss, und so fort ohne Ende. Doch hierüber später. [36]

L. 22. *Die menschliche Seele erfasst nicht blos die Erregungen des Körpers, sondern auch die Vorstellungen dieser Erregungen.*

B. Die Vorstellungen von den Vorstellungen der Erregungen folgen in Gott in derselben Weise und werden auf Gott in derselben Weise bezogen wie die Vorstellungen der Erregungen selbst; dies wird auf dieselbe Weise bewiesen wie II. Lehrsatz 20. Aber die Vorstellungen der Erregungen des Körpers sind in der menschlichen Seele (II. L. 12), d. h. in Gott (II. L. 11 Z.), soweit er das Wesen der menschlichen Seele ausmacht. Deshalb werden die Vorstellungen von diesen Vorstellungen in Gott sein, insofern er die Erkenntniss oder Vorstellung von der menschlichen Seele hat, d. h. in der Seele selbst (II. L. 21), welche deshalb nicht blos die Zustände des Körpers, sondern auch von deren Vorstellungen auffasst. [37]

L. 23. *Die Seele erkennt sich selbst nur, insofern sie ihre Vorstellungen von den Erregungen des Körpers sich vorstellt.*

B. Die Vorstellung oder Erkenntniss der menschlichen Seele folgt in Gott auf dieselbe Weise und wird auf Gott in derselben Weise bezogen (II. L. 20) wie die Vorstellung oder Erkenntniss des Körpers. Da aber die menschliche Seele den menschlichen Körper selbst nicht erkennt (II. L. 19), d. h. da die Erkenntniss des menschlichen Körpers auf Gott nicht bezogen wird (II. L. 11 Z.), insofern er die Natur der menschlichen Seele ausmacht, so wird auch die Erkenntniss der Seele nicht auf Gott bezogen, insofern er die Natur der menschlichen Seele bildet, und deshalb erkennt die menschliche Seele sich selbst nicht (II. L. 11 Z.). Ferner enthalten die Vorstellungen der Erregungen, welche in dem Körper erfolgen, die Natur des Körpers selbst (II. L. 16), d. h. sie stimmen mit der Natur der Seele überein (II. L. 13). Die Erkenntniss dieser Vorstellungen schliesst also nothwendig die Erkenntniss der Seele ein; die Erkenntniss dieser Vorstellungen ist aber in der menschlichen Seele selbst (II. L. 22). Deshalb erkennt sich selbst die menschliche Seele nur insoweit. [38])

L. 24. Die menschliche Seele enthält nicht die zureichende Erkenntniss der Theile, welche den menschlichen Körper bilden.

B. Die Theile, welche den menschlichen Körper bilden, gehören nur insoweit zu dem Wesen dieses Körpers, als sie ihre Bewegungen sich gegenseitig in gewisser Weise mittheilen (Ln. 3 D. hinter Z.), aber nicht, insofern sie als Einzeldinge, ohne Beziehung auf den menschlichen Körper aufgefasst werden können. Denn die Theile des menschlichen Körpers sind zusammengesetzte Einzeldinge (H. 1), deren Theile von dem menschlichen Körper ohne Veränderung seiner Natur und Gestalt sich trennen (II. Ln. 4) und ihre Bewegungen andern Körpern in anderer Weise mittheilen können (II. A. 2 hinter Ln. 3.). Deshalb wird die Vorstellung oder Erkenntniss jedes Theiles in Gott sein (II. L. 3), insofern er aufgefasst wird als erregt durch eine andere Vorstellung einer einzelnen Sache (II. L. 9), welche einzelne Sache nach der Ordnung der Natur dem Theile selbst vorgeht (II. L. 7). Dasselbe gilt von jedem Theile des Einzeldinges, was den menschlichen Körper bildet, also ist die Erkenntniss von jedem den menschlichen Körper bildenden Theil in Gott, insofern er von sehr vielen Vorstellungen von Dingen erregt ist und nicht insofern er nur die Vorstellung des menschlichen Körpers hat; d. h. die Vorstellung, welche die Natur der menschlichen Seele bildet (II. L. 13). Daher enthält die menschliche Seele keine zureichende Erkenntniss von den Theilen des menschlichen Körpers (II. L. 11 Z.). [39])

L. 25. *Die Vorstellung einer jeden Erregung des menschlichen Körpers enthält nicht die zureichende Erkenntniss eines äusseren Körpers.*

B. Die Vorstellung von der Erregung des menschlichen Körpers enthält, wie wir gezeigt haben (II. L. 16), insoweit die Natur des äusseren Körpers, als dieser den menschlichen Körper auf eine gewisse Weise bestimmt. Insoweit aber der äussere Körper ein Einzelding ist, was nicht zu dem menschlichen Körper gehört, ist dessen Vorstellung oder Erkenntniss in Gott (II. L. 9), insofern Gott als durch die Vorstellung einer andern Sache erregt aufgefasst wird, welche dem äusseren Körper von Natur vorgeht (II. L. 7). Deshalb ist die zureichende Erkenntniss des fremden Körpers nicht in Gott, insofern er die Vorstellung von einer Erregung des menschlichen Körpers hat; oder die Vorstellung von einer Erregung des menschlichen Körpers enthält nicht die zureichende Erkenntniss des äusseren Körpers. [40])

L. 26. *Die menschliche Seele nimmt einen äusseren Körper nur durch die Vorstellungen von den Erregungen ihres Körpers als wirklich bestehend wahr.*

B. Wenn der menschliche Körper von einem äusseren Körper in keiner Weise erregt ist, so ist auch die Vorstellung des menschlichen Körpers (II. L. 7), d. h. so ist auch die menschliche Seele in keiner Weise mit der Vorstellung des Daseins dieses Körpers befasst (II. L. 13), d. h. sie nimmt in keiner Weise das Dasein dieses äusseren Körpers wahr. Aber soweit der menschliche Körper von einem äusseren Körper auf irgend eine Weise erregt wird, insoweit nimmt sie den äusseren Körper wahr (II. L. 16 und Z.).

Z. Soweit die Seele einen äusseren Körper sich bildlich vorstellt, soweit hat sie keine zureichende Erkenntniss desselben.

B. Wenn die menschliche Seele den äusseren Körper vermittelst der Vorstellungen der Zustände ihres Körpers betrachtet, so sagen wir, dass sie **bildlich vorstellt** (II. L. 17 E.). Die Seele kann nur in dieser Weise sich das wirkliche Dasein der äusseren Körper vorstellen (II. L. 25). Insofern also die Seele die äusseren Körper sich bildlich vorstellt, hat sie keine zureichende Erkenntniss von ihnen. [41])

L. 27. *Die Vorstellung irgend einer Erregung des menschlichen Körpers enthält keine zureichende Erkenntniss des menschlichen Körpers selbst.*

B. Jede Vorstellung einer Erregung des menschlichen Körpers enthält insoweit die Natur desselben, als er in gewisser Weise erregt aufgefasst wird (II. L. 16). Insofern aber der menschliche Körper ein Einzelding ist, was auf viele andere Weise erregt werden kann, so enthält dessen Vorstellung u. s. w. (Siehe II. L. 25 B.) [42])

L. 28. *Die Vorstellungen der Erregungen des menschlichen Körpers sind, soweit sie blos auf die menschliche Seele bezogen werden, nicht klar und bestimmt, sondern verworren.*

B. Denn die Vorstellungen von den Erregungen des menschlichen Körpers enthalten sowohl die Natur der äusseren Körper wie des menschlichen Körpers selbst (II. L. 16). Sie müssen aber nicht blos die Natur des menschlichen Körpers, sondern auch seiner Theile enthalten; denn diese Erregungen sind Vorgänge (H. 3), bei welchen die Theile des menschlichen Körpers und folglich der ganze menschliche Körper erregt wird. Aber die zureichende Erkenntniss der äusseren Körper so wie der den menschlichen Körper bildenden Theile ist nicht in Gott, insofern er mit der menschlichen Seele, sondern insofern er mit andern Vorstellungen befasst ist (II. L. 24 u. 25). Die Vorstellungen dieser Erregungen gleichen mithin, insofern sie blos auf die menschliche Seele bezogen werden, einem Schluss ohne die Vordersätze, d. h. sie sind (wie von selbst erhellt) verworren.

E. Die Vorstellung, welche die Natur der menschlichen Seele ausmacht, ist aus denselben Gründen, für sich betrachtet, nicht klar und bestimmt; dasselbe gilt von der Vorstellung der menschlichen Seele und von den Vorstellungen der Vorstellungen der Zustände des menschlichen Körpers, soweit sie blos auf die Seele bezogen werden, wie Jeder einsehen kann. [43])

L. 29. *Die Vorstellung von der Vorstellung irgend einer Erregung des menschlichen Körpers enthält keine zureichende Erkenntniss der Seele.*

B. Die Vorstellung einer Erregung des menschlichen Körpers (II. L. 27) enthält keine zureichende Erkenntniss des Körpers oder drückt dessen Natur nicht zureichend aus; d. h. sie stimmt mit der Natur der Seele nicht vollkommen entsprechend überein (II. L. 13). Die Vorstellung dieser Vorstellung drückt also die Natur der menschlichen Seele nicht vollkommen entsprechend aus oder enthält keine zureichende Erkenntniss derselben (I. A. 6).

Z. Hieraus ergiebt sich, dass die menschliche Seele, so lange sie die Dinge nach dem gewöhnlichen Laufe der Natur auffasst, keine zureichende, sondern nur eine verworrene und verstümmelte Erkenntniss von sich selbst und und von ihrem Körper und von den äusseren Körpern hat. Denn die Seele erkennt sich selbst nur, insofern sie die Vorstellungen der Erregungen des Körpers vorstellt (II. L. 23). Ihren Körper aber erfasst die Seele nur durch die Vorstellung seiner Erregungen (II. L. 19), und dadurch erfasst sie auch nur die äusseren Körper (II. L. 26). Sie hat mithin in diesen Vorstellungen keine zureichende Erkenntniss weder von sich selbst (II. L. 29), noch von ihrem Körper (II. L. 27), noch von den äusseren Körpern (II. L. 25), sondern nur eine verstümmelte und verworrene (II. L. 28 mit E.).

E. Ich sage ausdrücklich, dass die Seele von sich und von ihrem Körper und von den äusseren Körpern keine zureichende, sondern nur eine verworrene Erkenntniss hat, so lange sie die Dinge nach dem gewöhnlichen Laufe der Natur auffasst, d. h. so lange sie von aussen, aus dem zufälligen Begegnen der Gegenstände bestimmt wird, dies oder jenes zu betrachten, und so lange sie nicht von innen, und zwar deshalb, weil sie mehrere Gegenstände zugleich betrachtet, bestimmt wird, deren Übereinstimmung, Unterschiede und Gegensätze zu erkennen. Denn wenn sie auf diese oder eine andere Weise von innen veranlasst wird, dann betrachtet sie die Gegenstände klar und bestimmt, wie ich unten zeigen werde. [44])

L. 30. *Wir können von der Dauer unseres Körpers nur eine sehr unzureichende Erkenntniss haben.*

B. Die Dauer unseres Körpers hängt nicht von dessen Wesen ab (II. A. 1) und auch nicht von der unbedingten Natur Gottes (I. L. 21). Der Körper wird vielmehr zum Dasein und zur Thätigkeit von solchen Ursachen bestimmt (I. L. 28), welche wieder von andern zum Dasein und zur Thätigkeit auf eine gewisse Weise bestimmt worden sind, und diese sind wieder von andern bestimmt worden, und so ohne Ende. Die Dauer unseres Körpers hängt deshalb von einer gemeinsamen Ordnung der Natur und von der Verfassung der Dinge ab. In welcher Weise aber die Dinge geordnet sind, davon besteht die zureichende Erkenntniss in Gott, insofern er die Vorstellungen aller dieser Dinge hat, und nicht blos die des menschlichen Körpers (II. L. 9 Z). Deshalb ist die Erkenntniss der Dauer unseres Körpers sehr unvollkommen in Gott, insofern er nur als die Natur der menschlichen Seele bildend aufgefasst wird (II. L. 11 Z.), d. h. diese Erkenntniss in unserer Seele ist sehr unvollkommen.

L. 31. *Wir können von der Dauer der einzelnen Dinge ausser uns nur eine sehr unzureichende Erkenntniss haben.*

B. Denn jede einzelne Sache, ebenso wie der menschliche Körper, ist von einer andern einzelnen Sache auf eine gewisse und feste Weise zum Dasein und zur Thätigkeit bestimmt; ebenso diese von andern, und sofort ohne Ende (I. L. 28). Da nun im vorigen Lehrsatz aus dieser allen einzelnen Dingen gemeinschaftlichen Eigenschaft bewiesen worden ist, dass wir von der Dauer unseres Körpers nur eine sehr unzureichende Erkenntniss haben, so wird dasselbe von der Dauer der einzelnen Dinge gelten müssen, nämlich dass wir von ihr nur eine sehr unzureichende Erkenntniss haben können.

Z. Hieraus folgt, dass alle einzelnen Dinge zufällig und vergänglich sind; denn von ihrer Dauer können wir keine zureichende Erkenntniss haben (II. L. 31), und dies ist es, was unter Zufälligkeit und Vergänglichkeit der

Dinge zu verstehen ist (I. L. 33 E. 1). Denn ausserdem giebt es nichts Zufälliges (I. L. 29). ⁴⁵)

L. 32. *Alle Vorstellungen, insofern sie auf Gott bezogen werden, sind wahr.*

B. Alle Vorstellungen, die in Gott sind, stimmen überhaupt mit ihrem Vorgestellten überein (II. L. 7 Z), und deshalb sind sie alle wahr (I. A. 6).

L. 33. *In den Vorstellungen ist nichts Positives, dessenwegen sie falsch genannt werden.*

B. Wer dies bestreitet, stelle sich, wenn er es vermag, eine positive Weise des Denkens vor, welche die Form des Irrthums oder der Falschheit ausmacht. Diese Art des Denkens kann nicht in Gott sein (II. L. 32). Ausserhalb Gottes kann sie aber auch nicht sein, noch vorgestellt werden (I. L. 15). Es kann also nichts Positives in den Vorstellungen geben, weshalb sie falsch genannt werden.

L. 34. *Jede Vorstellung, welche in uns unbedingt oder zureichend und vollkommen ist, ist wahr.*

B. Wenn wir sagen, dass es in uns eine zureichende oder vollkommene Vorstellung gebe, so sagen wir nichts Anderes, als dass in Gott, soweit er das Wesen unserer Seele ausmacht, eine zureichende und vollkommene Vorstellung bestehe (II. L. 11 Z.); und deshalb sagen wir nichts Anderes, als dass solche Vorstellung wahr sei (II. L. 32).

L. 35. *Der Irrthum besteht in einem Mangel der Erkenntniss, welchen die unzureichenden oder verstümmelten und verworrenen Vorstellungen enthalten.*

B. Es giebt nichts Positives in den Vorstellungen, was die Form des Irrthums ausmachte (II. L. 33); der Irrthum kann aber nicht in einem unbedingten Mangel bestehen, denn man sagt von den Seelen und nicht von den Körpern, dass sie irren oder täuschen; aber auch nicht in einer unbedingten Unwissenheit, denn Nichtwissen und Irren sind verschieden. Die Falschheit besteht deshalb in einem Mangel der Erkenntniss, welchen die unzureichende Erkenntniss der Dinge oder die unzureichenden und verworrenen Vorstellungen derselben enthalten.

E. In der Erläuterung zu II. L. 17 habe ich dargelegt, in welcher Weise der Irrthum in einem Mangel der Erkenntniss besteht; indess will ich zur mehreren Verdeutlichung ein Beispiel geben. Nämlich: die Menschen täuschen sich, weil sie sich für frei halten; die Meinung besteht aber nur darin, dass sie zwar ihre Handlungen kennen, aber nicht die Ursachen, durch welche sie bestimmt werden. Dies ist also ihre Vorstellung der Freiheit, dass sie keine Ursache ihrer Handlungen kennen. Denn wenn sie sagen, dass die menschlichen Handlungen von dem Willen abhängen, so sind dies Worte, von denen sie keine Vorstellung haben; denn Niemand weiss, was der Wille ist, und wie er den Körper bewegt. Alle, welche hierüber etwas aufstellen, und Sitze und Wohnorte der Seele ausdenken, pflegen Lachen oder Eckel zu erregen. Ebenso stellen wir, wenn wir die Sonne sehen, uns vor, sie sei ungefähr 200 Fuss von uns entfernt; ein Irrthum, der in dieser bildlichen Vorstellung allein nicht enthalten ist, sondern darin, dass, während wir so uns die Sonne vorstellen, wir die wahre Entfernung derselben und die Ursache unserer bildlichen Vorstellung nicht kennen. Denn wenn wir auch später erkennen, dass die Sonne über 600 Erddurchmesser von uns entfernt ist, so bleibt dessenungeachtet in uns die bildliche Vorstellung, dass sie nahe bei uns sei; denn wir stellen uns die Sonne nicht deshalb als nahe vor, weil wir ihre wahre Entfernung nicht kennen, sondern weil die Erregung unseres Körpers das Wesen der Sonne nur in so weit einschliesst, als unser Körper davon erregt wird. [46])

L. 36. *Die unzureichenden und verworrenen Vorstellungen folgen sich mit derselben Nothwendigkeit, wie die zureichenden oder klaren und bestimmten Vorstellungen.*

B. Alle Vorstellungen sind in Gott (I. L. 15) und sind, so weit sie auf Gott bezogen werden, wahr (II. L. 32) und zureichend (II. L. 7 Z.). Es bestehen deshalb keine unzureichenden oder verworrenen Vorstellungen, als insofern sie auf die einzelne Seele eines Menschen bezogen werden (II. L. 24, 28). Mithin folgen sich alle sowohl zureichenden wie unzureichenden Vorstellungen mit gleicher Nothwendigkeit (II. L. 6 Z.). ⁴⁷)

L. 37. *Das, was Allen gemeinsam ist (II. Ln. 2) und was ebenso im Theile als im Ganzen ist, macht nicht das Wesen einer einzelnen Sache aus.*

B. Wer dies bestreitet, mag, wenn er kann, sich vorstellen, dass dies Gemeinsame das Wesen einer einzelnen Sache ausmache, z. B. das Wesen von B. Dann kann dies Gemeinsame ohne B. weder sein noch vorgestellt werden (II. D. 2), was gegen die Voraussetzung ist; es gehört also nicht zu dem Wesen von B. und bildet auch nicht das Wesen einer andern einzelnen Sache. ⁴⁸)

L. 38. *Das, was allen Dingen gemein ist und was ebenso im Theile wie im Ganzen ist, kann nicht anders vorgestellt werden, als zureichend.*

B. A. sei etwas, was allen Körpern gemein ist und was ebenso in dem Theile jedes Körpers, wie in dem Ganzen ist. Ich behaupte nun, dass A. nur zureichend vorgestellt werden kann. Denn die Vorstellung desselben wird in Gott nothwendig eine zureichende sein, sowohl insofern Gott die Vorstellung des menschlichen Körpers, als die Vorstellungen seiner Zustände hat (II. L. 7 Z.), welche Zustände sowohl die Natur des menschlichen Körpers, als der äusseren Körper zum Theil in sich enthalten (II. L. 16, 25, 27); d. h. diese Vorstellung wird nothwendig in Gott eine zureichende sein, soweit er die menschliche Seele ausmacht oder soweit er die Vorstellungen hat, die in der menschlichen Seele sind (II. L. 12, 13). Folglich erfasst die Seele das A. nothwendig zureichend (II. L. 11 Z.), und zwar sowohl insofern sie sich selbst, als insofern sie ihren Körper oder irgend einen äusseren Körper vorstellt, und A. kann auf andere Weise nicht vorgestellt werden.

Z. Hieraus ergiebt sich, dass es gewisse Vorstellungen oder Begriffe giebt, die allen Menschen gemein sind. Denn alle Körper kommen in gewissen Stücken überein (Ln. 2), und diese müssen von allen Menschen zureichend oder klar und bestimmt aufgefasst werden (II. L. 38). ⁴⁹)

L. 39. *Dasjenige, was dem menschlichen Körper und einigen äusseren Körpern, von denen der mensch-*

liche erregt zu werden pflegt, gemein ist, sowie das, was dem Theile eines jeden dieser ebenso wie dem Ganzen gemein und eigen ist, davon wird die Vorstellung in der Seele ebenfalls eine zureichende sein.

B. A. sei dasjenige, was dem menschlichen Körper und einigen äusseren Körpern gemein und eigen ist und was ebenso in dem menschlichen Körper, wie in jenen äusseren Körpern ist und was ebenso in dem Theile, wie in dem Ganzen jedes äusseren Körpers ist. Dann wird in Gott von diesem A. eine zureichende Vorstellung bestehen, sowohl insofern er die Vorstellung des menschlichen Körpers hat, als insofern er die Vorstellung der vorausgesetzten äusseren Körper hat (II. L. 7 Z.). Nun nehme man an, dass der menschliche Körper von einem äusseren Körper durch das erregt wird, was er mit ihm gemein hat, d. h. durch A. Die Vorstellung dieser Erregung wird die Eigenthümlichkeit von A. enthalten (II. L. 16), und deshalb wird die Vorstellung dieser Erregung, soweit sie die Eigenthümlichkeit von A. enthält, vollkommen sein in Gott, soweit er mit der Vorstellung des menschlichen Körpers behaftet ist (II. L. 7 Z.) d. h. insofern er die Natur der menschlichen Seele ausmacht (II. L. 13). Folglich ist auch diese Vorstellung in der menschlichen Seele eine zureichende (II. L. 11 Z.).

Z. Hieraus ergiebt sich, dass die Seele um so geeigneter ist, Mehreres zureichend zu erfassen, je mehr Gemeinsames ihr Körper mit anderen Körpern hat. [50])

L. 40. *Alle Vorstellungen in der Seele, welche aus zureichenden Vorstellungen in ihr folgen, sind ebenfalls zureichend.*

B. Dies ist klar. Denn wenn man sagt, dass in der menschlichen Seele eine Vorstellung aus Vorstellungen folgt, die in ihr zureichend sind, so wird damit nur gesagt, dass es in dem göttlichen Verstande eine Vorstellung giebt, wovon die Ursache Gott ist, nicht insofern er unendlich ist und nicht insofern er durch die Vorstellungen sehr vieler einzelnen Dinge erregt ist, sondern nur, insofern er das Wesen der menschlichen Seele ausmacht (II. L. 11 Z.).

E. 1. Hiermit habe ich die Ursache der **Begriffe** dargelegt, welche Gemeinbegriffe genannt werden und die

Grundlagen unserer Schlussfolgerungen sind. Indess giebt es von einigen Axiomen und Begriffen andere Ursachen, die hier nach meiner Weise zu erklären zweckmässig sein dürfte. Es würde nämlich daraus hervorgehen, welche Begriffe nützlicher sind als andere, und von welchen kaum ein Gebrauch gemacht werden kann; ferner, welche Begriffe allgemein, und welche nur Denen, die nicht an Vorurtheilen leiden, als klar und bestimmt gelten; endlich welche schlecht begründet sind. Es würde sich ausserdem ergeben, woher die Begriffe, welche man die der **zweiten Ordnung** nennt und folglich auch, woher die auf sie gestützten Axiome ihren Ursprung haben, so wie Anderes, was ich darüber beim Nachdenken gefunden habe. Da ich indess dies einer anderen Abhandlung vorbehalten habe, und da ich durch zu grosse Ausführlichkeit nicht ermüden mag, so habe ich beschlossen, hier davon abzusehen.

Um indess hier nichts Wissenswerthes zu übergehen, will ich die Ursachen kurz angeben, von denen die sogenannten **transscendentalen** Ausdrücke herkommen, wie **Ding, Gegenstand, Etwas**. Diese Ausdrücke entstehen dadurch, dass der menschliche Körper, der ja beschränkt ist, nur fähig ist, eine gewisse Anzahl von Bildern bestimmt auf einmal in sich zu bilden. (Was Bild ist, habe ich II. L. 17 E. erklärt). Wird diese Zahl überschritten, so beginnen diese Bilder sich zu verwischen, und wenn die Zahl der Bilder, deren bestimmter Bildung auf einmal der Körper fähig ist, weit überschritten wird, so verwischen sie sich alle gänzlich. Da es sich nun so verhält, so folgt aus II. L. 17 Z. u. L. 18, dass die menschliche Seele so viel Körper auf einmal wird bildlich vorstellen können, als Bilder in ihrem Körper auf einmal sich bilden können. Wenn aber diese Bilder im Körper sich gänzlich verwischen, so wird auch die Seele alle Körper verworren und ohne Unterscheidung bildlich vorstellen und daher gleichsam unter **einem** Ausdruck zusammenfassen, nämlich unter dem Ausdruck: Ding, Gegenstand u. s. w.

Es lässt sich dies auch daraus ableiten, dass die Bilder nicht immer in gleicher Kraft bestehen und aus anderen ähnlichen Ursachen, die ich hier nicht auseinanderzusetzen brauche; denn für das Ziel, das ich erstrebe, genügt die Betrachtung einer Ursache. Denn alle Ursachen laufen darauf hinaus, dass diese Ausdrücke im höchsten Grade verworrene Vorstellungen bezeichnen.

Aus ähnlichen Ursachen sind jene Begriffe entstanden, welche man **universale** nennt, wie Mensch, Pferd, Hund u. s. w. Weil nämlich in dem menschlichen Körper auf einmal z. B. vom Menschen so viel Bilder gebildet werden, dass sie die bildliche Vorstellungskraft, wenn auch nicht ganz und gar, doch so weit übersteigen, dass die Seele die kleineren Unterschiede der einzelnen (wie die Farbe, die Grösse jedes einzelnen) und ihre bestimmte Zahl nicht bildlich vorstellen kann, so wird die Seele nur das bestimmt bildlich vorstellen, worin alle übereinstimmen, soweit der Körper von ihnen erregt worden ist. Denn von diesen war der Körper am meisten, d. h. von jedem einzelnen erregt, und dies drückt man mit dem Worte **Mensch** aus und sagt es von den unzähligen Einzelnen aus. Denn die Seele kann sich, wie gesagt, die bestimmte Zahl der Einzelnen nicht bildlich vorstellen. Man muss indess festhalten, dass diese Begriffe nicht in allen Seelen auf dieselbe Weise gebildet werden; vielmehr wechseln sie bei jeder nach Verhältniss des Gegenstandes, von dem der Körper oft erregt worden ist und den die Seele leichter bildlich vorstellt und zurückruft. So verstehen z. B. die, welche häufiger mit Bewunderung die aufrechte Gestalt der Menschen betrachtet haben, unter dem Namen: **Mensch** ein Wesen mit aufrechter Gestalt; Andere, die ein Anderes zu betrachten gewöhnt waren, werden ein anderes gemeinsames Bild der Menschen bilden, z. B., dass der Mensch ein lächerliches Geschöpf ist, oder ein zweifüssiges ohne Federn, oder ein vernünftiges Geschöpf. Und so wird jeder nach der Beschaffenheit seines Körpers auch von den Uebrigen die universellen Bilder der Dinge bilden. Man kann sich daher nicht wundern, dass unter den Philosophen so viele Streitpunkte sich erhoben haben, da sie die natürlichen Dinge durch die blossen Bilder derselben haben erklären wollen.

E. 2. Aus alledem erhellt deutlich, dass wir vieles auffassen und universelle Begriffe bilden 1) aus Einzelheiten, welche durch die Sinne verstümmelt, verworren und ohne Ordnung dem Verstande zugeführt werden (II. L. 29 Z.). Deshalb habe ich gewöhnlich dergleichen

Auffassungen die Erkenntniss aus unbestimmter Erfahrung genannt.

2) aus Zeichen, z. B. daraus, dass wir aus gewissen gehörten und gelesenen Worten uns der Dinge erinnern und gewisse Vorstellungen von ihnen bilden, ähnlich denen, durch welche wir die Dinge bildlich vorstellen (II. L. 18 E.).

Diese beiden Arten, die Dinge zu betrachten werde ich künftig die **Erkenntniss erster Ordnung, Meinung** oder **Einbildung** nennen;

3) endlich daraus, dass wir Gemein-Begriffe und zureichende Vorstellungen von den Eigenschaften der Dinge haben (II. L. 38 Z. 39 Z. L. 40). Und dies werde ich die **Vernunft oder die Erkenntniss der zweiten Ordnung** nennen.

Ausser diesen beiden Arten von Erkenntniss giebt es noch, wie ich demnächst zeigen werde, eine dritte Art, welche ich das **anschauliche (intuitive) Wissen** nennen werde. Diese Art der Erkenntniss schreitet von der zureichenden Vorstellung des wirklichen Wesens einiger Attribute Gottes zu zureichender Erkenntniss des Wesens der Dinge vor.

Dies Alles will ich durch ein Beispiel erläutern. Es werden z. B. drei Zahlen gegeben, um die vierte zu finden, die sich zur dritten verhalten soll, wie die zweite zur ersten. Die Kaufleute sind nicht zweifelhaft, dass man dazu die zweite Zahl mit der dritten multipliziren und das Produkt durch die erste dividiren muss; weil sie nämlich das, was sie von ihrem Lehrer ohne allen Beweis gehört, noch nicht vergessen haben, oder weil sie es oft an den einfachsten Zahlen erprobt haben, oder auf Grund des Beweises von Lehrsatz 19 im siebenten Buche des Euklid; nämlich aus der gemeinsamen Eigenthümlichkeit der Proportionalzahlen. Bei den einfachsten Zahlen bedarf es indess dessen nicht. Wenn z. B. die Zahlen 1, 2, 3 gegeben sind, so weiss Jeder, dass die vierte Zahl 6 ist und dies viel deutlicher, weil wir aus dem Verhältniss, das wir zwischen der ersten und zweiten Zahl auf den ersten Blick erkennen, die vierte folgern. [51]

L. 41. *Die Erkenntniss der ersten Art ist die einzige Ursache des Irrthums; die der zweiten und dritten Art ist aber nothwendig wahr.*

B. Zur Erkenntniss der ersten Art gehören, wie wir in der vorhergehenden Erläuterung gesagt haben, alle jene Vorstellungen, welche unzureichend und verworren sind; daher ist dieses Wissen die einzige Ursache des Falschen (II. L. 35). Aber zur Erkenntniss der zweiten und dritten Art gehören nach dem, was ich gesagt, alle zureichenden Vorstellungen; deshalb ist sie nothwendig wahr (II. L. 34).

L. 42. *Die Erkenntniss der zweiten und der dritten Art, aber nicht die der ersteren, lehrt uns das Wahre von dem Falschen unterscheiden.*

B. Dieser Lehrsatz ist durch sich selbst klar; denn wer zwischen wahr und falsch unterscheiden kann, muss die zureichende Vorstellung des Wahren und des Falschen haben, d. h. das Wahre und Falsche in der zweiten oder dritten Art der Erkenntniss erkennen (II. L. 40 E. 2). [52]

L. 43. *Wer eine wahre Vorstellung hat, weiss zugleich, dass er eine wahre hat und kann an der Wahrheit des Gegenstandes nicht zweifeln.*

B. Die wahre Vorstellung in uns ist diejenige, welche in Gott zureichend ist, soweit er durch die Natur der menschlichen Seele ausgedrückt wird (II. L. 11 Z.). Wir wollen also annehmen, dass es in Gott, soweit er durch die Natur der menschlichen Seele ausgedrückt wird, eine zureichende Vorstellung von A. gebe. Von dieser Vorstellung muss es nothwendig in Gott auch eine Vorstellung geben, welche auf Gott in derselben Weise bezogen wird, wie die Vorstellung von A. (II. L. 20, dessen Beweis allgemein ist). Aber die Vorstellung von A. wird nur vorausgesetztermaassen auf Gott bezogen, insofern er durch die Natur der menschlichen Seele ausgedrückt ist; deshalb muss auch die Vorstellung von der Vorstellung des A. auf Gott in derselben Weise bezogen werden, d. h. diese zureichende Vorstellung der Vorstellung des A. wird in derselben Seele sein, welche die zureichende Vorstellung des A. hat (II. L. 11 Z.). Wer deshalb eine zureichende Vorstellung hat, und wer eine Sache wahrhaft erkennt (II. L. 34), muss zugleich die zureichende Vorstellung seiner Erkenntniss oder ihre wahre Erkenntniss haben, d. h. er muss zugleich derselben gewiss sein (wie von selbst offenbar ist).

E. In der Erläuterung zu II. Lehrsatz 21 habe ich auseinandergesetzt, was die Vorstellung einer Vorstellung ist; indess ist der vorstehende Lehrsatz auch an sich einleuchtend. Denn Jeder, der eine wahre Vorstellung hat, weiss, dass die wahre Vorstellung die höchste Gewissheit in sich schliesst; denn eine wahre Vorstellung haben, bedeutet nichts weiter, als einen Gegenstand vollkommen und auf das Beste erkennen. Hierbei kann sicherlich Niemand Zweifel haben, er müsste denn die Vorstellung für etwas Stummes halten, gleich dem Gemälde auf der Tafel, und nicht für eine Art des Denkens, d. h. nicht für das Erkennen selbst; und ich frage: Wer kann wissen, dass er eine Sache erkennt, wenn er nicht vorher die Sache erkennt? d. h. wer kann wissen, dass er einer Sache gewiss ist, wenn er nicht vorher der Sache gewiss ist? Was kann es endlich Klareres und Gewisseres geben, um als Kennzeichen der Wahrheit zu gelten, als die wahre Vorstellung? Sowie das Licht sich selbst und die Finsterniss offenbart, so ist die Wahrheit das Richtmaass ihrer und des Falschen. Ich glaube damit auch folgende Zweifel erledigt zu haben, nämlich: Wenn die wahre Vorstellung nur, insofern als von ihr ausgesagt wird, dass sie mit ihrem Gegenstande übereinstimme, von der falschen sich unterscheidet, so habe dann die wahre Vorstellung an Realität und Vollkommenheit nichts vor der falschen voraus (weil sie nur durch eine äusserliche Bezeichnung unterschieden werden), und folglich habe auch ein Mensch mit wahren Vorstellungen vor einem Menschen mit falschen Vorstellungen nichts voraus. Ferner frägt man, woher es komme, dass die Menschen falsche Vorstellungen haben, und endlich woher Jemand es gewiss wissen könne, dass er Vorstellungen habe, die mit ihren Gegenständen übereinstimmen. Auf diese Frage habe ich nach meiner Meinung schon geantwortet. Denn was den Unterschied zwischen der wahren und falschen Vorstellung anlangt, so erhellt aus II. L. 35, dass jene zu dieser sich verhält, wie das Seiende zu dem Nicht-Seienden. Die Ursachen des Falschen habe ich von II. L. 19 bis 35 Z. völlig deutlich dargelegt, und daraus ergiebt sich auch, welcher Unterschied zwischen einem Menschen besteht, der wahre Vorstellungen hat und einem, der nur falsche hat. Was endlich die letzte Frage anlangt, nämlich woher der Mensch wissen könne, dass er eine Vorstellung habe, welche mit ihrem Gegenstande übereinstimme, so habe ich eben ausführlich gezeigt, dass dies nur daher komme, weil er eine Vorstellung hat, die mit ihrem Gegenstande übereinstimmt, oder weil die Wahrheit ihr eigenes Richtmaass ist. Dem ist noch hinzuzufügen, dass unsere Seele, insofern sie die Gegenstände wahr auffasst, ein Theil des unendlichen Verstandes Gottes ist (II. L. 11 Z.), folglich müssen die klaren und bestimmten Vorstellungen der Seele so wahr sein, als die Vorstellungen Gottes. [53])

L. 44. *Es liegt nicht in der Natur der Vernunft, die Dinge als zufällig zu betrachten, sondern als nothwendig.*

B. Die Natur der Vernunft ist, die Dinge wahrhaft aufzufassen (II. L. 41), d. h. wie sie in sich sind (I. A. 6), d. h. nicht als zufällige, sondern als nothwendige (I. L. 29). [54])

Z. 1. Hieraus ergiebt sich, dass es blos von dem bildlichen Vorstellen abhängt, wenn wir die Dinge sowohl in Rücksicht des Vergangenen wie Zukünftigen als zufällig betrachten.

E. Wie dies geschieht, will ich mit Wenigem erklären. Ich habe oben gezeigt (II. 17 mit Z.), dass die Seele die Dinge, obgleich sie nicht existiren, doch immer als sich gegenwärtig bildlich vorstellt, wenn nicht Ursachen eintreten, die deren gegenwärtige Existenz ausschliessen. Dann habe ich gezeigt (II. L. 18), dass, wenn der menschliche Körper einmal von zwei äusseren Körpern erregt worden ist, die Seele später bei der bildlichen Vorstellung des einen sich auch sofort des andern erinnern wird, d. h. sie wird Beide als sich gegenwärtig auffassen, wenn nicht Ursachen eintreten, welche deren gegenwärtige Existenz ausschliessen. Ausserdem zweifelt Niemand, dass wir uns auch die Zeit bildlich vorstellen, weil wir uns vorstellen, dass gewisse Körper sich langsamer oder schneller, oder gleich schnell mit anderen bewegen.

Nehmen wir also einen Knaben an, der gestern zum ersten Male früh den Peter, Mittags den Paul und Abends den Simeon gesehen hat und heute wiederum früh den

Peter. Aus II. L. 18 erhellt, dass er, sobald er das Morgenlicht erblickt, sich auch die Sonne bildlich vorstellen wird, wie sie von da aus denselben Theil des Himmels durchlaufen wird, wie er es den vorigen Tag gesehen hat, d. h. er wird sich den ganzen Tag vorstellen und zugleich mit der Morgenzeit den Peter, mit der Mittagszeit den Paul und mit der Abendzeit den Simeon; d. h. er wird die Existenz von Paul und Simeon mit Bezug auf die künftige Zeit vorstellen und umgekehrt, wenn er am Abend den Simeon sieht, so wird er den Paul und Peter auf die vergangene Zeit beziehen, indem er sie mit der vergangenen Zeit verbunden vorstellt. Dies wird umso sicherer geschehen, je öfter er sie in dieser Ordnung gesehen hat. Wenn es sich einmal trifft, dass er an einem andern Abend statt des Simeon den Jacob sieht, so wird er am folgenden Morgen mit der Abendzeit bald den Simeon, bald den Jacob, nicht aber Beide zusammen vorstellen. Denn es ist angenommen worden, dass er nur einen von Beiden, nicht aber Beide zugleich zur Abendzeit gesehen hat. Sein bildliches Vorstellen wird daher schwanken und mit der folgenden Abendzeit bald diesen, bald jenen vorstellen, d. h. Keinen gewiss, sondern Jeden wird er als ein zufälliges Künftiges vorstellen. Dieses Schwanken des bildlichen Vorstellens wird ebenso eintreten, wenn es sich um das bildliche Vorstellen von Dingen handelt, welche wir in derselben Weise mit Beziehung auf die vergangene oder gegenwärtige Zeit betrachten und folglich werden wir die Dinge, welche auf die gegenwärtige oder vergangene oder zukünftige Zeit bezogen werden, als zufällig vorstellen. [55)]

Z. 2. Es liegt in der Natur der Vernunft, die Dinge unter der Form der Ewigkeit aufzufassen.

B. Es liegt in der Natur der Vernunft, die Dinge als nothwendig und nicht als zufällig zu betrachten (II. L. 44). Diese Nothwendigkeit der Dinge erfasst aber die Vernunft wahrhaft (II. L. 41), d. h. wie sie an sich ist (I. A. 6). Aber diese Nothwendigkeit der Dinge ist die eigne Nothwendigkeit der ewigen Natur Gottes (I. L. 16); es liegt also in der Natur der Vernunft, die Dinge unter dieser Bestimmung der Ewigkeit zu betrachten. Man nehme hinzu, dass die Grundlagen der Vernunft Begriffe sind, welche das darlegen (II. L. 38), was allen gemein ist, und welche nicht das Wesen einer einzelnen Sache ausdrücken (II. L. 37), und welche deshalb ohne alle Beziehung auf die Zeit unter der Form der Ewigkeit aufgefasst werden müssen. [56])

L. 45. *Jede Vorstellung irgend eines wirklich existirenden Körpers oder einzelnen Dinges enthält nothwendig die ewige und unendliche Wesenheit Gottes.*

B. Die Vorstellung eines einzelnen, wirklich existirenden Dinges enthält nothwendig sowohl das Wesen wie die Existenz (II. L. 8 Z.) dieses Dinges. Die einzelnen Dinge können aber nicht ohne Gott vorgestellt werden (I. L. 15), denn sie haben Gott zur Ursache (II. L. 6), insofern er unter dem Attribut aufgefasst wird, dessen Zustände jene Dinge sind, und es müssen deshalb nothwendig ihre Vorstellungen die Vorstellung ihres Attributs (I. A. 4), d. h. die ewige und unendliche Wesenheit Gottes, einschliessen (I. D. 6).

E. Ich verstehe unter Existenz hier nicht die zeitliche Dauer, oder eine Existenz, soweit sie abstrakt und als eine Art Grösse aufgefasst wird. Denn ich spreche hier von der eigenen Natur der Existenz, welche den einzelnen Dingen beigelegt wird, weil aus der ewigen Natur Gottes Unendlich Vieles auf unendlich viele Weise folgt (I. L. 16). Ich spreche also von der Existenz der Dinge, soweit sie in Gott sind. Denn wenn auch jedes Einzelne von einem Andern auf eine gewisse Weise zur Existenz bestimmt wird, so folgt doch die Kraft, durch welche Jedes in der Existenz verharrt, aus der ewigen Nothwendigkeit der Natur Gottes (I. L. 24 Z.).

L. 46. *Die Erkenntniss des ewigen und unendlichen Wesens Gottes, welche in jeder Vorstellung enthalten ist, ist zureichend und vollkommen.*

B. Der Beweis des vorgehenden Lehrsatzes gilt allgemein; mag der Gegenstand als Theil oder als Ganzes betrachtet werden, so enthält seine Vorstellung, sowohl von ihm als Ganzes, wie als Theil die ewige und unendliche Wesenheit Gottes (II. L. 45). Deshalb ist dasjenige, was die Erkenntniss des ewigen und unendlichen Wesens Gottes gewährt, ein allen Dingen Gemeinsames und ebensowohl in dem Theile, wie im Ganzen enthalten, und daher ist diese Erkenntniss eine zureichende (II. L. 38).

L. 47. *Die menschliche Seele hat eine zureichende Erkenntniss von dem ewigen und unendlichen Wesen Gottes.*

B. Die menschliche Seele hat Vorstellungen (II. L. 22), durch welche sie sich und ihren Körper (II. L. 23, 19) und die äusseren Körper (II. L. 17, 16 Z.) als wirklich existirend erfasst: folglich hat sie eine zureichende Erkenntniss von dem ewigen und unendlichen Wesen Gottes (II. L. 45, 46).

E. Hieraus sieht man, dass das unendliche Wesen und die Ewigkeit Gottes Allen bekannt sind. Da aber Alles in Gott ist und durch Gott vorgestellt wird, so folgt, dass wir aus dieser Erkenntniss viele zureichende Kenntnisse ableiten können. Damit erwerben wir jene dritte Art der Erkenntniss, von welcher II. L. 40 E. gesprochen worden ist, und deren Vorzüglichkeit und Nutzen darzulegen im fünften Theil dieses Werkes der Ort sein wird. Wenn aber die Menschen keine so klare Erkenntniss Gottes besitzen, wie von den Gemeinbegriffen, so kommt das daher, dass sie Gott nicht so wie die Körper sich bildlich vorstellen können, und dass sie den Namen Gottes mit Vorstellungen von Dingen verbunden haben, die sie zu sehen gewöhnt sind; welche Verbindung kaum vermeidlich ist, da die Menschen fortwährend von äusseren Körpern erregt werden. In Wahrheit bestehen die meisten Irrthümer nur allein darin, dass man den Dingen nicht die rechten Worte giebt. Denn wenn Jemand sagt, dass die aus dem Mittelpunkt eines Kreises nach dessen Umring gezogenen Linien ungleich seien, so hat er offenbar, wenigstens hier, unter Kreis etwas anderes im Sinn, als die Mathematiker. So haben die Menschen, welche sich verrechnen, andere Zahlen im Kopfe, als auf dem Papier. Sieht man auf deren Seele, so irren sie nicht, sie scheinen uns nur zu irren, weil wir glauben, dass sie dieselben Zahlen im Kopfe, wie auf der Tafel haben. Wäre dies nicht, so würden wir nicht glauben, dass sie irrten: so wie ich keinen Irrthum bei dem Menschen angenommen habe, der neulich schrie, dass sein Hof auf des Nachbars Henne geflogen sei, weil ich wohl verstand, was er eigentlich meinte. Davon kommen die meisten Streitigkeiten, indem die Menschen ihre Meinung nicht richtig ausdrücken oder die eines Andern schlecht auslegen. In der That denken sie da, wo sie sich am heftigsten streiten, entweder Dasselbe oder Verschiedenes, so dass die Irrthümer und Widersinnigkeiten, welche sie bei dem Andern annehmen, gar nicht bestehen. [57]

L. 48. *In der Seele giebt es keinen unbedingten oder freien Willen, sondern die Seele wird zu diesem oder jenem Wollen durch eine Ursache bestimmt, welche ebenfalls von einer andern bestimmt ist, und diese wieder von einer andern und so fort ohne Ende.*

B. Die Seele ist ein gewisser und bestimmter Zustand des Denkens (II. L. 11), deshalb kann sie nicht die freie Ursache ihrer Handlungen sein (I. L. 17 Z. 2), d. h. sie kann nicht die unbedingte Fähigkeit des Wollens und Nichtwollens haben, sondern sie wird zu diesem oder jenem Wollen von einer Ursache bestimmt (I. L. 28), welche ebenfalls von einer andern bestimmt ist, und diese wieder von einer andern u. s. w.

E. Ebenso beweist man, dass es in der Seele keine unbedingte Fähigkeit des Einsehens, des Begehrens, des Liebens u. s. w. giebt. Daraus folgt, dass diese und andere Vermögen gänzlich eingebildet sind und nur metaphysische oder Allgemeinbegriffe sind, welche man aus den Einzelnen zu bilden gewohnt ist. Deshalb verhalten sich Verstand und Wille zu dieser oder jener Vorstellung oder zu diesem oder jenem Wollen ebenso, wie das Steinsein zu diesem oder jenem Stein oder wie der Mensch zum Peter oder Paul. Die Ursache aber, weshalb die Menschen sich für frei halten, habe ich im Anhang zum Theil I. dargelegt. Ehe ich indess weiter gehe, muss ich bemerken, dass ich unter Willen die Fähigkeit zu bejahen oder zu verneinen, nicht aber das Begehren verstehe. Ich meine also damit das Vermögen, vermittelst welchem die Seele das Wahre oder Falsche bejaht oder verneint, und nicht die Begierde, vermittelst welcher die Seele die Dinge begehrt oder verabscheut. Nachdem ich gezeigt habe, dass diese Vermögen universelle Begriffe sind, die sich von den Einzelnen, aus denen sie gebildet werden, nicht unterscheiden, so ist zu untersuchen, ob diese einzelnen Wollen etwas anderes sind, als die Vorstellungen der Dinge selbst. Es ist also, wie ich sage, zu untersuchen, ob es in der Seele noch eine andere Bejahung oder Verneinung giebt ausser der, welche die Vorstellung, soweit sie Vorstellung ist, in sich enthält. Hierüber lese man den folgenden Lehrsatz und die Definition II. 3, damit das Denken nicht in gemalte Bilder verfalle. Denn ich verstehe unter Vorstellungen nicht Bilder, wie sie im Grunde des Auges oder, wenn man will, im Innern des Gehirns gebildet werden, sondern Vorstellungen des Denkens.

L. 49. *In der Seele giebt es kein Wollen, d. h. Bejahen oder Verneinen, ausser demjenigen, welches die Vorstellung, als solche, enthält.*

B. In der Seele giebt es (II. L. 48) kein unbedingtes Vermögen zu wollen oder nicht zu wollen, sondern nur einzelne Wollen, nämlich diese oder jene Bejahung und diese oder jene Verneinung. Nehmen wir daher ein einzelnes Wollen, d. h. einen Zustand des Denkens, durch welches die Seele bejaht, dass die drei Winkel eines Dreiecks zwei rechten gleich sind. Diese Bejahung enthält die Auffassung oder Vorstellung des Dreiecks; d. h. ohne die Vorstellung des Dreiecks kann diese Bejahung nicht gefasst werden. Denn es ist dasselbe, ob ich sage, dass A. die Vorstellung von B. enthalte, wie, dass A. ohne B. nicht vorgestellt werden kann. Ferner kann diese Bejahung auch nicht ohne die Vorstellung des Dreiecks sein (II. A. 3). Diese Bejahung kann daher weder sein noch vorgestellt werden ohne die Vorstellung des Dreiecks. Ferner muss diese Vorstellung des Dreiecks dieselbe Bejahung enthalten, nämlich dass die drei Winkel desselben zwei rechten gleich sind. Deshalb kann auch umgekehrt die Vorstellung des Dreiecks ohne diese Bejahung weder sein noch gefasst werden. Folglich gehört diese Bejahung zum Wesen der Vorstellung des Dreiecks und ist nichts Anderes, als sie selbst (II. D. 2). Was ich von diesem Wollen hier dargelegt habe, gilt (da es willkürlich herausgegriffen worden ist) auch von jedem andern Wollen, nämlich dass es nichts Besonderes neben der Vorstellung ist.

Z. Der Wille und der Verstand sind ein und dasselbe.

B. Der Wille und der Verstand sind nichts, als die einzelnen Wollen und Vorstellungen (II. L. 48 und E.); aber das einzelne Wollen und die einzelne Vorstellung sind ein und dasselbe (II. L. 49), folglich ist der Wille und der Verstand ein und dasselbe.

E. Damit ist die Ursache beseitigt, welche gewöhnlich für die Ursache des Irrthums gehalten wird. Ich habe oben gezeigt, dass der Irrthum in einem blossen Mangel besteht, welchen die verstümmelten und verworrenen Vorstellungen enthalten. Deshalb enthält die falsche Vorstellung, soweit sie falsch, keine Gewissheit. Wenn es deshalb von einem Menschen heisst, dass er sich bei dem Falschen beruhige und nicht darüber zweifele, so soll damit nicht gesagt sein, dass er desselben gewiss sei, sondern nur, dass er nicht zweifele; oder dass er sich bei dem Falschen nur beruhige, weil keine Ursachen bestehen, welche sein bildliches Vorstellen ins Schwanken bringen (II. L. 44 E.). Wenn also auch ein Mensch noch so sehr dem Falschen anhängt, so kann man doch nicht sagen, dass er dessen gewiss sei; denn unter Gewissheit verstehe ich etwas Positives, aber nicht den Mangel des Zweifels (II. L. 43 mit E.). Aber unter dem Mangel der Gewissheit verstehe ich das Falsche. [58])

Indess wird zur mehreren Verdeutlichung des vorhergehenden Lehrsatzes noch Einiges zu sagen sein. Es ist auch noch erforderlich, dass ich auf die Gründe antworte, welche man dieser meiner Lehre entgegenstellen kann; und endlich schien es mir, um alle Zweifel zu beseitigen, rathsam, auf einige nützliche Folgen dieser Lehre hinzuweisen. Ich sage auf einige; denn die wichtigsten werden durch die Ausführung des V. Theiles besser verstanden werden.

Ich beginne mit dem ersten und erinnere die Leser, genau zu unterscheiden zwischen Vorstellung oder Auffassung der Seele und zwischen den Bildern der Dinge, welche der Gegenstand unserer bildlichen Vorstellungen sind. Ebenso muss zwischen den Vorstellungen und den Worten, als Bezeichnung der Dinge, unterschieden werden. Denn weil diese drei, nämlich die Bilder, die Worte und die Vorstellungen von Vielen ganz vermengt oder nicht genau genug oder nicht vorsichtig genug unterschieden werden, so ist ihnen diese Lehre von dem Willen gänzlich unbekannt, obgleich sie doch ebenso wissenswerth ist für die Untersuchungen im Denken, als für die weise Einrichtung des Lebens. Diejenigen nämlich, welche glauben, dass die Vorstellungen in Bildern bestehen, welche in uns durch die Begegnung der Körper sich bilden, sind überzeugt, dass jene Vorstellungen der Dinge, von denen man kein ähnliches Bild sich herstellen kann, keine Vorstellungen seien, sondern nur Erdichtungen, die man sich aus freier Willkür macht. Man betrachtet also die Vorstellungen wie stumme Bilder auf einer Tafel, und von diesem Vorurtheil eingenommen, bemerkt man nicht, dass die Vorstellung als solche die Bejahung oder Verneinung in sich enthält.

Ferner meinen die, welche die Worte mit der Vorstellung oder mit der in ihr enthaltenen Bejahung verwechseln, dass sie anders wollen könnten, als sie vorstellen; da sie ja mit blossen Worten etwas gegen ihre Meinung bejahen oder verneinen können.

Diese Vorurtheile wird indess derjenige leicht ablegen können, welcher auf die Natur des Denkens Acht hat, da dieses den Begriff der Ausdehnung keineswegs enthält, und er wird deshalb klar einsehen, dass die Vorstellung, als ein Zustand des Denkens, weder aus dem Bild einer Sache noch aus Worten besteht. Denn das Wesen der Worte und Bilder besteht in blossen körperlichen Bewegungen, welche den Begriff des Denkens keineswegs enthalten.

Dies Wenige wird genügen, und ich gehe daher zu den übrigen Einwürfen über. Der erste ist, dass man als gewiss ansieht, dass der Wille sich weiter erstreckt als der Verstand, mithin von ihm verschieden sein müsse. Der Grund aber, weshalb man meint, der Wille erstrecke sich weiter als der Verstand, ist die angebliche Erfahrung an sich selbst, wonach man zur Zustimmung, d. h. zum Bejahen oder Verneinen unendlich vieler Dinge, die man nicht kennt, keines grösseren Vermögens zur Zustimmung bedarf, als man schon hat; aber wohl einer grösseren Fähigkeit der Erkenntniss. Man unterscheidet also den Willen von dem Verstand, weil dieser beschränkt und jener unbeschränkt sei. Man wendet zweitens ein, dass man, wie die Erfahrung ganz deutlich zeige, sein Urtheil zurückhalten könne, um den Dingen, welche man wahrnimmt, nicht beizustimmen. Auch wird dies dadurch bestätigt, dass man von Niemand sagen kann, er werde getäuscht, insofern er etwas wahrnimmt, sondern nur insofern er beistimmt oder nicht beistimmt. Wer sich z. B. ein geflügeltes Pferd erdichtet, erkennt damit nicht schon an, dass es ein solches gebe; d. h. er irrt nur erst dann, wenn er zugleich annimmt, dass es ein geflügeltes Pferd gebe. Also zeigt die Erfahrung offenbar, dass der Wille oder das Vermögen zuzustimmen frei und von der Erkenntniss der Fähigkeit verschieden sei. Man kann drittens den Einwand erheben, dass die eine Bejahung nicht mehr Realität enthalte, als die andere, d. h. wir bedürfen keines grösseren Vermögens, um das für wahr zu behaupten, was wahr ist, als um etwas für wahr zu behaupten, was falsch ist. Dagegen bemerken wir, dass eine Vorstellung mehr Realität oder Vollkommenheit enthält, als die andere; denn um wieviel ein Gegenstand vor dem andern vorzüglicher ist, um soviel ist auch seine Vorstellung vorzüglicher als die des andern. Auch daraus soll ein Unterschied zwischen Willen und Verstand sich ergeben. Viertens kann man einwenden, was, wenn ein Mensch nicht aus Freiheit des Willens handele, also werden solle, wenn er im Gleichgewicht sich befinde, wie der Esel des Buridan? Ob er dann verhungern oder verdürsten würde? Denn wenn ich dies behaupte, so behandele ich ihn wie einen Esel oder wie die Bildsäule eines Menschen, aber nicht wie einen Menschen; wenn ich es aber verneine, so folge, dass ein Mensch sich selbst bestimme und folglich das Vermögen habe zu gehen und Alles zu thun, was er wolle. Man kann vielleicht noch andere Einwendungen erheben; allein da ich nicht alle Träumereien beizubringen verpflichtet bin, so will ich nur auf diese erwähnten Einwände antworten, und zwar so kurz als möglich.

In Bezug auf den ersten Einwand räume ich ein, dass der Wille sich weiter erstreckt als der Verstand, wenn man unter diesem nur die klaren und bestimmten Vorstellungen versteht; aber ich bestreite es, dass der Wille sich weiter erstreckt als die Wahrnehmungen und die Fähigkeit des Auffassens. Ich sehe auch nicht ein, warum die Fähigkeit zu wollen eher für unendlich zu erklären ist, als die Fähigkeit der Wahrnehmung. Denn sowie man mit derselben Fähigkeit des Wollens unendlich Vieles bejahen kann (jedoch eins nach dem andern, denn auf einmal kann man unendlich Vieles nicht bejahen), ebenso kann man unendlich viele Körper (nämlich einen nach dem andern) durch die Fähigkeit des Wahrnehmens wahrnehmen oder erfassen. Wenn die Gegner behaupten, dass es unendlich Vieles gäbe, was man nicht erfassen könne, so erwidere ich, dass wir dasselbe auch durch kein Denken und folglich auch durch keine Fähigkeit des Wollens erreichen können. Aber man sagt, wenn Gott bewirken wollte, dass wir auch dieses erfassen, so müsste er uns zwar eine grössere Fähigkeit des Auffassens geben, aber keine grössere Fähigkeit des Wollens, als wir schon haben. Dies ist indess ebenso, als wenn man sagte, dass wenn es Gott bewirken wollte, dass wir unendlich viele andere Seiende erkennten, es zwar nöthig wäre, uns einen grösseren Verstand zu geben, aber nicht eine universellere Vorstellung des Seienden, als wir schon haben, um diese unendlich vielen Wesen zu umfassen. Denn ich habe gezeigt, dass der Wille ein universelles Seiendes ist, oder eine Vorstellung, mit welcher wir alle einzelnen Wollen oder das ihnen allen Gemeinsame bezeichnen. Wenn also die Gegner diese allen einzelnen Wollen gemeinsame oder universelle Vorstellung für eine Fähigkeit halten, so darf man sich nicht wundern, wenn sie sagen, dass diese Fähigkeit über die Grenzen des Verstandes ohne Ende sich ausdehne. Denn das Universelle wird ebenso von dem einzelnen, wie von mehreren und von unendlich vielen Einzeldingen ausgesagt.

Auf den zweiten Einwand antworte ich, indem ich bestreite, dass wir die freie Macht hätten, unser Urtheil aufzuhalten. Denn wenn man sagt, dass Jemand sein Urtheil anhalte, so soll dies nur heissen, dass er einsieht, er fasse die Sache noch nicht zureichend auf; das Zurückhalten des Urtheils ist deshalb in Wahrheit eine Vorstellung und kein freier Wille. Um dies deutlicher einzusehen, nehme man einen Knaben an, der sich ein Pferd bildlich vorstellt, aber sonst nichts Anderes auffasst. Da diese bildliche Vorstellung des Pferdes die Existenz einschliesst (II. L. 17 Z.) und der Knabe nichts auffasst, was die Existenz des Pferdes aufhebt, so wird er nothwendig das Pferd als gegenwärtig annehmen und wird auch an der Existenz des Pferdes nicht zweifeln, obgleich er derselben nicht gewiss ist. Und dies erleben wir täglich beim Träumen, und ich glaube, dass Niemand meint, während des Träumens die freie Macht zu besitzen, sein Urtheil über das, was er träumt, anzuhalten, und zu bewirken, dass er das, was er zu sehen träumt, nicht träume. Und dennoch trifft es sich, dass man auch im Traume sein Urtheil hemmt, wenn man nämlich träumt, dass man träume. Ich gebe ferner zu, dass Niemand getäuscht wird, insofern er wahrnimmt, d. h. ich gebe zu, dass die bildlichen Vorstellungen der Seele als solche keinen Irrthum enthalten (II. 17 E.); aber ich bestreite, dass der Mensch, insofern er wahrnimmt, nichts bejahe. Denn was ist die Auffassung eines geflügelten Pferdes anders als die Bejahung der Flügel am Pferde. Denn wenn die Seele neben dem geflügelten Pferde nichts weiter wahrnähme, so würde sie es als ein sich Gegenwärtiges betrachten und sie würde keine Ursache haben, an seiner Existenz zu zweifeln, und auch keine Fähigkeit, dem nicht beizustimmen, so lange nicht die Existenz des geflügelten Pferdes mit einer Vorstellung verbunden ist, welche dessen Existenz aufhebt, oder so lange sie nicht bemerkt, dass ihre Vorstellung des geflügelten Pferdes eine unzureichende ist, aber dann wird sie nothwendig die Existenz des Pferdes leugnen oder nothwendig bezweifeln.

Ich glaube damit auch auf den **dritten** Einwand geantwortet zu haben, nämlich dass der Wille etwas Universelles ist, was von allen Vorstellungen ausgesagt wird, und dass er nur das bezeichnet, was allen Vorstellungen gemeinsam ist, nämlich eine Bejahung; das zureichende Wesen dieser Bejahung, insofern sie so abstrakt gefasst wird, muss deshalb in jeder Vorstellung sein, und nur in dieser Hinsicht muss sie in allen dasselbe sein; aber nicht, insofern sie als das Wesen der Vorstellung bildend aufgefasst wird; denn insofern unterscheiden sich die einzelnen Bejahungen ebenso von einander, wie die einzelnen Vorstellungen. So unterscheidet sich z. B. die Bejahung, welche in der Vorstellung eines Kreises enthalten ist, von der Bejahung, welche in der Vorstellung eines Dreiecks enthalten ist, ebenso, wie sich die Vorstellung des Kreises von der des Dreiecks unterscheidet. Sodann bestreite ich entschieden, dass wir einer gleichen Kraft des Denkens bedürfen, um das als wahr zu bejahen, was wahr ist, als um das als wahr zu bejahen, was falsch st. Denn beide Bejahungen verhalten sich in Bezug auf die Seele, wie das Sein zu dem Nichtsein. Denn in den Vorstellungen ist nichts Positives, was die Form des Falschen bildet (II. L. 35 E. L. 47 E.). Hier war deshalb vorzugsweise darauf aufmerksam zu machen, wie leicht man irrt, wenn man das Universelle mit dem Einzelnen und die Gebilde der Vernunft und das Abstrakte mit dem Wirklichen verwechselt.

Was endlich den vierten Einwand anlangt, so gebe ich zu, dass ein Mensch in solchem Gleichgewicht vor Hunger und Durst umkommen wird (insofern er nämlich nichts weiter wahrnimmt, als Hunger und Durst, und diese Speise und diesen Trank, welche beide gleich weit von ihm abstehen). Frägt man mich, ob ein solcher Mensch nicht vielmehr als ein Esel, denn als Mensch gelten müsse, so sage ich, dass ich dies nicht weiss, so wenig wie ich weiss, wofür ich den halten soll, der sich aufhängt, oder wofür Kinder, Thoren und Wahnsinnige zu halten sind.[59])

Ich habe endlich noch anzudeuten, wie nützlich die Erkenntniss dieser Lehre für das Leben ist, was man leicht aus Folgenden entnehmen kann. Nämlich zuerst daraus, dass sie uns lehrt, nach dem blossen Wink Gottes zu handeln und der göttlichen Natur um so mehr theilhaft zu werden, je vollkommenere Handlungen wir thun und je mehr und mehr wir Gott erkennen. Diese Lehre hat ausserdem, dass sie das Gemüth durchaus beruhigt, noch das Gute, dass sie uns lehrt, worin unser grösstes Glück und Seligkeit besteht, nämlich nur in der Erkenntniss Gottes, wodurch wir nur das zu thun veranlasst werden, was Liebe und Frömmigkeit rathen. Daraus erkennen wir deutlich, wie sehr Jene von der wahren Schätzung der Tugend abirren, welche für die Tugend und für die besten Handlungen, wie für den schwersten Dienst, mit den höchsten Belohnungen von Gott geschmückt zu werden erwarten, als wenn die blosse Tugend und der Dienst Gottes nicht das Glück selbst und die höchste Freiheit wäre. Zweitens insofern sie uns lehrt, wie wir uns zu den Schicksalsgütern zu verhalten haben, oder zu dem, was nicht in unserer Macht steht, d. h. zu Dingen, die nicht aus unserer Natur folgen; nämlich beide Antlitze des Schicksals mit Gleichmuth zu erwarten und zu ertragen. Weil Alles nämlich aus dem ewigen Beschluss Gottes mit derselben Nothwendigkeit folgt, wie aus dem Wesen des Dreiecks folgt, dass seine drei Winkel zwei rechten gleich sind. Drittens nützt diese Lehre für das sociale Leben, indem sie lehrt, Niemanden zu hassen, zu verrathen, zu verspotten, Niemandem zu zürnen oder ihn zu beneiden. Ferner indem sie lehrt, dass Jeder mit dem Seinigen sich begnüge und dem Nächsten helfe; nicht aus weibischem Mitleid, Parteilichkeit noch Aberglauben, sondern blos aus dem Gebot der Vernunft, je nachdem es nämlich Zeit und Umstände erfordern, wie ich im dritten Theile zeigen werde. Endlich nützt diese Lehre viertens auch nicht wenig der bürgerlichen Gesellschaft, indem sie lehrt, auf welche Weise die Bürger zu regieren und zu leiten sind, damit sie nicht sklavisch folgen, sondern frei das Beste vollbringen.

Damit ist der Zweck dieser Erläuterung erreicht, und ich schliesse hiermit diesen zweiten Theil, in welchem ich die Natur der menschlichen Seele mit ihren Eigenthümlichkeiten ausführlich und so deutlich, als es die Schwierigkeit des Gegenstandes gestattet, dargelegt und eine Lehre gegeben zu haben glaube, aus der viel Herrliches, höchst Nützliches und Wissensnöthiges entnommen werden kann, wie zum Theil das Folgende ergeben wird. [60] [61]

Dritter Theil.
Von dem Ursprunge und der Natur der Affekte.

Vorrede.

Die Meisten, welche über die Affekte und Lebensweise der Menschen geschrieben haben, scheinen nicht natürliche Dinge zu behandeln, welche den gemeinsamen Gesetzen der Natur folgen, sondern Dinge ausserhalb der Natur;

ja, sie scheinen den Menschen in der Natur wie einen Staat im Staate aufzufassen. Denn sie glauben, dass der Mensch die Ordnung der Natur eher stört als befolgt; dass er über seine Handlungen eine unbedingte Macht hat und von Niemand als ihm selbst bestimmt wird. Ebenso schieben sie die Ursache der menschlichen Ohnmacht und Unbeständigkeit nicht auf die allgemeinen Gesetze der Natur, sondern auf, ich weiss nicht, welchen Fehler der menschlichen Natur, die sie deshalb beweinen, belachen, verachten, oder, wie meistentheils geschieht, verwünschen. Wer die Ohnmacht der menschlichen Seele am beredtsten und scharfsinnigsten zu verspotten versteht, wird gleichsam für ein göttliches Wesen gehalten.

Dennoch hat es viele ausgezeichnete Männer gegeben (deren Arbeit und Fleiss ich Vieles zu schulden anerkenne), welche über die rechte Weise zu leben viel Vortreffliches geschrieben und den Sterblichen Rathschläge voll Klugheit gegeben haben; Niemand aber hat, soviel ich weiss, über die Natur und Kräfte der Affekte und was die Seele vermag, um sie zu mässigen, etwas festgestellt. Ich weiss zwar, dass der berühmte Cartesius, trotz seiner Meinung, dass die Seele über ihre Handlungen eine unbedingte Macht habe, sich bestrebt hat, die menschlichen Affekte durch ihre letzten Ursachen zu erklären und zugleich den Weg zu zeigen, wie die Seele eine unbedingte Herrschaft über die Affekte erlangen kann; indess hat er, meiner Ansicht nach, nur die Schärfe seines grossen Geistes gezeigt, wie ich an seinem Orte darlegen werde.

Ich kehre daher zu denen zurück, welche die Affekte und Handlungen der Menschen lieber verwünschen und belachen, als erkennen wollen. Diesen wird es wahrscheinlich wunderbar vorkommen, dass ich versuchen will, die Fehler und Thorheiten der Menschen in geometrischer Weise zu behandeln und in bestimmter Ordnung das darzulegen, was sie als der menschlichen Vernunft widersprechend, und als eitel, verkehrt und schauderhaft beklagen.

Mein Grund ist aber folgender: es geschieht nichts in der Natur, was einem Fehler von ihr zugeschrieben werden könnte. Denn die Natur ist immer dieselbe und überall eine, und ihre Kraft und ihr Vermögen zu handeln ist dasselbe; d. h. die Gesetze und Regeln der Natur, nach denen Alles geschieht und aus einer Gestalt in die andere übergeht, sind überall und immer dieselben. Deshalb kann es nur eine Weise geben, die Natur irgend eines Dinges zu erkennen, nämlich durch die allgemeinen Gesetze und Regeln der Natur.

Daher ergeben sich die Affekte des Hasses, des Zornes, des Neides u. s. w., an sich betrachtet, aus derselben Nothwendigkeit und Kraft der Natur, wie alles Andere. Sie haben deshalb ihre bestimmten Ursachen, durch die man sie erkennen kann, und sie haben bestimmte Eigenschaften, die dieser Erkenntniss ebenso würdig sind, wie die Eigenschaften irgend einer anderen Sache, an deren blosser Betrachtung wir uns ergötzen.

Ich werde daher über die Natur und Kraft der Affekte und die Macht der Seele über sie in derselben Weise die Untersuchung anstellen, wie ich es bis hier über Gott und die Seele gethan habe, und ich werde die menschlichen Handlungen und Begierden ebenso betrachten, als wenn es sich um Linien, Ebenen oder Körper handelte. [1])

D. 1. Ich nenne eine Ursache zureichend, wenn ihre Wirkung klar und deutlich durch sie aufgefasst werden kann, unzureichend oder partiell aber dann, wenn ihre Wirkung aus ihr allein nicht erkannt werden kann. [2])

D. 2. Ich sage, dass wir dann handeln, wenn in oder ausser uns etwas geschieht, dessen zureichende Ursache wir sind, d. h. wenn aus unserer Natur etwas in oder ausser uns folgt, das durch sie allein klar und deutlich erkannt werden kann (D. 1). Dagegen sage ich, dass wir leiden, wenn etwas in uns geschieht oder aus unserer Natur etwas folgt, von dem wir nur die partielle Ursache sind. [3])

D. 3. Unter Affekte verstehe ich die Erregungen des Körpers, durch welche des Körpers Vermögen zu handeln vermehrt oder vermindert, gesteigert oder gehemmt wird, und zugleich die Vorstellungen dieser Erregungen.

Wenn wir mithin die zureichende Ursache eines dieser Erregungen sein können, dann verstehe ich unter Affekt ein Handeln, sonst ein Leiden. [4])

H. 1. Der menschliche Körper kann auf viele Weise

erregt werden, wodurch sein Vermögen zu handeln vermehrt oder vermindert wird; ebenso aber auf andere Weisen, welche sein Vermögen zu handeln weder vergrössern noch verkleinern.

Dieser Satz oder dieses Axiom stützt sich auf II. H. 1. und Ln. 5, 7, hinter L. 13.

II. 2. Der menschliche Körper kann viele Veränderungen erleiden und dennoch die Eindrücke oder Spuren der Gegenstände behalten (II. H. 5) und mithin auch dieselben Bilder dieser Gegenstände (II. L. 17 E.).

L. 1. *Unsere Seele handelt bald, bald leidet sie; nämlich, so weit sie zureichende Vorstellungen hat, so weit ist sie nothwendig handelnd, und so weit sie unzureichende Vorstellungen hat, so weit ist sie nothwendig leidend.*

B. In jeder menschlichen Seele sind zureichende Vorstellungen und solche, die verstümmelt und verworren sind (II. L. 40 E.). Nun sind die Vorstellungen, welche in Jemandes Seele zureichend sind, in Gott zureichend, insofern er das Wesen derselben Seele ausmacht (II. L.11 Z.), und die, welche in der Seele unzureichend sind, sind ebenfalls zureichend in Gott (II. L. 11 Z.), nicht insofern er nur das Wesen der Seele, sondern insofern er die Seelen anderer Dinge in sich enthält. Ferner muss aus irgend einer gegebenen Vorstellung irgend eine Wirkung nothwendig folgen (I. L. 36), von welcher Gott die zureichende Ursache ist (III. D. 1), nicht insofern er unendlich ist, sondern insofern er mit jener Vorstellung behaftet aufgefasst wird (II. L. 9). Von der Wirkung nun, von welcher die Ursache Gott ist, insofern er behaftet ist mit einer Vorstellung, welche in einer Seele zureichend ist, ist diese Seele die zureichende Ursache (II. L. 11 Z.). Sofern also unsere Seele zureichende Vorstellungen hat (III. D. 2), ist sie nothwendig handelnd. Dies war das Erste. Was ferner nothwendig aus einer Vorstellung folgt, die in Gott zureichend ist, nicht insofern er blos die Seele eines Menschen hat, sondern zugleich die Seelen anderer Dinge mit der Seele dieses Menschen in sich hat, von dieser Folge ist die Seele dieses Menschen nicht die zureichende Ursache, sondern die partielle (II. L.11 Z.), und deshalb ist die Seele, soweit sie unzureichende Vorstellungen hat (III. D. 2) nothwendig leidend. Dieses war das Zweite. Also handelt unsere Seele u. s. w. [5])

Z. Hieraus erhellt, dass die Seele um so mehr leidenden Zuständen unterworfen ist, je mehr unzureichende Vorstellungen sie hat, und umgekehrt, dass sie um so mehr handelt, je mehr zureichende Vorstellungen sie hat.

L. 2. *Der Körper kann die Seele nicht zum Denken, und die Seele den Körper nicht zur Bewegung oder Ruhe oder sonst etwas Anderm (wenn es solches giebt) bestimmen.*

B. Alle Zustände des Denken haben Gott, insofern er ein denkendes Wesen ist und nicht insofern er durch ein anderes Attribut ausgedrückt ist, zu ihrer Ursache (II. L. 6). Das, was die Seele zum Denken bestimmt, ist folglich ein Zustand des Denkens und nicht der Ausdehnung, d. h. nicht ein Körper (II. D. 1); dies war das Erste. Ferner muss die Bewegung oder Ruhe des Körpers von einem andern Körper ausgehen, welcher ebenfalls zur Bewegung oder Ruhe von einem andern bestimmt worden ist, und überhaupt muss Alles, was in dem Körper entsteht, von Gott entstehen, insofern er von einem Zustande der Ausdehnung und nicht insofern er von einem Zustande des Denkens erregt vorgestellt wird (II. L. 6), d. h. es kann von der Seele, welche ein Zustand des Denkens ist (II. L. 11)!, nicht entstehen. Dies ist das Zweite. Der Körper kann deshalb die Seele u. s. w. [6])

E. Dies erhellt deutlicher aus dem, was in der Erläuterung zu II. L. 7. gesagt ist, dass nämlich Seele und Körper dasselbe Ding sind, was bald unter dem Attribut des Denkens, bald der Ausdehnung aufgefasst wird. Daher kommt es, dass die Ordnung und Verknüpfung der Dinge nur eine ist, mag die Natur unter diesem oder jenem Attribut aufgefasst werden, folglich auch, dass die Ordnung des Handelns und Leidens bei unserem Körper von Natur zugleich ist mit der Ordnung des Handelns und Leidens der Seele. Dies erhellt auch daraus, wie der Lehrsatz II. 12 bewiesen worden ist. Obgleich dies sich so verhält, dass kein Grund zum Zweifel übrig bleibt, so glaube ich doch kaum, dass man, ehe ich es nicht aus der Erfahrung bewiesen habe, sich entschliessen wird, dies mit Gleichmuth zu überlegen; so stark ist die Ueberzeugung, dass der Körper sich auf den blossen Wink der Seele bald bewegt, bald ruht, bald Verschiedenes thut, was blos von dem Willen und der Kraft des Denkens in der Seele abhängt.

Denn was der Körper vermag, hat bis jetzt noch Niemand bestimmt, d. h. Niemand weiss bis jetzt aus Erfahrung, was der Körper nach den blossen Gesetzen der Natur, insofern sie nur als körperliche aufgefasst wird, zu thun vermag, und was er, ohne durch die Seele bestimmt zu werden, nicht vermag; denn Niemand hat bis jetzt diese Werkstatt des Körpers so genau erkannt, dass er alle ihre Verrichtungen erklären könnte. Ich will dabei gar nicht erwähnen, dass man bei den vernunftlosen Thieren Manches beobachtet, was den menschlichen Scharfsinn weit übersteigt, und dass die Nachtwandler im Schlafe Vieles thun, was sie im Wachen nicht wagen würden; dies zeigt zur Genüge, dass der Körper aus den blossen Gesetzen seiner Natur Vieles vermag, was seine Seele bewundert.

Auch weiss Niemand, auf welche Weise und durch welche Mittel die Seele den Körper bewegt, noch wie viel Grade der Bewegung sie dem Körper mittheilen kann, und mit welcher Schnelligkeit sie ihn bewegen kann. Daraus folgt, dass, wenn man sagt, diese oder jene Handlung des Körpers rühre von der Seele her, welche die Herrschaft über den Körper habe, man nicht weiss, was man sagt, und dass man nichts Anderes thut, als mit schönen Worten einzugestehen, dass man die wahre Ursache jener Handlung nicht kenne und sich darüber nicht wundere.

Aber man behauptet, dass, möge man die Mittel, durch welche die Seele den Körper bewege, kennen oder nicht, man doch aus der Erfahrung wisse, dass der Körper sich nicht regen werde, wenn die menschliche Seele nicht zum Denken fähig wäre. Ebenso sagt man, dass man aus Erfahrung wisse, dass es bloss in der Macht der Seele stehe, zu sprechen und zu schweigen und vieles Andere zu thun, was man deshalb als von dem Beschluss der Seele abhängig hält.

Was nun das Erste anlangt, so frage ich, ob die Erfahrung nicht auch lehrt, dass wenn umgekehrt der Körper träge ist, auch die Seele zugleich ungeeignet zum Denken ist? Denn wenn der Körper im Schlafe ruht, so ist die Seele zugleich mit ihm eingeschläfert und hat nicht die Macht, wie im Wachen etwas zu überdenken. Ferner wird Jedermann wohl erfahren haben, dass die Seele nicht immer gleich geschickt ist, über einen Gegenstand nachzudenken. So wie vielmehr der Körper geschickter ist, dass das Bild dieses oder jenes Gegenstandes in ihm erweckt werde, so ist auch die Seele geschickter zur Betrachtung dieses oder jenes Gegenstandes.

Aber man sagt, aus den blossen Gesetzen der Natur, so weit sie nur als eine körperliche betrachtet wird, sei es unmöglich, die Ursachen abzuleiten von den Gebäuden, Gemälden und ähnlichen Dingen, welche blos durch die menschliche Kunst entstehen; der menschliche Körper sei nicht im Stande, einen Tempel zu bauen, wenn er nicht von der Seele bestimmt und geleitet werde. Aber ich habe schon gezeigt, dass man selbst nicht weiss, was der Körper vermag, und was man aus der Betrachtung seiner Natur allein ableiten kann. Man erfährt selbst, dass sehr Vieles aus blossen Naturgesetzen entsteht, von dem man nie geglaubt hätte, dass es anders als durch die Leitung der Seele geschehen könne, z. B. das, was die Mondsüchtigen im Schlafe thun, und was sie beim Wiedererwachen selbst bewundern. Ich beziehe mich ausserdem noch auf den künstlichen Bau des menschlichen Körpers, welcher an Künstlichkeit Alles weit übertrifft, was menschliche Kunst gefertigt hat, ohne das oben Dargelegte zu erwähnen, dass aus der Natur unter der Auffassung eines jeden Attributs unendlich Vieles folgt.

Was nun das Zweite betrifft, so würde es allerdings mit den menschlichen Verhältnissen weit besser stehen, wenn das Schweigen ebenso wie das Sprechen in der Gewalt der Menschen wäre. Aber die Erfahrung lehrt über und über, dass die Menschen nichts weniger in ihrer Gewalt haben, wie ihre Zunge, und nichts weniger vermögen, wie ihre Begierden zu mässigen. Viele sind deshalb der Ansicht, dass der Mensch nur da frei handelt, wo er schwach begehrt, weil das Begehren solcher Dinge leicht durch die Vorstellung einer andern Sache beschränkt werden kann, deren wir uns häufig erinnern, aber dass der Mensch bei den Gegenständen nicht frei handelt, welche er mit Heftigkeit begehrt, und wo dies Begehren durch die Erinnerung eines andern Gegenstandes nicht beschwichtigt werden kann. Wenn man indess nicht an sich die Erfahrung gemacht hätte, dass man Manches thut, was Einen später gereut, und dass man, wenn man nämlich von entgegengesetzten Affekten bedrängt wird, das Bessere einsieht und das Schlechtere thut, so würde der Meinung, dass man in Allem frei handelt, kein Hinderniss entgegenstehen. So glaubt das Kind, dass es die Milch freiwillig begehrt, und ebenso hält der Knabe das Wollen der Rache, und der Furchtsame das Wollen zu fliehen für ein freiwilliges. Ferner glaubt der Betrunkene, dass er aus freiem Entschluss der Seele das spreche, was er nüchtern gern verschwiegen hätte. So glaubt der Wahnsinnige, der Schwätzer, der Knabe und viele andere dieser Art aus freiem Beschluss der Seele zu sprechen, während sie doch ihre Begierde zu sprechen nicht bezähmen können.

So lehrt die Erfahrung nicht minder deutlich, wie die Vernunft, dass die Menschen sich nur deshalb für frei halten, weil sie zwar ihre Handlungen kennen, aber nicht die Ursachen, von denen sie bestimmt werden. Die Entschlüsse der Seele sind nur dasselbe, was die Begehren, und daher verschieden nach dem verschiedenen Befinden des Körpers. Ein Jeder bestimmt Alles nach seinen Affekten, und die, welche von entgegengesetzten Affekten bestürmt werden, wissen nicht, was sie wollen; die endlich, welche von keinem Affekt erregt sind, werden durch ein Geringes hier oder dorthin getrieben.

Dies Alles zeigt deutlich, dass sowohl der Entschluss der Seele, wie das Begehren und die Bestimmung des Körpers, von Natur zugleich sind, oder vielmehr, dass sie ein und dieselbe Sache sind, welche, wenn man sie unter dem Attribut des Denkens auffasst und durch dieses ausdrückt, Entschluss heisst, und welche unter dem Attribut der Ausdehnung aufgefasst und aus den Gesetzen der Bewegung und Ruhe abgeleitet, Bestimmung heisst. Dieses wird noch deutlicher aus dem bald Folgenden sich ergeben. Denn zunächst möchte ich noch an ein Anderes erinnern, dass wir nämlich nur das in Folge eines Beschlusses der Seele thun können, dessen wir uns entsinnen. So können wir z. B. kein Wort aussprechen, dessen wir uns nicht erinnern. Aber es steht nicht in der freien Macht der Seele, sich einer Sache zu erinnern oder sie zu vergessen. Man meint deshalb, dass es nur in der Macht der Seele stehe, eine Sache, deren wir uns erinnern, zu verschweigen oder auszusprechen. Wenn wir aber träumen, dass wir sprechen, so glauben wir aus freiem Entschluss der Seele zu sprechen und sprechen doch nicht, oder wenn wir sprechen, geschieht es nur durch unwillkürliche Bewegungen des Körpers. Wir träumen auch, dass wir den Menschen etwas verheimlichen, und zwar mit demselben Entschluss der Seele, mit dem wir wachend das, was wir wissen, verschweigen. Wir träumen endlich, dass wir nach dem Beschluss der Seele etwas vornehmen, was wir wachend nicht wagen, und so möchte ich doch wissen, ob es in der Seele zwei Arten von Beschliessungen giebt, phantastische und freie?

Wenn man bis zu dieser tollen Annahme nicht gehen kann, so folgt, dass der Beschluss der Seele, welchen man für frei hielt, von der bildlichen Vorstellung oder von dem Gedächtniss sich nicht unterscheidet, und dass dieser Entschluss nichts ist, als jene Bejahung, welche jede Vorstellung als solche nothwendig enthält (II. L. 49). Daher entstehen diese Entschlüsse der Seele mit derselben Nothwendigkeit in ihr, wie die Vorstellungen der wirklich existirenden Dinge. Wer also glaubt, aus freiem Beschluss der Seele zu sprechen oder zu schweigen oder etwas zu thun, der schläft mit offenen Augen.[7])

L. 3. *Die Handlungen der Seele entspringen nur aus zureichenden Vorstellungen; ihre leidenden Zustände hängen aber blos von unzureichenden Vorstellungen ab.*

B. Das erste, was das Wesen der Seele ausmacht, ist nichts Anderes als die Vorstellung ihres wirklich existirenden Körpers (II. L. 11 und 13), welche sich aus vielen andern Vorstellungen zusammensetzt (II. L. 15), von denen einige zureichend (II. L. 38 Z.), andere unzureichend sind (II. L. 29 Z.). Alles mithin, was aus der Natur der Seele folgt, und von dem die Seele die nächste Ursache ist, durch die es erkannt werden muss, ist nothwendig die Folge einer zureichenden oder unzureichenden Vorstellung. Soweit aber die Seele unzureichende Vorstellungen hat (III. L. 1), ist sie nothwendig leidend. Daher folgen die Handlungen der Seele nur aus zureichenden Vorstellungen, und die Seele leidet nur deshalb, weil sie unzureichende Vorstellungen hat.

E. Man sieht daher, dass die leidenden Zustände auf die Seele nur bezogen werden, sofern sie die Verneinung in sich schliesst, oder sofern sie als ein Theil der Natur betrachtet wird, welcher für sich und ohne Anderes nicht klar und bestimmt aufgefasst werden kann. Ich könnte auf diese Weise zeigen, dass die leidenden Zustände ebenso auf die einzelnen Dinge, wie auf die Seele sich beziehen und nicht anders aufzufassen sind; indess geht meine Absicht nur auf die Untersuchung der menschlichen Seele. [8])

L. 4. *Jedes Ding kann nur von einer äussern Ursache zerstört werden.*

B. Dieser Lehrsatz versteht sich von selbst. Denn die Definition einer jeden Sache bejaht das Wesen der Sache und verneint es nicht; oder sie setzt das Wesen der Sache und hebt es nicht auf. Wenn man daher nur auf die Sache selbst und nicht auf äussere Ursachen Acht hat, so wird man nichts an ihr auffinden können, was sie zerstören könnte. [9])

L. 5. *Die Dinge sind in soweit entgegengesetzter Natur, d. h. sie können in soweit nicht in demselben Gegenstande sein, als das eine das andere zerstören kann.*

B. Denn wenn sie übereinstimmen oder in demselben Gegenstande zugleich sein könnten, so würde es in ein und demselben Gegenstande etwas geben, was ihn zerstören könnte, und dies ist widersinnig (III. L. 4). Deshalb sind u. s. w. [10])

L. 6. *Jedes Ding, soweit es an ihm ist, strebt in seinem Sein zu verharren.*

B. Denn die einzelnen Dinge sind Zustände, durch welche die Attribute Gottes auf gewisse und bestimmte Weise ausgedrückt werden (I. L. 25 Z.), d. h. Dinge, welche Gottes Vermögen, wodurch Gott ist und handelt, auf gewisse und bestimmte Weise ausdrücken, und kein Ding hat etwas in sich, was es zerstören oder seine Existenz aufheben könnte (III. L. 4). Vielmehr stellt es sich Allem, was seine Existenz aufheben kann, entgegen (III. L. 5). Deshalb strebt es, so viel es kann und an ihm ist, in seinem Sinn zu verharren. [11])

L. 7. *Das Streben, wodurch jedes Ding in seinem Sein zu verharren sucht, ist nichts als das wirkliche Wesen des Dinges.*

B. Aus dem gegebenen Wesen irgend einer Sache folgt nothwendig etwas (I. L. 36), und die Dinge vermögen nur das, was aus ihrer bestimmten Natur nothwendig folgt (I. L. 29). Deshalb ist das Vermögen oder das Bestreben einer jeden Sache, wodurch sie entweder allein oder mit Anderen etwas thut oder zu thun strebt (III. L. 6), d. h. das Vermögen oder das Bestreben, mit dem sie in ihrem Sein zu verharren sucht, nur das gegebene oder wirkliche Wesen dieser Sache. [12])

L. 8. *Das Bestreben, mit dem jede Sache in ihrem Sein zu verharren sucht, enthält nicht eine bestimmte, sondern eine unbestimmte Zeit.*

B. Denn wenn es eine begrenzte Zeit enthielte, welche die Dauer der Sache bestimmte, so würde aus dem blossen Vermögen, durch welche die Sache existirt, folgen, dass die Sache nach Ablauf dieser begrenzten Zeit nicht existiren könnte, vielmehr untergehen müsste; aber dies ist widersinnig (III. L. 4). Folglich enthält das Bestreben, mit welchem die Sache existirt, keine bestimmte Zeit, sondern eine unbestimmte, weil sie mit demselben Vermögen, durch welches sie existirt, zu existiren immer fortfahren wird, wenn sie nicht von einer äusseren Ursache zerstört wird. [13])

L. 9. *Mag die Seele klare und bestimmte, oder verworrene Vorstellungen haben, so strebt sie in ihrem Sein auf unbestimmte Dauer zu verharren und ist sich dieses Strebens bewusst.*

B. Das Wesen der Seele wird aus zureichenden und unzureichenden Vorstellungen gebildet (III. L. 3). Deshalb strebt sie in ihrem Sein zu verharren, ebenso insofern sie diese, wie insofern sie jene hat (III. L. 7), und zwar mit unbestimmter Dauer (III. L. 8). Da aber die Seele durch die Vorstellungen der körperlichen Erregungen nothwendig sich ihrer bewusst ist (II. L. 23), so ist auch die Seele sich ihres Bestrebens bewusst (III. L. 7).

E. Dieses Streben heisst, wenn es auf die Seele allein bezogen wird, Wille, wenn es aber auf Seele und Leib zugleich bezogen wird, heisst es Verlangen. Dieses ist daher nur das Wesen der Menschen selbst, aus dessen Natur nothwendig das folgt, was seiner Erhaltung dient, und deshalb ist der Mensch bestimmt, dies zu thun. Zwischen Verlangen und Begierde ist nur der Unterschied, dass die Begierde meistentheils nur auf den Menschen bezogen wird, soweit er sich seines Verlangens bewusst ist, und deshalb kann man die Begierde definiren, dass sie das Verlangen mit dem Bewusstsein seiner ist. Es erhellt aus Allem diesem, dass der Mensch nach nichts strebt, nichts will, verlangt oder begehrt, weil er es für gut hält, sondern umgekehrt hält er es deshalb für gut, weil er es erstrebt, will, verlangt oder begehrt. [14]

L. 10. *Eine Vorstellung, welche die Existenz unseres Körpers ausschliesst, kann es in unserer Seele nicht geben, sondern sie ist ihr entgegengesetzt.*

B. Was unseren Körper zerstören kann, das kann es in ihm nicht geben (III. L. 5). Deshalb kann es auch die Vorstellung einer solchen Sache in Gott nicht geben, insofern er die Vorstellung von unserem Körper hat (II. L. 9 Z.), d. h. die Vorstellung dieser Sache kann es in unserer Seele nicht geben (II. L. 11, 13). Im Gegentheil, weil das Erste, was das Wesen der Seele ausmacht, die Vorstellung des wirklich existirenden Körpers ist, so ist das Erste und Wichtigste für das Streben unserer Seele, die Existenz unseres Körpers zu bejahen (III. L. 7). Daher ist die Vorstellung, welche die Existenz unseres Körpers verneint, unserer Seele entgegengesetzt. [15]

L. 11. *Alles, was das Vermögen zu handeln in unserem Körper mehrt oder mindert, unterstützt oder hemmt, dessen Vorstellung mehrt oder mindert, unterstützt oder hemmt das Denkvermögen unserer Seele.*

B. Dieser Lehrsatz ergiebt sich aus II. L. 7 oder auch aus II. L. 14. [16]

E. Man sieht daher, dass die Seele grosse Veränderungen erleiden und bald zu grösserer bald zu geringerer Vollkommenheit übergehen kann, welche leidenden Zustände die Affekte der **Freude** und **Trauer** uns erklären. Unter Freude werde ich deshalb späterhin den **leidenden Zustand verstehen, wo die Seele zu grösserer Vollkommenheit übergeht, und unter Trauer den, wo sie zu einer geringeren Vollkommenheit übergeht.** Ich nenne ferner den **Affekt der Freude, wenn er auf Körper und Seele zugleich bezogen wird, Wollust oder Heiterkeit und den Affekt der Trauer, in dieser Weise bezogen, Schmerz oder Trübsinn.** Doch ist zu bemerken, dass Wollust und Schmerz auf den Menschen bezogen werden, wenn einer seiner Theile vor den übrigen erregt ist; Heiterkeit aber und Trübsinn, wenn alle Theile gleichmässig erregt sind.

Was ferner **Begierde** ist, habe ich (III. L. 9 F.) erklärt, und ausser diesen dreien erkenne ich keinen ursprünglichen Affekt an; die übrigen entstehen aus diesen dreien, wie ich später zeigen werde. Ehe ich jedoch weiter gehe, möchte ich den Lehrsatz III. 10 ausführlicher erläutern, damit man deutlicher einsehe, auf welche Weise eine Vorstellung der andern entgegengesetzt ist.[17])

In der Erläuterung zu II. L. 17 habe ich gezeigt, dass die Vorstellung, welche das Wesen der Seele ausmacht, die Existenz des Körpers so lange enthält, als der Körper selbst existirt. Ferner folgt aus dem, was ich II. L. 8 Z. und E. gezeigt habe, dass die gegenwärtige Existenz unserer Seele nur davon abhängt, dass die Seele die wirkliche Existenz des Körpers enthält. Endlich habe ich gezeigt, dass das Vermögen der Seele, wodurch sie die Dinge sich bildlich vorstellt oder sich ihrer erinnert, ebenfalls davon abhängt, dass sie die wirkliche Existenz des Körpers einschliesst (II. L. 17, 18 E.).

Daraus folgt, dass die gegenwärtige Existenz der Seele und ihre Vorstellungskraft aufgehoben wird, sobald die Seele aufhört, die gegenwärtige Existenz des Körpers zu bejahen. Die Ursache aber, weshalb die Seele aufhört, diese Existenz des Körpers zu bejahen, kann nicht die Seele selbst sein (III. L. 4) und auch nicht, dass der Körper aufhört zu sein. Denn die Ursache, weshalb die Seele die Existenz des Körpers bejaht, ist nicht die, dass der Körper zu existiren angefangen hat (II. L. 6); deshalb kann sie aus diesem Grunde die Existenz ihres Körpers zu bejahen auch nicht aufhören, weil der Körper zu sein aufhört, sondern dies kommt von einer andern Vorstellung (II. L. 8), welche die gegenwärtige Existenz unseres Körpers und folglich unserer Seele ausschliesst, und welche mithin der Vorstellung, welche das Wesen unserer Seele ausmacht, entgegengesetzt ist.[18])

L. 12. *Die Seele bestrebt sich, so viel sie kann, dasjenige sich bildlich vorzustellen, was des Körpers Vermögen zu handeln vermehrt oder unterstützt.*

B. So lange der menschliche Körper in einer Weise erregt wird, welche die Natur eines äusseren Körpers einschliesst, so lange betrachtet die menschliche Seele diesen Körper als gegenwärtig (II. L. 17), und folglich ist, so lange die menschliche Seele einen äusseren Körper als gegenwärtig annimmt (II. L. 7), d. h. bildlich sich vorstellt (II. L. 7 Z.), der menschliche Körper so lange in einer Weise erregt, welche die Natur eines äusseren Körpers einschliesst. Folglich ist, so lange die Seele das sich bildlich vorstellt, was des Körpers Vermögen zu handeln vermehrt oder unterstützt, der Körper in einer Weise erregt, welche sein Vermögen zu handeln vermehrt oder unterstützt (III. H. 1), und folglich wird auch so lange das Denkvermögen der Seele vermehrt oder unterstützt (III. L. 11), und deshalb strebt die Seele, so viel sie kann, sich dies bildlich vorzustellen (III. L. 6, 9).[19])

L. 13. *Wenn die Seele sich das bildlich vorstellt, was des Körpers Vermögen zu handeln mindert oder hemmt, so strebt sie, so viel sie kann, derjenigen Dinge sich zu entsinnen, welche die Existenz jener ausschliessen.*

B. So lange sich die Seele so etwas vorstellt, so lange wird das Vermögen der Seele und des Körpers gemindert oder gehemmt (III. L. 12), und dennoch wird sich die Seele dieses so lange bildlich vorstellen, bis sie sich etwas Anderes bildlich vorstellt, was die gegenwärtige Existenz jenes ausschliesst (II. L. 17), d. h. (wie oben gezeigt worden) das Vermögen der Seele und des Körpers wird so lange gemindert oder gehemmt werden, bis die Seele sich etwas Anderes vorstellt, was die Existenz von jenem ausschliesst und was daher die Seele, so viel sie kann, streben wird, sich vorzustellen oder zu erinnern (III. L. 9).

Z. Daher kommt es, dass die Seele das sich vorzustellen scheut, was das Vermögen ihrer selbst und das ihres Körpers mindert oder hemmt. [20])

E. Hieraus erhellt klar, was Liebe und was Hass ist. Die Liebe ist nämlich nur die Freude, begleitet von der Vorstellung einer äusseren Ursache, und der Hass die Trauer, begleitet von der Vorstellung einer äussern Ursache. Man sieht daher, dass der Liebende nothwendig strebt, den geliebten Gegenstand gegenwärtig zu haben und zu erhalten, und dass umgekehrt der Hassende strebt, den gehassten Gegenstand zu entfernen und zu zerstören. Doch über dies Alles später ausführlicher. [21])

L. 14. *Wenn die Seele einmal durch zwei Affekte zugleich erregt gewesen ist, so wird, wenn sie später von einem derselben wieder erregt wird, sie auch von dem andern erregt werden.*

B. Wenn der menschliche Körper einmal von zwei Körpern zugleich erregt gewesen ist, so wird die Seele, wenn sie später einen von diesen sich vorstellt, sofort auch des andern sich erinnern (II. L. 18). Aber die bildlichen Vorstellungen der Seele zeigen mehr die Erregungen unseres Körpers, als die Natur der äusseren Körper an (II. L. 16 Z. 2). Wenn deshalb der Körper und folglich auch die Seele (II. D. 3) von zwei Affekten auf einmal erregt worden ist, und sie später wieder von einem derselben erregt wird, so wird sie auch von dem andern erregt werden. [22])

L. 15. *Jeder Gegenstand kann durch Zufall die Ursache einer Freude, einer Trauer oder einer Begierde sein.*

B. Man nehme an, dass die Seele durch zwei Affekte zugleich erregt ist, nämlich durch einen, der ihr Vermögen zu handeln weder vermehrt noch vermindert, und durch einen zweiten, der sie vermehrt oder vermindert (III. H. 1). Aus dem vorgehenden Lehrsatz erhellt, dass wenn die Seele später von jenem Affekte als seiner wahren Ursache erregt wird, der (nach der Annahme) für sich ihr

Denkvermögen weder mehrt noch mindert, sie sofort auch von dem andern erregt werden wird, welcher ihr Denkvermögen mehrt oder mindert; d. h. die Seele wird fröhlich oder traurig erregt sein (III. L. 11 E.). Mithin wird jene Sache nicht an sich, sondern durch Zufall die Ursache der Freude oder Trauer sein. Auf diese Weise lässt sich auch leicht zeigen, dass jener Gegenstand durch Zufall die Ursache einer Begierde sein kann.

Z. Deshalb allein, weil wir einen Gegenstand mit dem Affekt der Freude oder Trauer betrachtet haben, können wir ihn lieben oder hassen, obgleich er nicht die wirkliche Ursache dieser Affekte ist.

B. Denn davon allein kommt es (III. L. 14), dass die Seele, indem sie sich diesen Gegenstand später bildlich vorstellt, von dem Affekt der Freude oder Trauer erregt wird, d. h. dass das Vermögen der Seele und des Körpers vermehrt oder vermindert wird u. s. w. (III. L. 11 E.) und folglich, dass die Seele begehrt (III. L. 12) oder scheut, ihn sich vorzustellen (III. L. 13 Z.), d. h. dass sie ihn liebt oder hasst (III. L. 13 E.).

E. Daraus ersieht man, wie es möglich ist, dass wir Manches lieben oder hassen, ohne dass uns eine Ursache dafür bekannt ist, sondern nur aus Sympathie oder Antipathie, wie man sagt. Hierher gehören auch die Gegenstände, welche uns bloss deshalb mit Freude oder Trauer erfüllen, weil sie eine Aehnlichkeit mit den Gegenständen haben, welche in uns dieselben Affekte zu erregen pflegen, wie ich im folgenden Lehrsatz zeigen werde. Ich weiss allerdings, dass die Schriftsteller, welche zuerst diese Worte Sympathie und Antipathie eingeführt haben, damit gewisse geheime Eigenschaften der Dinge haben bezeichnen wollen; dennoch glaube ich, wird es mir erlaubt sein, unter diesen Worten auch bekannte oder offenbare Eigenschaften zu verstehen. [23])

L. 16. *Deshalb allein, weil wir uns vorstellen, dass ein Gegenstand einige Aehnlichkeit mit einem andern hat, welcher die Seele fröhlich oder traurig zu erregen pflegt, werden wir diesen Gegenstand lieben oder hassen, obgleich das, worin beide ähnlich sind, nicht die wirkende Ursache dieser Affekte ist.*

B. Das, was dem Gegenstande ähnlich ist, haben

wir (nach der Annahme) in diesem Gegenstande selbst mit dem Affekt der Freude oder Trauer betrachtet; mithin wird, wenn die Seele von dessen Bilde erregt wird (III. L. 14), sie sofort auch von diesem oder jenem Affekt erregt werden; deshalb wird auch der zweite Gegenstand, an dem wir dasselbe Aehnliche bemerken, durch Zufall die Ursache der Freude oder Trauer werden (III. L. 15); deshalb werden wir den Gegenstand lieben oder hassen, wenn auch das, worin er dem andern ähnlich ist, nicht die wirkende Ursache dieser Affekte ist. (III. L. 15 Z.).[24]

L. 17. *Wenn ein Gegenstand, welcher uns mit dem Affekt der Trauer zu erfüllen pflegt, uns eine Aehnlichkeit mit einem andern zu haben scheint, der uns mit dem gleich starken Affekt der Freude zu erfüllen pflegt, so werden wir diesen Gegenstand zugleich hassen und lieben.*

B. Denn dieser Gegenstand ist nach der Annahme für sich die Ursache der Trauer und soweit wir ihn mit diesem Affekte uns vorstellen, hassen wir ihn (III L. 13 E.) Soweit er ausserdem, nach unserer Vorstellung, etwas Aehnliches mit einem andern hat, welcher uns mit einem gleich starken Affekt der Freude zu erfüllen pflegt, werden wir ihn mit gleich starker Freude lieben (III. L. 16), und daher werden wir ihn zugleich hassen und lieben.

E. Dieser Zustand der Seele, welcher nämlich aus zwei gegensätzlichen Affekten entspringt, heisst das Schwanken der Seele; es verhält sich zu den Affekten, wie der Zweifel zu den Vorstellungen (II. L. 44 E.). Auch unterscheidet sich das Schwanken und Zweifeln der Seele nur nach dem Mehr oder Weniger. Es ist aber zu bemerken, dass ich im vorgehenden Lehrsatze diese Schwankung der Seele aus Ursachen abgeleitet habe, wovon die eine an sich den einen Affekt und die andere durch Zufall den andern Affekt verursacht hat. Ich habe dies deshalb gethan, weil ich sie so leichter aus dem Vorgehenden ableiten konnte; aber ich leugne deshalb nicht, dass die Schwankungen der Seele meistentheils von einem Gegenstande entstehen, welcher die wirkende Ursache von beiden Affekten ist. Denn der menschliche Körper besteht aus sehr vielen Einzeldingen verschiedener Natur (II. H. 1). Deshalb kann er von ein und demselben Körper auf sehr verschiedene Weise erregt werden (II. L. 13, A. 1, nach Ln. 3) und umgekehrt, weil ein und derselbe Gegenstand auf viele Weise erregt werden kann, so wird er auch auf viele verschiedene Weise denselben Körpertheil erregen können. Hieraus kann man leicht abnehmen, dass ein und derselbe Gegenstand die Ursache vieler und entgegengesetzter Affekte abgeben kann. 25)

L. 18. *Der Mensch wird durch das Bild eines vergangenen oder zukünftigen Dinges mit demselben Affekt der Freude oder Trauer behaftet, wie durch das Bild eines gegenwärtigen Dinges.*

B. So lange ein Mensch von dem Bilde eines Dinges erregt ist, so lange wird er es als gegenwärtig betrachten, wenn es auch nicht existirt (II. L. 17 Z.). Und er nimmt es nicht als vergangen oder künftig, wenn nicht dessen Bild mit dem Bilde einer kommenden oder vergangenen Zeit verknüpft ist (II. L. 44 E.). Deshalb ist das Bild des Dinges, für sich allein betrachtet, das gleiche, mag es auf die zukünftige oder vergangene Zeit, oder auf die Gegenwart bezogen werden, d. h. der Zustand des Körpers oder der Affekt ist derselbe, gleichviel, ob das Bild das eines vergangenen, kommenden oder gegenwärtigen Dinges ist (II. L. 16 Z. 2). Daher ist der Affekt der Freude oder Trauer derselbe, mag das Bild das eines vergangenen oder kommenden oder gegenwärtigen Dinges sein.

E. Ich nenne hier ein Ding insofern vergangen oder zukünftig, als wir von demselben erregt gewesen sind oder erregt werden, z. B. insofern wir ein Ding gesehen haben oder sehen werden; insofern es uns gestärkt hat oder stärken wird; insofern es uns verletzt hat oder verletzen wird. Insoweit wir nämlich das Ding so uns vorstellen, insoweit bejahen wir seine Existenz, d. h. der Körper wird durch keinen Affekt erregt, welcher die Existenz des Dinges ausschliesst, und deshalb wird der Körper durch das Bild dieses Dinges ebenso erregt, als wenn das Ding selbst gegenwärtig wäre (II. L. 17). Da es indessen gewöhnlich ist, dass viel erfahrene Menschen schwanken, so lange sie eine Sache als zukünftig oder vergangen betrachten, und über den Ausgang meistentheils zweifeln (II. L. 44 E.), so kommt es, dass die aus solchen Bildern entstehenden Affekte nicht sehr beharrlich sind, sondern meistens durch die Bilder anderer Gegenstände gestört werden, bis die Menschen über den Ausgang der Sache mehr Gewissheit erlangen. [26])

E. 2. Aus dem eben Gesagten erhellt, was die Hoffnung, die Furcht, die Zuversicht, die Verzweiflung, die Freude und die Gewissenbisse sind. Die Hoffnung ist nämlich nichts Anderes, als die unbeständige Freude, welche aus dem Bilde einer kommenden oder vergangenen Sache entspringt, über deren Erfolg wir zweifeln. Die Furcht ist dagegen eine unbeständige Trauer, welche aus dem Bild einer zweifelhaften Sache entspringt. Wird der Zweifel bei diesen Affekten gehoben, so verwandelt sich die Hoffnung in Zuversicht und die Furcht in Verzweiflung, d. h. in Freude oder Trauer, welche aus dem Bilde einer Sache entsprungen ist, welche wir gefürchtet oder gehofft haben. Die Fröhlichkeit ist ferner eine Freude, welche aus dem Bilde einer vergangenen Sache entsprungen ist, über deren Erfolg wir zweifelten. Die Gewissenbisse sind eine Trauer, welche der Fröhlichkeit entgegengesetzt ist. [27])

L. 19. *Wenn man sich vorstellt, dass das, was man liebt, zerstört wird, wird man sich betrüben; stellt man sich aber vor, dass es erhalten wird, so wird man fröhlich sein.*

B. Die Seele strebt soviel als möglich, sich dasjenige vorzustellen, was des Körpers Vermögen zu handeln vermehrt oder unterstützt (III. L. 12), d. h. das, was sie liebt (III. L. 13 E.). Aber die bildliche Vorstellungskraft wird von dem unterstützt, was die Existenz der Sache setzt, und umgekehrt gehemmt von dem, was die Existenz der Sache ausschliesst (II. L. 17). Deshalb unterstützen die Bilder der Dinge, welche die Existenz des geliebten Gegenstandes setzen, das Streben der Seele, sich den geliebten Gegenstand vorzustellen, d. h. sie erfüllen die Seele mit Freude (III. L. 11 E.). Umgekehrt wird das, was die Existenz des geliebten Gegenstandes ausschliesst, dasselbe Streben der Seele hemmen, d. h. die Seele mit Trauer erfüllen (III. L. 11 E.). Wer also sich einbildet, dass das, was er liebt, zerstört wird, wird sich betrüben u. s. w. [28])

L. 20. *Wenn man sich vorstellt, dass das, was man hasst, zerstört wird, so wird man fröhlich sein.*

B. Die Seele strebt sich das vorzustellen (III. L. 13), was die Existenz der Dinge, welche des Körpers Vermögen zu handeln mindern oder beschränken, ausschliesst, d. h. sie strebt sich das vorzustellen (III. L. 13 E.), was die Existenz der Dinge, welche sie hasst, ausschliesst. Folglich unterstützt das Bild eines Dinges, welches die Existenz desjenigen, was die Seele hasst, ausschliesst, dieses Streben der Seele, d. h. sie erfüllt die Seele mit Freude (III. L. 11 E.). Folglich wird der sich freuen, welcher sich vorstellt, dass das, was er hasst, zerstört wird. [29]

L. 21. *Wer das, was er liebt, sich vorstellt als von Freude oder Trauer erfüllt, wird ebenfalls von Freude oder Trauer erfüllt; und beide Affekte werden in dem Liebenden grösser oder kleiner sein, je nachdem beide in dem geliebten Gegenstande grösser oder kleiner sind.*

B. Die Bilder der Dinge, welche die Existenz des geliebten Gegenstandes setzen (III. L. 19), unterstützen das Streben der Seele, den geliebten Gegenstand sich vorzustellen. Die Freude setzt aber die Existenz des freudigen Gegenstandes, und zwar um so mehr, je grösser der Affekt der Freude ist; denn er ist ein Uebergang zu höherer Vollkommenheit (III. L. 11 E.). Deshalb unterstützt das Bild des Frohseins des geliebten Gegenstandes in dem Liebenden das Streben seiner Seele, d. h. es erfüllt den Liebenden mit Freude (III. L. 11 E.), und zwar mit um so stärkerer, je stärker dieser Affekt in dem geliebten Gegenstand ist. Dies war das Erste.

Ferner wird ein Gegenstand insoweit zerstört, als er von Trauer erfüllt ist, und zwar um so mehr, je grösser die Trauer ist (III. L. 11 E.). Folglich wird der, welcher sich vorstellt, dass das, was er liebt, mit Trauer erfüllt ist, ebenfalls von Trauer erfüllt werden (III. L. 19), und von um so grösserer, je grösser die Trauer in dem geliebten Gegenstand ist. [30]

L. 22. *Wenn wir uns vorstellen, dass Jemand die Sache, welche wir lieben, mit Freude erfüllt, so werden wir von Liebe zu ihm erfüllt werden. Wenn wir uns* aber vorstellen, dass er die Sache mit Trauer erfüllt, so werden wir dagegen von Hass gegen ihn erfüllt werden.

B. Wer einen Gegenstand, welchen wir lieben, mit Freude oder Trauer erfüllt, der erfüllt auch uns selbst mit Freude oder Trauer, insofern wir nämlich den geliebten Gegenstand uns von dieser Freude oder Trauer erfüllt vorstellen (III. L. 21). Aber es wird angenommen, dass diese Freude oder Trauer in uns besteht in Begleitung der Vorstellung einer äusseren Ursache. Deshalb werden wir von Liebe oder Hass gegen den erfüllt werden, von dem wir uns vorstellen, dass er den Gegenstand, welchen wir lieben, mit Freude oder Trauer erfülle (III. L. 13 E.).[31]

E. Der Lehrsatz 21 erklärt, was das Mitleid ist; man kann es definiren als die Trauer, welche aus eines Andern Schaden entsprungen ist. Dagegen weiss ich nicht, mit welchem Namen die Freude bezeichnet werden soll, welche aus eines Andern Wohlsein entspringt. Man nennt ferner die Liebe für den, der einem Andern wohlgethan hat, Gunst, und dagegen den Hass gegen den, der einem Andern Uebles gethan hat: Unwille. Endlich ist zu bemerken, dass man nicht blos mit dem Gegenstande Mitleid hat, den man liebt (III. L. 21), sondern auch mit dem, für den man vorher von keinem Affekte erfüllt gewesen ist, sofern man nur den Gegenstand sich ähnlich erachtet (wie ich später zeigen werde). Wir sind daher auch dem günstig gesinnt, welcher einem uns ähnlichen Gegenstande Gutes gethan hat, und sind umgekehrt auf den erbittert, welcher einem solchen Uebles zugefügt hat.[32]

L. 23. Wer sich vorstellt, dass das, was er hasst, von Trauer erfüllt ist, wird fröhlich sein, umgekehrt, wenn er sich vorstellt, dass es von Freude erfüllt ist, wird er sich betrüben. Jeder dieser Affekte wird gross oder klein sein, je nachdem der entgegengesetzte in dem gehassten Gegenstande gross oder klein ist.

B. Soweit der gehasste Gegenstand von Trauer erfüllt ist, wird er zerstört, und zwar um so mehr, je grösser die Trauer (III. L. 11 E.). Wer also sich vorstellt, dass ein gehasster Gegenstand von Trauer erfüllt ist, wird umgekehrt von Freude erfüllt werden (III. L. 20), und zwar umsomehr, je grösser er sich die Trauer in dem gehassten Gegenstande vorstellt. Dies war das Erste. Ferner setzt die Freude die Existenz des fröhlichen Gegenstandes (III. L. 11 E.), und um so mehr, je grösser sie vorgestellt wird. Wenn Jemand sich vorstellt, dass der, den er hasst, von Freude erfüllt ist, so wird diese Vorstellung sein Streben hemmen (III. L. 13), d. h. der Hassende wird von Trauer erfüllt sein (III. L. 11 E.).

E. Diese Freude kann kaum eine feste und vom Zwiespalt der Seele freie sein. Denn (wie ich in L. 27 zeigen werde) soweit Jemand einen Gegenstand seinesgleichen als von Trauer erfüllt sich vorstellt, muss er traurig werden, und umgekehrt, wenn er sich denselben fröhlich vorstellt. Hier betrachten wir indess nur den Hass. [33])

L. 24. *Wenn wir uns vorstellen, dass Jemand einen Gegenstand, den wir hassen, mit Freude erfüllt, so werden wir auch mit Hass gegen ihn erfüllt. Wenn wir uns umgekehrt vorstellen, dass er diesen Gegenstand mit Trauer erfüllt, so werden wir mit Liebe gegen ihn erfüllt.*

B. Dieser Lehrsatz wird ebenso bewiesen, wie Lehrsatz 22.

E. Dieser und ähnliche Affekte des Hasses gehören zum Neid, welcher mithin nur der Hass selbst ist, insofern er einen Menschen so bestimmt, dass er sich über das Uebel eines Andern erfreut und über sein Gutes betrübt. [34])

L. 25. *Wir streben von uns und von dem geliebten Gegenstande Alles zu bejahen, von dem wir uns vorstellen, dass es uns oder den geliebten Gegenstand mit Freude erfüllen werde; und umgekehrt Alles das zu verneinen, von dem wir uns vorstellen, dass es uns oder den geliebten Gegenstand mit Trauer erfüllen werde.*

B. Was einem geliebten Gegenstande Freude oder Trauer bringend vorgestellt wird, erfüllt uns mit Freude oder Trauer (III. L. 21). Aber die Seele strebt nach Möglichkeit sich das vorzustellen, was uns mit Freude erfüllt (III. L. 12), d. h. dies als gegenwärtig zu betrachten (II. L. 17 u. Z.). Umgekehrt streben wir von dem, was uns mit Trauer erfüllt, die Existenz auszuschliessen (III. L. 13). Deshalb werden wir von uns und dem geliebten Gegenstande Alles zu bejahen streben, von dem vorgestellt wird, dass es uns oder den geliebten Gegenstand mit Freude erfüllt, und umgekehrt. [35])

L. 26. *Wir streben, von einem Gegenstande, den wir hassen, Alles zu bejahen, was ihn nach unserer Meinung mit Trauer erfüllt, und umgekehrt das zu verneinen, was ihn nach unserer Meinung mit Freude erfüllt.*

B. Dieser Lehrsatz folgt ebenso aus III. L. 23, wie der vorgehende aus III. L. 21. [36])

E. Hieraus erhellt, wie leicht es geschieht, dass ein Mensch von sich und einem geliebten Gegenstande mehr hält, als recht ist, und umgerht von einem Gegenstande, den er hasst, weniger hält, als recht ist. Diese Vorstellung heisst in Bezug auf den Menschen, der mehr, als recht ist, von sich hält, Stolz und ist eine Art von Wahnsinn, weil der Mensch mit offenen Augen träumt, dass er Alles vermag, was er in der blossen Einbildung erreicht. Er behandelt deshalb dies Alles wie wirkliche Dinge und ist überglücklich darüber, so lange er sich das nicht vorstellen kann, was dessen Existenz ausschliesst und sein Vermögen zu handeln beschränkt. Der Stolz ist also eine Freude, welche daraus entsprungen ist, dass der Mensch mehr, als recht ist, von sich hält. Ferner nennt man die Freude, welche daraus entsteht, dass man von Einem mehr, als recht ist, hält, Ueberschätzung und die, welche daraus entsteht, dass man weniger, als recht ist, von ihm hält, Verachtung. [37])

L. 27. *Dadurch, dass wir uns vorstellen, dass ein Gegenstand unseresgleichen, für den wir keinen Affekt gehegt haben, mit einem Affekt erfüllt werde, werden wir mit dem gleichen Affekte erfüllt.*

B. Die Bilder der Gegenstände sind Erregungen des menschlichen Körpers, deren Vorstellungen äussere Körper als uns gegenwärtig darstellen (II. L. 17 E.), d. h. die Natur unseres Körpers und zugleich die gegenwärtige Natur des äusseren Körpers enthalten (II. L. 16). Wenn also die Natur des äusseren Körpers der Natur unseres Körpers ähnlich ist, so wird unsere Vorstellung des äusseren Körpers die Erregung unseres Körpers umfassen, welche der Erregung des äusseren Körpers gleich ist. Wenn wir uns also vorstellen, dass ein Gegenstand unseresgleichen von einem Affekte erregt ist, so wird diese Vorstellung eine Erregung unseres Körpers ausdrücken, welche diesem Affekte gleich ist. Wenn wir uns mithin vorstellen, dass ein Gegenstand unseresgleichen von einem Affekte erfüllt sei, so werden wir von einem diesem gleichen Affekt erfüllt. Wenn wir den Gegenstand unseresgleichen hassen, so werden wir von dem entgegengesetzten Affekte und nicht von dem gleichen erfüllt (III. L. 23).

E. Diese Nachahmung der Affekte heisst, wenn sie auf die Trauer bezogen wird, Mitleid (III. L. 22 E.), auf die Begierde bezogen, Nacheiferung, welche mithin nichts Anderes ist, als die Begierde nach einem Gegenstande, die in uns daraus entspringt, dass wir uns vorstellen, Andere unseresgleichen haben dieselbe Begierde. [38])

Z. 1. Wenn wir uns vorstellen, dass Jemand, der uns gleichgültig ist, einen Gegenstand unseresgleichen mit Freude erfüllt, so werden wir ihn lieben. Wenn er umgekehrt nach unserer Meinung ihn mit Trauer erfüllt, so werden wir ihn hassen.

B. Dies wird auf dieselbe Weise aus dem vorgehenden Lehrsatz bewiesen, wie III. L. 22 u. III. L. 21.

Z. 2. Wir können einen Gegenstand, den wir bemitleiden, nicht deshalb hassen, weil sein Elend uns mit Trauer erfüllt.

B. Denn wenn wir ihn deshalb hassen könnten, so würden wir uns an seiner Trauer erfreuen (III. L. 23), was gegen die Voraussetzung ist.

Z. 3. Einen Gegenstand, den wir bemitleiden, streben wir, so viel wir können, von dem Elend zu befreien.

B. Das, was den Gegenstand unseres Mitleids mit Trauer erfüllt, erfüllt auch uns mit gleicher Trauer (III. L. 26), deshalb werden wir streben, Alles, was die Existenz desselben aufhebt oder es zerstört, in uns wach zu rufen (III. L. 13), d. h. wir werden es zu zerstören verlangen oder zu dessen Zerstörung bestimmt werden

(III. L. 9 F); folglich werden wir einen Gegenstand, den wir bemitleiden, von seinem Elend zu befreien suchen.

E. Dieser Wille oder dieses Verlangen wohlzuthun welches daraus entsteht, dass wir einen Gegenstand, dem wir eine Wohlthat erweisen wollen, bemitleiden, heisst Wohlwollen, welches daher nichts Anderes ist, als ein aus Mitleid entspringendes Begehren. Uebrigens sehe man in Betreff der Liebe und des Hasses gegen den, welcher einem Gegenstand unseresgleichen Gutes oder Uebles zugefügt hat, die Erläuterung zu III. L. 22.[39])

L. 28. *Alles, was nach unserer Vorstellung zur Freude führt, streben wir zu unterstützen, dass es sich verwirkliche; was aber nach unserer Vorstellung diesem widerstrebt und zur Trauer führt, das streben wir zu entfernen oder zu zerstören.*

B. Was nach unserer Vorstellung zur Freude führt, das streben wir nach Möglichkeit vorzustellen (III. L. 12), d. h. wir werden nach Möglichkeit streben, es als gegenwärtig oder wirklich existirend zu betrachten (II. L. 17). Aber das Streben der Seele oder Vermögen im Denken ist von Natur gleich und gleichzeitig mit dem Streben des Körpers oder Vermögen zu handeln (II. L. 7 Z. L. 11 Z.). Wir streben daher unbedingt dahin, dass es existirt; d. h. wir begehren und bezwecken es (was nach E. zu III. L. 9 dasselbe ist). Dies war das Erste. Wenn wir ferner das, was wir für die Ursache der Trauer halten, d. h. das, was wir hassen (III. L. 13 E.), für zerstört halten, so werden wir fröhlich sein (III. L. 20). Wir werden deshalb streben, es zu zerstören (nach dem ersten Theil dieses Beweises) oder von uns zu entfernen (III. L. 13), damit wir es nicht als gegenwärtig betrachten. Dies war das Zweite. Daher streben wir, dass Alles, was zur Freude u. s. w.[40])

L. 29. *Wir werden auch streben, Alles das zu thun, was nach unserer Meinung die Menschen mit Freude betrachten, und umgekehrt das zu thun vermeiden, was die Menschen nach unserer Vorstellung verabscheuen. (Unter Menschen verstehe ich hier und im Folgenden solche, die für uns gleichgültig sind.)*

B. Wenn wir uns vorstellen, dass Menschen etwas

lieben oder hassen, so werden wir es aus diesem Grunde ebenfalls lieben oder hassen (III. L. 27), d. h. wir werden aus diesem Grunde an der Gegenwart derselben Sache uns erfreuen oder betrüben (III. L. 13 E.). Wir werden daher streben, Alles das zu thun, was die Menschen nach unserer Meinung lieben oder mit Freude (III. L. 28) betrachten. [41])

E. Dieses Streben, etwas zu thun oder zu unterlassen, blos um den Menschen zu gefallen, heisst **Ehrgeiz** vorzüglich wenn wir mit solcher Heftigkeit der Menge zu gefallen streben, dass wir zu unserem oder Anderer Schaden etwas thun oder unterlassen; anderen Falls pflegt es **Humanität** genannt zu werden. Ferner nenne ich die Freude, mit der wir uns die Handlungen eines Anderen vorstellen, durch welche er uns zu erfreuen gestrebt hat, **Lob**; aber die Trauer, mit welcher wir die Handlung desselben verabscheuen, **Tadel**. [42])

L. 30. *Wenn Jemand etwas gethan hat, was nach seiner Meinung Andere mit Freude erfüllt, so wird er mit Freude erfüllt werden, begleitet von der Vorstellung seiner selbst als Ursache, oder er wird sich selbst mit Freude betrachten. Wenn er dagegen etwas gethan hat, was nach seiner Meinung die Andern mit Trauer erfüllt, so wird er sich selbst mit Trauer betrachten.*

B. Wer nach seiner Meinung die Anderen mit Freude oder Trauer erfüllt, wird dadurch selbst fröhlich oder traurig (III. L. 27). Da aber der Mensch durch die Erregungen, welche ihn zum Handeln bestimmen, seiner selbst bewusst wird (II. L. 19 und 23) so wird auch der, welcher etwas gethan hat, was nach seiner Meinung die Andern mit Freude erfüllt, auch selbst mit Freude und dem Bewusstsein seiner als Ursache erfüllt werden, d. h. er wird sich selbst mit Freude betrachten, und umgekehrt.

E. Da die Liebe Freude in Begleitung der Vorstellung einer äusseren Ursache und der Hass Trauer in Begleitung der Vorstellung einer äusseren Ursache ist (III. L. 13 E.), so wird diese Freude oder Trauer eine Art der Liebe oder des Hasses sein. Weil aber Liebe und Hass auf äussere Gegenstände sich beziehen, so werden diese Affekte andere Namen erhalten, nämlich die

Freude begleitet von der Vorstellung einer äusseren Ursache den Namen **Ruhmgefühl** und die diesem entgegengesetzte Trauer den Namen **Scham.** Ich meine damit den Fall, wo die Freude oder Trauer daraus entspringt, dass der Mensch sich gelobt oder getadelt glaubt; sonst nenne ich die Freude, in Begleitung der Vorstellung einer äussern Ursache, **Selbstzufriedenheit,** und die ihr entgegengesetzte Trauer **Reue.** Weil es endlich möglich ist (II. L. 17 Z.), dass die Freude, mit welcher Jemand Andere zu erfüllen meint, eine blos eingebildete ist, und Jeder von sich Alles das vorzustellen strebt, was ihn nach seiner Meinung mit Freude erfüllt (III. L. 25), so kann es leicht kommen, dass der Ruhmsüchtige stolz wird und meint, er sei Allen angenehm, während er Allen lästig ist. [43])

L. 31. *Wenn wir meinen, dass ein Anderer etwas liebt, begehrt oder hasst, was wir selbst lieben, begehren oder hassen, so werden wir diesen Gegenstand um so beharrlicher lieben u. s. w. Wenn wir aber meinen, dass der Andere das, was wir lieben, verabscheut, oder umgekehrt, so werden wir ein Schwanken der Seele erleiden.*

B. Blos deshalb, weil ein Anderer nach unserer Meinung etwas liebt, werden wir es auch lieben (III. L. 27). Es ist aber angenommen, dass wir es schon ohnedem lieben, folglich tritt der Liebe eine neue Ursache hinzu, welche sie verstärkt, und wir werden daher das, was wir lieben, deshalb um so beharrlicher lieben. Ferner werden wir deshalb, weil nach unserer Meinung ein Anderer etwas verabscheut, es ebenfalls verabscheuen (III. L. 27). Nehmen wir nun an, dass wir zu gleicher Zeit es lieben, so werden wir zu gleicher Zeit es lieben und verabscheuen oder in einem Schwanken der Seele uns befinden (III. L. 17 E.).

Z. Aus diesem und dem Lehrsatz 28 folgt, dass Jeder, so viel er kann, strebt, dass Alle das lieben, was er liebt, und hassen, was er hasst; deshalb sagt der Dichter:
Hoffen zugleich und fürchten zugleich muss Jeder, der liebt,
Eisern ist, wer das Herz liebt, das ein Andrer verliess.

E. Dieses Streben, dass Alle es billigen, wenn man

liebt oder hasst, ist in der Wahrheit der **Ehrgeiz** (III. L. 29 E.).

Daher sehen wir, dass Jeder von Natur verlangt, die Andern sollen nach seinem Sinne leben. Wenn dies Alle in gleicher Weise verlangen, so sind sie Alle sich gleich hinderlich; und wenn Alle von Allen gelobt oder geliebt sein wollen, so werden sie einander hassen. [44]

L. 32. *Wenn Jemand nach unserer Meinung sich einer Sache erfreut, die nur Einer besitzen kann, so werden wir dahin streben, dass Jener der Sache sich nicht bemächtigt.*

B. Blos deshalb, weil ein Anderer nach unserer Meinung an einer Sache sich erfreut, werden wir sie lieben und streben, uns ihrer zu erfreuen (III. L. 27 u. Z. 1). Aber dieser Freude steht nach unserer Meinung entgegen (wie vorausgesetzt worden ist), dass Jener sich derselben Sache erfreut; deshalb werden wir dahin streben, dass er sich ihrer nicht bemächtigt (III. L. 28).

E. Man versteht hieraus, weshalb die Natur der Menschen meistentheils so beschaffen ist, dass sie die bemitleiden, denen es schlecht geht, und die beneiden, denen es gut geht, und zwar mit um so grösserem Hass, je mehr sie den Gegenstand lieben, dessen ein Anderer nach ihrer Meinung sich bemächtigt (III. L. 32). Man versteht ferner, wie aus derselben Eigenthümlichkeit der menschlichen Natur, welche die Menschen mitleidig macht, auch folgt, dass sie neidisch und ehrgeizig sind. Wenn wir die Erfahrung zu Rathe ziehen wollen, so sehen wir, dass sie dies Alles bestätigt; besonders wenn wir auf die Zeit unserer Jugend zurücksehen. Denn man sieht, dass Knaben, weil ihr Körper fortwährend wie im Gleichgewicht sich befindet, blos deshalb lachen oder weinen, weil sie Andere lachen oder weinen sehen; ebenso wollen sie das gleich nachahmen, was sie Andere thun sehen, und ebenso begehren sie Alles, was nach ihrer Vorstellung Andere ergötzt. Der Grund ist, weil die Bilder der Dinge, wie erwähnt, die eigenen Erregungen oder Zustände des menschlichen Körpers sind, mittelst welcher der menschliche Körper von äusseren Ursachen erregt und veranlasst wird, dies oder jenes zu thun. [45]

L. 33. *Wenn wir einen Gegenstand unseresgleichen lieben, so streben wir nach Möglichkeit zu bewirken, dass er uns wieder liebt.*

B. Wir streben einen geliebten Gegenstand, vor den übrigen, möglichst uns bildlich vorzustellen (III. L. 12). Wenn der Gegenstand also unseresgleichen ist, so werden wir streben, ihn vor den übrigen mit Freude zu erfüllen (III. L. 29); oder wir werden nach Möglichkeit zu bewirken streben, dass der geliebte Gegenstand mit Freude erfüllt werde, begleitet von der Vorstellung unserer selbst, d. h., dass er uns wieder liebe (III. L. 13 E.). [46])

L. 34. *Je grösser der Affekt ist, von dem ein geliebter Gegenstand nach unserer Meinung für uns erfüllt ist, desto mehr werden wir von Ruhmgefühl erfüllt sein.*

B. Wir streben soviel als möglich, dass der geliebte Gegenstand uns wieder liebe (III. L. 33), d. h., dass der geliebte Gegenstand mit Freude sich erfülle, unter Begleitung der Vorstellung von uns (III. L. 13 E.). Je grösser daher die Freude ist, von der wir den geliebten Gegenstand durch uns als Ursache erfüllt halten, desto mehr wird dieses Streben befördert, d. h., mit desto grösserer Freude werden wir erfüllt (III. L. 11 u. E.). Wenn wir deshalb uns freuen, weil wir einen Andern unseresgleichen mit Freude erfüllt haben, so werden wir uns selbst mit Freude betrachten (III. L. 30). Je grösser also der Affekt ist, von dem, nach unserer Meinung, der geliebte Gegenstand für uns erfüllt ist, mit desto grösserer Freude werden wir uns selbst betrachten, oder ein um so grösseres Ruhmgefühl werden wir empfinden (III. L. 30 E.). [47])

L. 35. *Wenn Jemand sich vorstellt, dass der geliebte Gegenstand sich mit einem Andern in gleicher oder engerer Freundschaft verbindet, als in der er den geliebten Gegenstand besessen hat, so wird er den geliebten Gegenstand hassen und den Andern beneiden.*

B. Je grösser die Liebe ist, von der wir den geliebten Gegenstand für uns erfüllt glauben, desto mehr werden wir uns von Ruhm erfüllt fühlen (III. L. 34) d. h. uns erfreuen (III. L. 30 E.). Deshalb werden wir so viel als möglich streben, uns vorzustellen, dass der geliebte Gegenstand mit uns auf das Engste verbunden ist (III. L. 28). Dieses Streben oder Verlangen wird gesteigert, wenn wir meinen, dass der Andere dasselbe begehrt (III. L. 31). Aber es ist vorausgesetzt, dass dieses Streben oder Verlangen von dem Bilde des geliebten Gegenstandes unter Begleitung der Vorstellung dessen, mit dem er sich verbindet, gehemmt werde; wir werden also deshalb traurig sein (III. L. 11 E.) unter Begleitung der Vorstellung des geliebten Gegenstandes als Ursache und zugleich unter Begleitung des Bildes des Andern; d. h. wir werden den geliebten Gegenstand hassen und zugleich den Andern hassen (III. L. 13 E; L. 15 Z.), den wir beneiden werden, weil er sich an dem geliebten Gegenstande erfreut (III. L. 23).

E. Dieser mit Neid verbundene Hass gegen den geliebten Gegenstand heisst Eifersucht, welche mithin nichts Anderes ist, als ein Schwanken der Seele, aus Liebe und Hass zugleich entspringend, unter Begleitung der Vorstellung des Anderen, den man beneidet. Ueberdem wird dieser Hass gegen den geliebten Gegenstand nach Verhältniss der Freude um so grösser sein, je mehr der Eifersüchtige durch die gegenseitige Liebe des geliebten Gegenstandes erregt zu sein pflegte, und je mehr er auch von dem Affekt gegen den ergriffen war, der nach seiner Vorstellung den geliebten Gegenstand mit sich verbinden will. Denn wenn er diesen hasste, so wird er auch den geliebten Gegenstand hassen (III. L. 24), weil er sich vorstellt, dass dieser sich dessen erfreut, den er hasst, und auch deshalb (III. L. 15 Z.), weil er genöthigt ist, mit dem Bilde des geliebten Gegenstandes das Bild des Gehassten zu verbinden, welcher Grund gewöhnlich bei der Liebe zu einer Frau stattfindet. Denn wer sich vorstellt, dass eine Frau, welche er liebt, sich einem Andern hingiebt, wird sich nicht bloss betrüben, weil sein eigenes Begehren gehemmt ist, sondern er wird auch, weil er das Bild des geliebten Gegenstandes mit den Schamtheilen und Ausleerungen eines Andern verbinden muss, das Weib verabscheuen, wozu noch kommt, dass der Eifersüchtige nicht mit denselben Mienen von ihr empfangen wird, die sie ihm sonst zeigte, wodurch der Liebende ebenfalls betrübt wird, wie ich gleich zeigen werde. [48])

L. 36. *Wer sich eines Gegenstandes erinnert, der ihn einmal erfreut hat, sucht denselben unter gleichen Umständen zu besitzen, als da er das erste Mal sich dessen erfreut hat.*

B. Alles, was man zugleich mit dem erfreuenden Gegenstande gesehen hat, wird mittelbar eine Ursache der Freude (III. L. 15), also wird er das Alles zugleich mit dem erfreuenden Gegenstande zu besitzen wünschen (III. L. 28), d. h. er wird den Gegenstand mit all den Umständen zu besitzen wünschen, unter denen er das erste Mal sich an demselben ergötzt hat.

Z. Wenn der Liebende deshalb den Mangel eines dieser Umstände bemerkt, so wird er traurig werden.

B. Denn soweit er diesen Mangel bemerkt, soweit stellt er sich etwas vor, was die Existenz dieses fehlenden Gegenstandes ausschliesst. Da er aber nach diesem Gegenstand oder Umstand aus Liebe verlangt (III. L. 36), so wird er sich betrüben, so weit er sich vorstellt, dass er fehlt (III. L. 19).

E. Diese Trauer in Bezug auf die Abwesenheit dessen, was wir lieben, heisst Sehnsucht. [49])

L. 37. *Das Begehren, was aus Trauer oder Freude, aus Hass oder Liebe entsteht, ist um so stärker, je grösser dieser Affekt ist.*

B. Die Trauer mindert oder hemmt des Menschen Vermögen zu handeln (III. L. 11 E.), d. h. sie mindert oder hemmt das Bestreben des Menschen, in seinem Sein zu beharren (III. L. 7); sie widerspricht deshalb diesem Streben (III. L. 5), und das, was der von Trauer erfüllte Mensch strebt, ist, diese Trauer zu entfernen. Aber je grösser die Trauer ist, einem desto grösseren Theile von des Menschen Vermögen zu handeln muss sie sich nothwendig entgegenstellen; je grösser also die Trauer ist, mit einem desto grösseren Vermögen zu handeln wird der Mensch streben, die Trauer zu entfernen, d. h. mit desto grösserer Begierde oder Verlangen wird dieses geschehen (III. L. 9 E.). Weil ferner die Freude des Menschen Vermögen zu handeln vermehrt oder unterstützt, so ist leicht auf dieselbe Weise zu beweisen, dass der von Freude erfüllte Mensch nichts Anderes wünscht, als sie sich zu erhalten, und zwar um so heftiger, je grösser die Freude ist. Endlich folgt in derselben Weise, dass, da Hass und Liebe selbst die Affekte der Freude sind, das Streben, Verlangen oder die Begierde, welche aus letzterer entspringt, im Verhältniss des Hasses und der Liebe wachsen wird.⁵⁰)

L. 38. *Wenn Jemand einen geliebten Gegenstand anfängt zu hassen, so dass die Liebe ganz verschwindet, so ird er diesen Gegenstand bei gleicher Ursache stärker hassen, als wenn er ihn nicht geliebt hätte, und um so stärker, je grösser die Liebe vorher gewesen ist.*

B. Denn wenn Jemand einen geliebten Gegenstand zu hassen beginnt, so werden mehrere seiner Begehrungen gehemmt, als wenn er ihn nie geliebt hätte. Denn die Liebe ist Freude, welche der Mensch so viel als möglich sich zu erhalten strebt (III. L. 13 E; L. 28), und zwar dadurch, dass er den geliebten Gegenstand als gegenwärtig betrachtet (III. L. 13 E.) und ihn, so viel er kann, mit Freude erfüllt (III. L. 21). Dieses Streben ist um so grösser (III. L. 37), je grösser die Liebe und das Streben ist, dass der geliebte Gegenstand ihn wieder liebe (III. L. 33).

Diese Bestrebungen werden durch den Hass des geliebten Gegenstandes gehemmt (III. L. 13 Z; L. 23), also auch deshalb wird der Liebende (III. L. 11 E.) mit Trauer und um so mehr erfüllt werden, je grösser seine Liebe gewesen ist; d. h. ausser der Trauer, welche die Ursache des Hasses geworden ist, entsteht eine andere Trauer daraus, dass er den Gegenstand geliebt hat, und er wird deshalb den geliebten Gegenstand mit um so grösserer Trauer betrachten, d. h. er wird ihn mehr hassen (III. L. 13 E.), als wenn er ihn gar nicht geliebt hätte, und um so mehr, je grösser seine Liebe gewesen ist. ⁵¹)

L. 39. *Wer Jemand hasst, wird streben, ihm ein Uebel zuzuwenden, wenn er nicht fürchtet, dass ein grösseres Uebel daraus für ihn selbst entspringt; umgekehrt wird der, welcher Jemand liebt, ihm nach demselben Gesetze wohl zu thun streben.*

B. Jemand hassen heisst, ihn als die Ursache einer Trauer sich vorstellen (III. L. 13 E.); deshalb wird der, welcher Jemand hasst, ihn zu entfernen oder zu vernichten streben (III. L. 28). Wenn er jedoch daraus etwas Trauriges oder ein grösseres Uebel (was dasselbe ist) für sich befürchtet, und er glaubt, dies vermeiden zu können, wenn er dem Gehassten das beabsichtigte Uebel nicht zufügt, so wird er streben, dieses Uebel abzuhalten (III. L. 28), und zwar in stärkerem Grade (III. L. 27), als mit dem er das Uebel zufügen wollte; jenes wird deshalb, wie gesagt, die Oberhand behalten. Der zweite Theil des Beweises ist ebenso zu führen. Wer also Jemand hasst, wird u. s. w.

E. Unter Gut verstehe ich hier alle Arten der Freude und ferner, was zu ihr führt und was irgend ein Begehren befriedigt; unter Uebel dagegen alle Arten der Trauer und vorzüglich das, was ein Begehren vergeblich macht. Denn ich habe oben gezeigt (III. L. 9 E.), dass wir nichts begehren, weil wir es für gut halten, sondern umgekehrt, weil wir etwas begehren, nennen wir etwas gut, und ebenso nennen wir das, was wir verabscheuen, ein Uebel. Deshalb bestimmt oder schätzt Jeder nach seinen Affekten, was gut, was schlecht, was besser, was schlechter und endlich was das Beste und das Schlechteste sei. So hält ein Geiziger den Ueberfluss an Geld für das Beste und dessen Mangel für das Schlimmste; der Ehrgeizige verlangt dagegen nach nichts so, als nach Ruhm, und umgekehrt scheut er nichts mehr, als Schande. Dem Neidischen ist ferner nichts angenehmer als das Unglück des Andern, und nichts lästiger, als das Glück desselben. So hält Jeder nach seinem Affekt eine Sache für gut oder schlecht, für nützlich oder schädlich. Uebrigens heisst der Affekt, welcher den Menschen bestimmt, das nicht zu wollen, was er will, und das zu wollen, was er nicht will, Besorgniss. Diese ist mithin nichts Anderes, als die Furcht, insofern der Mensch dadurch bestimmt wird, ein vermeintlich kommendes Uebel durch ein kleineres zu vermeiden (III. L. 28). Wenn das Uebel, was er fürchtet, die Schande ist, so heisst die Besorgniss Scham. Wenn endlich das Streben, ein kommendes Uebel zu vermeiden durch die Besorgniss vor einem andern Uebel so gehemmt wird, dass der Mensch nicht weiss, welches er lieber will, so heisst diese Furcht Bestürzung, namentlich wenn die beiden gefürchteten Uebel zu den grossen gehören. [52]

L. 40. *Wer sich von Jemand für gehasst hält und glaubt, dass er ihm keine Ursache dazu gegeben habe, wird ihn ebenfalls hassen.*

B. Wer sich Jemand als von Hass erfüllt vorstellt, wird dadurch auch mit Hass erfüllt (III. L. 27), d. h. mit Trauer, welche von der Vorstellung einer äusseren Ursache begleitet ist (III. L. 13 E.). Er stellt sich aber keine andere Ursache seiner Trauer vor (nach der Annahme), als Jenen, von dem er gehasst wird. Deshalb wird die Vorstellung, dass wir von Jemand gehasst werden, uns mit Trauer erfüllen, unter Begleitung der Vorstellung Jenes, der uns hasst; d. h. wir werden ihn ebenfalls hassen (III. L. 13 E.).

E. Wenn man glaubt, dass man eine gerechte Ursache zum Hass gegeben habe, so wird man von Scham erfüllt (III. L. 30 u. E.). Doch geschieht dies selten (III. L. 25). Uebrigens kann diese Gegenseitigkeit des Hasses auch dadurch entstehen, dass aus dem Hass das Streben entsteht, dem Gehassten ein Uebel zuzufügen (III. L. 39). Wer also sich von einem Andern für gehasst hält, wird ihn als die Ursache eines Uebels oder einer Trauer vorstellen, und er wird deshalb von Trauer ergriffen werden, d. h. von der Furcht unter Begleitung der Vorstellung dessen, von dem er gehasst wird, als Ursache; er wird ihn also wieder hassen.

Z. 1. Wer glaubt, dass der Mensch, welchen er liebt, ihn hasst, wird von Hass und Liebe zugleich erfasst werden. Denn insofern er sich für gehasst hält, wird er bestimmt, ihn wieder zu hassen (III. L. 40); aber er liebt ihn nichts destoweniger, nach der Annahme; deshalb wird er von Hass und Liebe zugleich ergriffen sein. [53])

Z. 2. Wenn wir glauben, dass uns von Jemand, der uns bisher gleichgültig gewesen ist, aus Hass ein Uebel zugefügt worden sei, so werden wir sofort streben, ihm dieses Uebel ebenfalls zuzufügen.

B. Wer glaubt, dass ein Anderer ihn hasst, wird ihn wieder hassen (III. L. 40), und er wird suchen, sich an Alles zu erinnern, was Jenen mit Trauer erfüllen kann (III. L. 26), und er wird streben, ihm dies zuzufügen (III. L. 39). Aber das Erste, an das er sich erinnert, ist (nach der Voraussetzung) das Uebel, was ihm selbst von Jenen zugefügt worden; deshalb wird er sofort streben, ihm dieses auch zuzufügen.

E. Das Streben, dem, welchen wir hassen, ein Uebel zuzufügen, heisst **Zorn**, und das Streben, ein empfangenes Uebel zu vergelten, **Rache**. [54]

L. 41. *Wenn Jemand sich von einem Anderen für geliebt hält und glaubt, dazu keine Veranlassung gegeben zu haben* (was nach III. L. 15 Z. und L. 16 möglich ist), *so wird er ihn wieder lieben.*

B. Dieser Lehrsatz wird ebenso wie der vorgehende bewiesen; auch ist dessen Erläuterung zu beachten.

E. Wenn Jemand glaubt, dem Andern eine genügende Ursache zur Liebe gegeben zu haben, so wird er sich dessen rühmen (III. L. 30 mit E.), was häufiger geschieht, (III. L. 25), und dessen Gegentheil, wie erwähnt, dann eintritt, wenn Jemand sich von einem Anderen für gehasst hält (III. L. 40 E.). Ferner heisst diese erwidernde Liebe und damit das Streben, dem wohl zu thun (III. L. 39), der uns liebt, d. h. der uns wohl zu thun sucht (III. L. 39), **Erkenntlichkeit** oder **Dankbarkeit**. Hieraus erhellt, dass die Menschen weit bereiter zur Rache sind, als zur Erwiderung einer Wohlthat.

Z. Wer glaubt, dass der, welchen er hasst, ihn liebe, wird zugleich von Hass und Liebe ergriffen sein; dies wird ebenso wie der vorgehende Zusatz bewiesen.

E. Ueberwiegt der Hass, so wird er dem Liebenden ein Uebel zufügen, welcher Affekt **Grausamkeit** genannt wird, vorzüglich wenn man glaubt, dass der Liebende, nach der gewöhnlichen Meinung, keinen Grund zum Hass gegeben habe. [55]

L. 42. *Wenn Jemand aus Liebe oder in Hoffnung eines Ruhmgefühls einem Andern eine Wohlthat erwiesen hat, so wird er sich betrüben, wenn er sieht, dass diese mit undankbarem Sinn empfangen wird.*

B. Wer einen Gegenstand seinesgleichen liebt, wird möglichst streben, dass dieser ihn wieder liebt (III. L. 33). Wer daher aus Liebe einem Andern eine Wohlthat erwiesen hat, thut es mit dem Wunsche, wieder geliebt zu werden, d. h. in Hoffnung eines Ruhmgefühls oder einer Freude (III. L. 34; L. 30 E.). Deshalb wird er möglichst streben, diese Ursache des Ruhmgefühls sich vorzustellen oder als gegenwärtig zu schauen (III. L. 12). Aber (nach der Voraussetzung) stellt er sich etwas Anderes vor, was die Existenz dieser Ursache ausschliesst; also wird er dadurch betrübt sein (III. L. 19.).[56])

L. 43. *Der Hass wird durch Erwiderung des Hasses vergrössert und kann umgekehrt durch Liebe getilgt werden.*

B. Wenn Jemand glaubt, dass der, den er hasst, auch ihn hasst, so entsteht daraus ein neuer Hass (III. L. 40), während der erste noch fortbesteht (nach der Annahme). Wenn er dagegen glaubt, dass der Gehasste von Liebe gegen ihn erfüllt ist, so betrachtet er sich selbst mit Freude, so weit er sich dies vorstellt (III. L. 30), und insoweit wird er streben, ihm zu gefallen (III. L. 29), d. h. insoweit wird er streben, ihn nicht zu hassen oder nicht mit Trauer zu erfüllen (III. L. 40). Dieses Streben wird gross oder klein sein nach dem Affekt, aus dem es entspringt (III. L. 37). Ist es grösser, als das aus dem Hass entsprungene, wonach er den Gehassten mit Trauer zu erfüllen strebt (III. L. 26), so wird es überwiegen und den Hass in der Seele vertilgen.

L. 44. *Ein Hass, der durch die Liebe vollständig besiegt ist, geht in Liebe über, und diese Liebe ist dann grösser, als wenn kein Hass vorausgegangen wäre.*

B. Dieser Beweis geschieht in derselben Weise wie beim Lehrsatz III. 38. Denn wer einen Gegenstand, welchen er hasste, oder mit Trauer zu betrachten pflegte, zu lieben anfängt, ist schon dadurch allein erfreut, dass er liebt, und zu dieser in der Liebe (siehe die Def. III. L. 13 E.) enthaltenen Freude tritt jene hinzu, welche daraus entspringt, dass das Streben, die Trauer zu entfernen, welche der Hass enthält, sehr unterstützt wird, unter Begleitung der Vorstellung des Gehassten als Ursache (III. L. 37).

E. Obgleich die Sache sich so verhält, so wird doch Niemand begehren, einen Gegenstand deshalb zu hassen oder ihn mit Trauer zu erfüllen, nur damit er selbst die erwähnte höhere Freude daraus geniesse; d. h. Niemand wird wünschen, dass ihm ein Schaden zugefügt werde, um der Hoffnung willen, diesen Schaden ersetzt zu erhalten, und Niemand wird sich eine Krankheit wünschen um der Hoffnung des Genesens willen. Denn Jeder wird immer streben, sein Dasein zu erhalten und die Trauer möglichst fern zu halten. Wäre es indess möglich, dass ein Mensch begehrte, Jemand zu hassen, um ihm dann mit um so grösserer Liebe zugethan zu sein, so müsste er wünschen, ihn immer zu hassen. Denn je grösser der Hass gewesen ist, desto grösser wird die Liebe sein, und er wird deshalb immer wünschen, dass der Hass noch mehr wachse. Ebenso wird ein Mensch begehren, noch immer kränker zu werden, um eine grössere Freude aus der hergestellten Gesundheit später zu geniessen; er müsste deshalb streben, immer krank zu sein, was widersinnig ist (III. L. 6).[57])

L. 45. *Wenn Jemand glaubt, dass ein anderer Gegenstand seinesgleichen einen andern Gegenstand seinesgleichen, welchen er selbst liebt, hasst, so wird er jenen auch hassen.*

B. Denn der geliebte Gegenstand wird den, der ihn hasst, wieder hassen (III. L. 40), folglich wird der Liebende, welcher glaubt, dass Jemand den geliebten Gegenstand hasst, glauben, dass dadurch der geliebte Gegenstand von Hass, d. h. Trauer erfüllt ist (III. L. 13 E.) und folglich wird er betrübt sein (III. L. 21), und zwar unter Begleitung der Vorstellung dessen, der den geliebten Gegenstand hasst, als Ursache, d. h. er wird diesen selbst hassen (III. L. 13 E.).[58])

L. 46. *Wenn Jemand von einem Andern, der anderen Standes oder anderer Nation ist als die seinige, mit Freude oder Trauer erfüllt worden ist, in Begleitung einer Vorstellung desselben unter dem allgemeinen Namen des Standes oder der Nation als Ursache, so wird er nicht blos diesen, sondern alle Personen dieses Standes oder dieser Nation lieben oder hassen.*

B. Der Beweis dieses Satzes erhellt aus III. L. 16.[59])

L. 47. *Die Freude, welche davon kommt, dass wir glauben, ein gehasster Gegenstand werde zerstört oder mit einem Uebel behaftet, entsteht nicht ohne eine gewisse Trauer der Seele.*

B. Dies erhellt aus III. L. 27, denn so weit wir glauben, dass ein Gegenstand unseresgleichen von Trauer erfüllt wird, werden wir selbst traurig.

E. Dieser Lehrsatz kann auch aus II. L. 17 Z. bewiesen werden. Denn so oft wir uns einer Sache erinnern, so werden wir sie als gegenwärtig auffassen, obgleich sie wirklich nicht existirt, und der Körper wird ebenso erregt werden. So lange daher das Andenken der Sache besteht, so lange wird der Mensch bestimmt, sie mit Trauer zu betrachten. Diese Bestimmung wird zwar, während das Bild der Sache noch besteht, durch die Erinnerung jener Dinge gehemmt, welche deren Existenz ausschliessen; aber sie wird davon nicht aufgehoben. Der Mensch freut sich also nur insoweit, als diese Bestimmung gehemmt wird, und daher kommt es, dass diese Freude, welche aus dem Unglück einer gehassten Sache entspringt, so oft wiederkehrt, als wir uns derselben Sache erinnern. Denn wenn, wie gesagt, das Bild dieser Sache erweckt wird, so bestimmt es, weil es die Existenz derselben enthält, den Menschen, sie mit derselben Trauer zu betrachten, mit der es früher geschah, als sie existirte. Weil indess der Mensch mit dem Bilde dieser Sache andere verbunden hat, welche die Existenz derselben ausschliessen, so wird diese Veranlassung zur Trauer sofort gehemmt, und der Mensch ist wieder fröhlich, und zwar so oft, als sich dies wiederholt.

Dies ist auch die Ursache, weshalb man sich freut, so oft man sich eines vergangenen Uebels entsinnt, und weshalb die Erzählung von Gefahren, von denen man befreit worden ist, Freude macht. Denn wenn man sich eine Gefahr vorstellt, nimmt man sie als eine kommende und wird dadurch zur Furcht bestimmt; aber diese Bestimmung wird wieder durch die Vorstellung der Befreiung gehemmt, welche sich mit der Vorstellung der Gefahr verknüpft hat, als man von ihr befreit worden ist; diese macht wieder sicher, und man ist wieder froh. [60])

L. 48. *Die Liebe und der Hass, z. B. gegen Peter, wird aufgehoben, wenn die Trauer, welche dieser, und wenn die Freude, welche jene enthält, sich mit der Vorstellung einer anderen Ursache verbindet. Beide Affekte* *vermindern sich, wenn Peter nicht für die alleinige Ursache derselben gehalten worden ist.*

B. Dies erhellt aus der blossen Definition der Liebe und des Hasses (III. L. 13 E.), denn die Freude wird nur deshalb zur Liebe und die Trauer zum Hass gegen Peter, weil er für die Ursache derselben gehalten wird; ist die Annahme ganz oder zum Theil beseitigt, so verschwindet auch der Affekt gegen Peter ganz oder zum Theil. [61])

L. 49. *Die Liebe und der Hass gegen einen Gegenstand, den man für frei hält, muss bei gleicher Ursache grösser sein, als gegen einen unfreien Gegenstand.*

B. Ein Gegenstand, den man für frei hält, muss durch sich und ohne Anderes vorgestellt werden (I. D. 7); wenn wir daher einen solchen für die Ursache der Freude oder der Trauer nehmen (III. L. 13 E.), so werden wir ihn lieben oder hassen, und zwar in der stärksten Weise, welche für den gegebenen Affekt möglich ist (III. L. 48). Wenn wir aber den Gegenstand, welcher die Ursache derselben Affekte ist, für einen unfreien halten, dann nehmen wir ihn nicht für die alleinige Ursache derselben, sondern rechnen auch Anderes als Ursache hinzu (I. D. 7), und deshalb wird die Liebe und der Hass gegen den Gegenstand schwächer sein (III. L. 48).

E. Daraus erklärt sich, dass Menschen sich mehr wie andere Dinge gegenseitig lieben oder hassen; sie halten sich nämlich für frei, und dazu kommt noch die Nachahmung der Affekte, worüber III. L. 27, 34, 40 und 43 einzusehen sind. [62])

L. 50. *Jeder Gegenstand kann zufällig die Ursache einer Hoffnung oder einer Furcht werden.*

B. Dieser Lehrsatz wird auf dieselbe Weise bewiesen, wie III. L. 15 in Verbindung mit III. L. 18 E.

E. Die Gegenstände, welche zufällig die Ursache der Hoffnung und Furcht sind, heissen **gute oder schlechte Vorzeichen**. Soweit sie die Ursache der Hoffnung und Furcht sind, soweit sind sie Ursachen der Freude oder Trauer (III. L. 18 E. 2), und folglich lieben oder hassen wir sie insoweit (III. L. 15 Z), und streben, sie als Mittel für das, was wir hoffen, anzuhalten oder als Hindernisse und Ursachen der Furcht abzuwenden (III. L. 28). Ferner folgt aus III. L. 25, dass wir von Natur so beschaffen sind, dass wir das leicht glauben, was wir hoffen, und schwer, was wir fürchten, und unser Urtheil hierüber mehr, als recht ist, dadurch bestimmen lassen. Daraus sind die abergläubischen Meinungen entstanden, von denen die Menschen überall geplagt sind.

Uebrigens ist es wohl nicht nothwendig, hier die Schwankungen der Seele darzulegen, welche aus der Hoffnung oder Furcht entspringen, da schon aus der blossen Definition dieser Affekte sich ergiebt, dass es keine Hoffnung ohne Furcht und keine Furcht ohne Hoffnung giebt (wie an seinem Orte ausführlich erklärt worden ist). Ausserdem lieben oder hassen wir etwas in demselben Grade, wie wir es hoffen oder fürchten; das von der Liebe und dem Hass Gesagte wird daher Jeder leicht auf die Hoffnung und die Furcht anwenden können.[63]

L. 51. *Verschiedene Menschen können von demselben Gegenstande auf verschiedene Weise erregt werden, und derselbe Mensch kann von demselben Gegenstand zu verschiedenen Zeiten verschieden erregt werden.*

B. Der menschliche Körper wird von äusseren Körpern auf verschiedene Weise erregt (II. H. 3). Es können deshalb zwei Menschen zu gleicher Zeit auf verschiedene Weise erregt sein, folglich auch von ein und demselben Gegenstande verschieden erregt werden (A. 1 nach II. L. 13 Ln. 3). Ferner kann der menschliche Körper bald auf diese, bald auf jene Weise erregt werden und daher von demselben Gegenstande, zu verschiedenen Zeiten, verschieden erregt werden (A. 1 nach II. L. 13 Ln. 3).[64]

E. Man sieht hieraus, wie es möglich ist, dass Einer liebt, was der Andere hasst, und Einer fürchtet, was der Andere nicht fürchtet; und dass derselbe Mensch jetzt das liebt, was er früher hasste, und jetzt das wagt, was er früher fürchtete, u. s. w. Es ergiebt sich ferner, dass weil Jeder nach seinen Affekten urtheilt, was gut und schlecht, besser und schlimmer ist (III. L. 39 E.), die Menschen sowohl in den Urtheilen, wie in den Affekten von einander abweichen. (Die Möglichkeit dazu, trotzdem dass die menschliche Seele ein Theil des göttlichen Verstandes ist, ist II. L. 17 E. dargelegt worden.) Wenn wir die Menschen unter einander vergleichen, so unterscheiden wir sie daher nach dem Unterschiede ihrer Affekte von uns und nennen diesen kühn, jenen furchtsam, oder sonst wie. So werde ich z. B. den **muthig** nennen, welcher ein Uebel verachtet, was ich zu fürchten pflege. Wenn ich ausserdem bemerke, dass seine Begierde, dem Gegner zu schaden und dem Freunde wohlzuthun, durch die Furcht vor einem Uebel nicht gehemmt wird, vor dem ich gewöhnlich zurückweiche, so werde ich ihn **kühn** nennen. Ferner wird mir derjenige als **furchtsam** gelten, der ein Uebel fürchtet, was ich zu verachten pflege; wenn ich ausserdem bemerke, dass seine Begierde durch die Furcht vor einem Uebel gehemmt wird, welches mich nicht abschrecken kann, so werde ich ihn **kleinmüthig** nennen.

In dieser Weise wird Jeder sein Urtheil fällen. Bei dieser Natur der Menschen und der Unbeständigkeit ihres Urtheils, und da die Menschen oft blos nach dem Gefühl über die Dinge urtheilen, und da die Gegenstände, welche sie für fröhliche oder traurige halten, und deshalb zu befördern oder zu entfernen streben (III. L. 28), oft nur eingebildete sind, so kann man, ohne dass ich noch an die Ungewissheit der Dinge zu erinnern brauche, wie sie im II. Theil dargelegt worden sind, leicht begreifen, dass der Mensch oft die Ursache sein kann, sich zu betrüben oder zu erfreuen, oder dass er von diesen Affekten erfasst wird, unter Begleitung der Vorstellung seiner selbst als Ursache. Hieraus ergiebt sich leicht, was die Reue und die Selbstzufriedenheit ist. Die **Reue** ist nämlich Trauer unter Begleitung der Vorstellung seiner selbst als Ursache, und die **Selbstzufriedenheit** ist Freude in gleicher Weise. Diese Affekte sind sehr heftig, weil die Menschen sich für frei halten. (III. L. 49.)[65])

L. 52. *Einen Gegenstand, den wir zugleich mit andern früher gesehen haben, oder der nach unserer Meinung nichts an sich hat, was nicht mehreren Gegenständen gemeinsam ist, werden wir nicht so lange betrachten, als einen, der nach unserer Auffassung etwas Eigenthümliches hat.*

B. Sobald wir uns einen Gegenstand vorstellen, den

wir mit anderen gesehen haben, so werden wir uns sofort dieser andern entsinnen (II. L. 18 u. E.), und so werden wir aus der Betrachtung des einen in die Betrachtung des andern gerathen. Ebenso verhält es sich mit einem Gegenstande, der nach unserer Vorstellung nur Gemeinsames mit andern enthält. Denn eben deshalb meinen wir in ihnen nichts zu schauen, was wir nicht vorher schon mit andern gesehen haben. Wenn wir aber annehmen, dass wir uns in einem Gegenstand etwas Eigenthümliches vorstellen, was wir vorher noch nicht gesehen haben, so heisst dies nichts Anderes, als dass die Seele bei der Beschauung dieses Gegenstandes nichts in sich hat, auf dessen Betrachtung sie durch die Betrachtung dieses gerathen könnte; sie ist daher nur veranlasst, diesen zu betrachten. Deshalb werden wir einen Gegenstand u. s. w. [66])

E. Diese Erregung der Seele oder diese bildliche Vorstellung einer besonderen Sache heisst, so weit sie blos in der Seele besteht, Bewunderung. Kommt sie von einem Gegenstande, den wir fürchten, so heisst sie Bestürzung, weil die Bewunderung eines Uebels den Menschen in dessen Betrachtung so schwebend erhält, dass er nicht vermag an das zu denken, wodurch er dieses Uebel vermeiden könnte. Wenn aber das, was wir bewundern, eines Menschen Klugheit, Fleiss oder dergl. ist, so wird jene Bewunderung Ehrfurcht genannt, indem wir sehen, dass der Mensch dadurch uns weit übertrifft. Wenn wir eines Menschen Zorn, Neid u. s. w. bewundern, so heisst dies Abscheu. Wenn wir ferner eines Menschen, den wir lieben, Klugheit, Fleiss u. s. w. bewundern, so wird die Liebe dadurch steigen (III. L. 12), und diese mit Bewunderung oder Ehrfurcht verbundene Liebe heisst Ergebenheit. Auf diese Weise kann man sich auch den Hass, die Hoffnung, die Zuversicht und andere Affekte mit Bewunderung verbunden, vorstellen und so mehr Affekte ableiten, als gebräuchliche Worte dafür vorhanden sind. Daraus erhellt, dass die Namen der Affekte mehr nach ihrem gewöhnlichen Gebrauche, als nach ihrer genauen Kenntniss gebildet worden sind.

Der Bewunderung steht die Verachtung gegenüber, deren Ursache meist folgende ist. Wenn wir sehen, dass Jemand eine Sache bewundert, liebt, fürchtet, oder wenn wir einen Gegenstand wegen seiner zunächt hervortretenden Aehnlichkeit mit bewunderten, geliebten oder gefürchteten Gegenständen ebenfalls bewundern, lieben, fürchten u. s. w. (III. L. 15 u. Z., L. 27), alsdann aber durch die Gegenwart oder genauere Betrachtung des Gegenstandes genöthigt sind, Alles das von ihm zu verneinen, was die Ursache der Bewunderung, der Liebe, der Furcht u. s. w. sein kann, so ist die Seele durch diese Gegenwart der Sache mehr veranlasst, an das darin Fehlende, als an das darin Befindliche zu denken; während sie doch sonst wegen der Gegenwart des Gegenstandes vorzüglich an das zu denken pflegt, was in dem Gegenstande ist. So wie nun die Ergebenheit aus der Bewunderung einer Sache entsteht, die wir lieben, so entsteht der Spott aus der Verachtung eines Gegenstandes, den wir hassen oder fürchten; ebenso die Geringschätzung aus der Verachtung der Dummheit, wie die Verehrung aus der Bewunderung der Klugheit.

Auf diese Weise kann man sich auch eine Verbindung der Liebe, der Hoffnung, des Ehrgeizes und anderer Affekte mit der Verachtung denken und so mannigfache Affekte daraus ableiten, welche man ebenfalls nicht mit besondern Worten zu bezeichnen pflegt.[67])

L. 53. *Wenn die Seele sich selbst und ihr Vermögen zu handeln betrachtet, so ist sie erfreut, und zwar um so mehr, je bestimmter sie sich und dies Vermögen vorstellt.*

B. Der Mensch kennt sich selbst nur durch die Zustände seines Körpers und deren Vorstellungen (II. L. 19 u. 23). Wenn es also geschieht, dass sich die Seele selbst betrachten kann, so wird angenommen, dass sie dadurch zu grösserer Vollkommenheit vorschreitet, d. h. dass sie von Freude erfüllt ist III. L. 11 E.), und zwar um so mehr, je bestimmter sie sich und ihr Vermögen zu handeln vorstellen kann.

Z. Diese Freude wird gesteigert, je mehr ein Mensch sich von Andern gelobt vorstellt. Denn je mehr er sich vorstellt, dass dieses geschieht, desto höher hält er die Freude, welche Andere über ihn empfinden, und zwar unter Begleitung seiner als Ursache (III. L. 29 E.), und deshalb wird er selbst von grösserer Freude erfüllt, unter

Begleitung der Vorstellung seiner selbst als Ursache. (III. L. 27) ⁶⁸)

L. 54. *Die Seele strebt, nur das sich vorzustellen, was ihr Vermögen zu handeln setzt.*

B. Das Streben oder die Macht der Seele ist ihr Wesen selbst (III. L. 7). Das Wesen der Seele bejaht aber nur das, was die Seele ist und vermag (wie von selbst klar ist), und nicht das, was sie nicht ist und nicht vermag; deshalb strebt sie, nur das vorzustellen, was ihr Vermögen zu handeln bejaht oder setzt. ⁶⁹)

L. 55. *Wenn die Seele ihre Ohnmacht sich vorstellt, wird sie dadurch betrübt.*

B. Das Wesen der Seele bejaht nur das, was die Seele ist oder vermag, d. h. es ist der Natur der Seele entsprechend, sich nur das vorzustellen, was ihr Vermögen zu handeln setzt (III. L. 54). Wenn ich also sage, dass die Seele, wenn sie sich selbst betrachtet, ihre Ohnmacht betrachtet, so heisst dies nur, dass dann das Streben der Seele, sich etwas vorzustellen, was ihr Vermögen zu handeln setzt, gehemmt werde, d. h. dass die Seele sich betrübe (III. L. 11 E.).

Z. 1. Diese Trauer steigert sich daher, wenn man sich von Andern getadelt glaubt, was ebenso bewiesen wird, wie der Zusatz zu III. L. 53.

E. Diese Trauer in Begleitung der Vorstellung unserer Schwäche heisst: **Niedergeschlagenheit**; die Freude aber, die aus der Betrachtung unserer entspringt, **Selbstliebe** oder **Selbstzufriedenheit**. Da diese so oft sich wiederholt, als der Mensch seine Tugenden und sein Vermögen zu handeln betrachtet, so kommt es, dass Jeder so gerne seine Thaten zu erzählen und die Kraft seines Körpers wie seiner Seele zu zeigen sich beeifert, so dass die Menschen einander deshalb lästig werden. Es folgt daraus ferner, dass die Menschen von Natur neidisch sind (III. L. 24 E.; L. 32 E.), d. h. dass sie sich über die Schwäche ihrer Nebenmenschen freuen und über deren Tugenden betrüben. Denn so oft Jemand an seine Handlungen denkt, so oft wird er fröhlich (III. L. 53), und zwar um so mehr, je mehr Vollkommenheit nach seiner Meinung seine Handlungen ausdrücken, und je deutlicher er sie sich vorstellt, d. h. je mehr er sie von andern unterscheiden und als eigenthümliche Gegenstände betrachten kann. Daher wird sich Jeder bei der Betrachtung seiner dann am meisten freuen, wenn er etwas in sich bemerkt, was den Andern fehlt. Wenn aber das, was er von sich bejaht, sich auf die universelle Vorstellung des Menschen oder des Geschöpfes bezieht, so wird er nicht so fröhlich sein. Umgekehrt wird er sich betrüben, wenn er bei Vergleichung seiner mit Anderer Handlungen die seinigen für die schwächeren hält. Er wird streben, diese Trauer zu entfernen III. L. 28), indem er die Handlungen seiner Nebenmenschen herabzieht oder die seinigen möglichst verschönert.

Es erhellt, dass die Menschen von Natur zu Hass und Neid geneigt sind und die Erziehung befördert dies. Denn die Eltern pflegen die Kinder nur durch die Reizmittel der Ehre und des Neides zur Tugend anzuhalten.

Man kann mir indess entgegnen, dass wir ja oft die Tugenden der Menschen bewundern und sie verehren. Um diesen Einwand zu heben, will ich folgenden Zusatz beifügen.

Z. 2. Jeder beneidet nur Seinesgleichen um seine Tugend.

B. Der Neid ist Hass (III. L. 24 E.) oder Trauer (III. L. 13 E.), d. h. ein Zustand, welcher des Menschen Vermögen oder Begehren zu handeln hemmt (III. L. 11 E.). Aber der Mensch strebt und wünscht nur das zu thun (III. L. 9 E.), was aus seiner gegebenen Natur folgen kann. Daher wünscht der Mensch nicht, dass ein Vermögen zu handeln oder (was dasselbe ist) eine Tugend ihm beigelegt werde, welche der Natur eines Andern eigenthümlich und seiner eignen fremd ist. Deshalb kann sein Begehren nicht gehemmt, d. h. er selbst nicht betrübt werden (III. L. 11 E.), wenn er in einem ihm unähnlichen Gegenstande einen Vorzug bemerkt, und folglich wird er ihn auch nicht deshalb beneiden, wohl aber Seinesgleichen, der gleicher Natur mit ihm ist.

E. Wenn ich daher oben (III. L. 52 E.) gesagt habe, dass wir einen Menschen deshalb verehren, weil wir seine Klugheit, Tapferkeit u. s. w. bewundern, so geschieht es, weil wir diese Tugenden für solche halten, welche ihm eigenthümlich angehören, und nicht für solche, welche gemeinsame mit unserer Natur sind (III. L. 55). Wir werden deshalb ihn um diese ebenso wenig beneiden, wie die Bäume um ihre Höhe und die Löwen um ihre Stärke. [70])

L. 56. *Es giebt ebenso viel Arten der Freude, der Trauer und des Begehrens und folglich der daraus zusammengesetzten Affekte, sowie Schwankungen der Seele und der daraus abgeleiteten Affekte, wie Liebe, Hass, Hoffnung, Furcht u. s. w., als es Arten der Gegenstände giebt, von denen man erregt wird.*

B. Die Freude und die Trauer und die daraus gebildeten oder abgeleiteten Affekte sind leidende Zustände (III. L. 11 E.). Wir leiden aber nothwendig (III. L. 1), soweit wir unzureichende Vorstellungen haben, und soweit wir sie haben, soweit leiden wir nur (III. L. 3), d. h. wir leiden nur soweit nothwendig (II. L. 40 E.), soweit wir uns in bildlichen Vorstellungen bewegen, oder soweit wir durch einen Affekt erregt werden (II. L. 17 E.), welcher die Natur unseres Körpers und die eines äusseren einschliesst. Die Natur irgend eines leidenden Zustandes kann daher nur so erklärt werden, dass sie durch die Natur des Gegenstandes ausgedrückt wird, welcher uns erregt. So enthält die Freude, welche aus dem Gegenstande A. entspringt, die Natur desselben Gegenstandes A., und die Freude, welche aus dem Gegenstande B. entspringt, die Natur desselben Gegenstandes B. Mithin sind diese beiden Affekte der Freude von Natur verschieden, da sie aus Ursachen verschiedener Natur entspringen. So ist auch der Affekt der Trauer, welcher aus dem einen Gegenstand entspringt, in seiner Natur verschieden von der Trauer, welche aus einer andern Ursache entsteht. Dies gilt auch von der Liebe, dem Hass, der Hoffnung, der Furcht, den Gemüthsschwankungen u. s. w. Es giebt also nothwendig so viele Arten der Freude, Trauer, der Liebe, des Hasses u. s. w., als es Arten der Gegenstände giebt, durch die wir erregt werden.

Das Begehren aber ist die Natur oder die Wesenheit eines Jeden, soweit sie aufgefasst wird als durch eine gegebene Verfassung derselben zu einer Thätigkeit bestimmt (III. L. 9 E.). Je nachdem also in Jemand von äusseren Ursachen diese oder jene Art der Freude, der

Trauer, der Liebe, des Hasses u. s. w. erregt wird, d. h. je nachdem seine Natur in diese oder jene Verfassung geräth, so muss auch sein Begehren ein anderes werden, und die Natur des einen muss sich von der Natur des andern ebenso unterscheiden, wie die Affekte sich unterscheiden, aus denen sie entspringen. Es giebt also so viele Arten des Begehrens, als Arten der Freude, Trauer, Liebe u. s. w., und mithin (wie bereits gezeigt worden) so viele, als es Arten der Gegenstände giebt, von denen wir erregt werden.

E. Die wichtigeren unter den Arten der Affekte, deren sehr viele sein müssen (III. L. 56), sind die Schwelgerei, die Trunksucht, die Wollust, der Geiz und die Ehrsucht. Sie sind nur Begriffe der Liebe und des Begehrens, welche die Natur dieser beiden Affekte durch die Gegenstände erklären, auf welche sie sich beziehen. Denn unter Schwelgerei, Trunksucht, Wollust, Geiz und Ehrsucht versteht man nur die unmässige Liebe und Begierde nach Schmausereien, nach Trinkgelagen, nach Begattung, nach Reichthum und Ruhm. Uebrigens haben diese Affekte kein Gegentheil, sofern man sie blos nach dem Gegenstande, auf den sie sich beziehen, von einander unterscheidet. Denn die Mässigkeit, welche man der Schwelgerei, und die Nüchternheit, welche man der Trunksucht, und die Keuschheit, welche man der Wollust entgegen zu stellen pflegt, sind keine Affekte oder leidende Zustände, sondern bezeichnen die Macht der Seele, wodurch diese Affekte gemässigt werden.

Im Uebrigen kann ich die andern Arten der Affekte hier nicht auseinandersetzen, da deren so viele sind, als Arten der Gegenstände (und selbst wenn ich es könnte, wäre es nicht nöthig). Denn um die Kräfte der Affekte und die Macht der Seele über sie zu bestimmen, was allein mein Zweck ist, genügt die allgemeine Definition eines jeden Affektes. Es genügt, sage ich, die Kenntniss der gemeinschaftlichen Eigenschaften der Affekte der Seele, um bestimmen zu können, welche Macht nach Art und Grösse die Seele besitzt, um die Affekte zu mässigen und zu hemmen. Wenn also auch ein grosser Unterschied zwischen diesem oder jenem Affekt der Liebe, des Hasses und des Begehrens besteht, z. B. zwischen der Liebe zu den Kindern und der zu der Gattin, so brauchen wir doch nicht diese Unterschiede zu kennen, und die Natur und den Ursprung dieser Affekte weiter zu erforschen. [71])

L. 57. *Jeder Affekt eines Einzeldinges unterscheidet sich von dem Affekt eines andern Dinges um so viel, als sich das Wesen des einen Einzeldinges von dem des andern unterscheidet.*

B. Dieser Lehrsatz ergiebt sich aus II. L. 13 E. Ln. 3 A. 1. Nichtsdestoweniger will ich ihn aus der Definition der drei ursprünglichen Affekte beweisen.

Alle Affekte beziehen sich auf Begehren, Freude und Trauer, wie die von mir gegebenen Definitionen derselben beweisen. Aber das Begehren ist die Natur oder das Wesen selbst eines Jeden (III. L. 9 D. in E.), deshalb unterscheidet sich das Begehren eines jeden Einzelnen von dem des Andern gerade so weit, als die Natur oder das Wesen des Einen von dem des Andern abweicht. Freude oder Trauer sind ferner leidende Zustände, durch welche eines jeden Vermögen oder Streben, in seinem Sein zu verharren, vermehrt oder vermindert, unterstützt oder gehemmt wird (III. L. 11 u. E.). Unter dem Streben, in seinem Sein zu verharren, wird, so weit es auf Seele und Körper zugleich bezogen wird, das Verlangen und die Begierde verstanden (III. L. 9 E.). Daher ist Freude und Trauer das Begehren oder Verlangen selbst, insofern es von einer äusseren Ursache vermehrt oder vermindert, unterstützt oder gehemmt wird, d. h. es ist die Natur eines Jeden (III. L. 9 E.).

Mithin unterscheidet sich die Freude oder Trauer des Einen von der des Andern auch insoweit, als die Natur und das Wesen des Einen von dem des Andern abweicht. Folglich unterscheidet sich der Affekt des einen Einzeldinges von dem des andern u. s. w.

E. Hieraus ergiebt sich, dass die Affekte der Thiere, welche unvernünftig heissen (denn wir können nicht zweifeln, dass auch sie Empfindung haben, nachdem wir den Ursprung der Seele kennen gelernt haben), von denen der Menschen um so weit abweichen, wie ihre Natur von der des Menschen abweicht. Das Pferd wird, wie der Mensch, von der Lust sich zu begatten getrieben: aber jenes von einer pferdeartigen und dieser von einer menschlichen Lust. So müssen auch die Lüste und Begehren der Fische, der Insekten und der Vögel bei jedem verschieden sein.

Wenn daher auch jedes Einzelwesen mit seiner Natur, welche es ausmacht, zufrieden lebt und sich derselben erfreut, so ist doch das Leben, mit welchem jedes zufrieden ist und seine Freude nur die Vorstellung oder Seele dieses Einzelgeschöpfes, und deshalb unterscheidet sich die Freude des Einen von der des Andern in ihrer Natur um so viel, als das Wesen des Einen von dem Wesen des Andern.

Endlich ergiebt sich aus dem vorstehenden Lehrsatz, dass ein grosser Unterschied ist zwischen der Freude, die z. B. einen Betrunkenen beherrscht, und der Freude, die ein Philosoph besitzt, wie ich im Vorbeigehen bemerken will.

So viel über die Affekte, welche sich auf den Menschen beziehen, sofern er leidet. Es bleibt noch einiges über die hinzuzufügen, die sich auf ihn beziehen, sofern er handelt. [72])

L. 58. *Ausser der Freude und Begierde, welche leidende Zustände sind, giebt es noch andere Affekte der Freude und Begierde, welche sich auf uns, als Handelnde, beziehen.*

B. Die Seele freut sich, wenn sie sich und ihr Vermögen zu handeln auffasst (III. L. 53). Die Seele betrachtet sich aber nothwendig selbst, wenn sie eine wahre oder zureichende Vorstellung auffasst (II. L. 43). Die Seele fasst aber einzelne zureichende Vorstellungen auf (II. L. 40 E. 2); sie freut sich also auch, soweit sie zureichende Vorstellungen auffasst, d. h. soweit sie handelt (III. L. 1). Ferner strebt die Seele, sowohl inwiefern sie klare und bestimmte, als inwiefern sie verworrene Vorstellungen hat, in ihrem Sein zu verharren (III. L. 9). Unter Streben versteht man aber das Begehren (III. L. 9 E.); die Begierde bezieht sich also auch auf uns, inwiefern wir erkennen, oder inwiefern wir handeln (III. L. 1).

L. 59. *Alle Affekte, welche sich auf den Menschen, sofern er handelt, beziehen, beziehen sich nur auf Freude oder auf Begehren.*

B. Alle Affekte haben auf Begehren, Freude und Trauer Bezug, wie die von mir gegebenen Definitionen zeigen. Unter Trauer wird aber verstanden, dass der Seele Denkvermögen vermindert oder gehemmt wird (III. L. 11 u. E). Daher wird, soweit die Seele sich betrübt, ihr Vermögen zu erkennen, d. h. zu handeln, gemindert oder gehemmt (III. L. 1). Daher kann kein Affekt der Trauer auf die Seele, sofern sie handelt, bezogen werden; sondern nur die Affekte der Freude und des Begehrens, welche sich insoweit auch auf die Seele beziehen (III. L. 58).

E. Alle Handlungen, welche aus Affekten folgen, die auf die Seele, sofern sie erkennt, bezogen werden, rechne ich zur **Tapferkeit**, welche ich in **Seelenstärke** und **Edelsinn** theile. Denn unter Seelenstärke verstehe ich ein Begehren, durch welches Jeder sein Sein nach dem blossen Gebote der Vernunft zu erhalten sucht, und unter **Edelsinn** ein Begehren, durch welches Jeder nach dem blossen Gebote der Vernunft strebt, die übrigen Menschen zu unterstützen und sich in Freundschaft zu verbinden. Die Handlungen, welche nur den Nutzen des Handelnden verfolgen, rechne ich zur Seelenstärke; die, welche den Nutzen eines Andern verfolgen, zum Edelsinn. Mässigkeit, Nüchternheit und Geistesgegenwart bei Gefahren sind Arten der Seelenstärke; dagegen sind Bescheidenheit, Milde u. s. w. Arten des Edelsinns.[78])

Hiermit glaube ich die erheblichsten Affekte und Schwankungen der Seele, welche aus der Verbindung der drei ursprünglichen Affekte, nämlich der Freude, Trauer und dem Begehren entstehen, erklärt und nach ihren letzten Ursachen dargelegt zu haben. Es erhellt daraus, dass wir durch äussere Ursachen auf viele Weise erregt werden, und dass wir hin- und herschwanken, wie die, von entgegengesetzten Winden bewegten Wellen des Meeres, unkundig unseres Erfolgs und Schicksals. Ich habe indess schon gesagt, dass ich nur die erheblichsten Erregungen der Seele und nicht alle möglichen habe darlegen wollen. Denn wenn wir so, wie oben, fortschreiten, so können wir zeigen, dass die Liebe mit der Reue, mit der Geringschätzung, mit dem Schamgefühl sich verbindet. Ja, ich glaube, es ist Jedem aus dem Bisherigen klar, dass die Affekte sich mit einander auf so viele Arten verbinden, und dass daraus so grosse Mannigfaltigkeiten entstehen können, dass man keine Zahl dafür angeben kann. Für meinen Zweck genügt es indess, die erheblichsten aufgezählt zu haben; die, welche ich nicht erwähnt habe, dienen mehr der Neugierde als dem Nutzen.

Doch muss ich von der Liebe noch bemerken, dass es nämlich sehr oft vorkommt, wie der Körper, während wir des begehrten Gegenstandes geniessen, durch den Genuss in eine neue Verfassung geräth, welche ihn anders bestimmt und andere Bilder in ihm erregt. Damit beginnt zugleich die Seele Anderes vorzustellen und zu begehren. Wenn wir z. B. etwas Gutschmeckendes uns vorstellen, so begehren wir, es zu geniessen, d. h. zu essen. Aber von dem Genuss wird der Magen angefüllt und der Körper in eine andere Verfassung gebracht. Wenn bei dieser veränderten Verfassung des Körpers, das Bild der Speise, weil sie gegenwärtig ist, gesteigert wird, und damit auch das Streben oder die Begierde, sie zu essen, so wird diese neue Verfassung des Körpers diesem Begehren oder Streben widerstehen und deshalb wird die Gegenwart der begehrten Speise lästig. Dies ist, was man Ueberdruss und Ekel nennt.

Uebrigens habe ich die äusseren Zustände des Körpers, welche man bei den Affekten beobachtet, wie Zittern, Erblassen, Schluchzen, Lachen u. s. w. bei Seite gelassen, weil sie bloss zu dem Körper gehören, ohne alle Beziehung auf die Seele.[74]

Zum Schluss bleibt noch Einiges über die Definitionen der Affekte zu sagen. Ich werde sie deshalb hier der Reihe nach aufnehmen und bei jedem das Nöthige bemerken.

Definitionen der Affekte.[75]

D. 1. Die Begierde ist das Wesen des Menschen selbst, insofern es vorgestellt wird, als durch irgend eine gegebene Erregung desselben bestimmt, etwas zu thun.

Erklr. Ich habe oben III. L. 9 E. gesagt, die Begierde sei das Verlangen mit dem Bewusstsein seiner; das Verlangen aber sei das Wesen des Menschen selbst, so weit es bestimmt ist, das zu thun, was seiner Erhaltung dient. Aber in derselben Erläuterung habe ich auch bemerkt, dass ich in Wahrheit zwischen dem Verlangen und der Begierde des Menschen keinen Unterschied anerkenne. Denn mag nun der Mensch sich seines Verlangens bewusst sein oder nicht, so bleibt doch das Verlangen dasselbe, und deshalb habe ich, um nicht in eine Tautologie zu verfallen, die Begierde nicht durch das Verlangen erklärt, sondern sie so zu definiren gesucht, dass ich alles und jedes Streben der menschlichen Natur, was man mit Verlangen, Wollen, Begierde, Heftigkeit bezeichnet, darunter umfasse. Denn ich hätte sagen können, die Begierde sei das menschliche Wesen selbst, insofern es als zu einer Thätigkeit bestimmt aufgefasst werde, indess hätte sich dann aus dieser Definition nicht ergeben (II. L. 23), dass die Seele sich ihrer Begierde oder ihres Strebens bewusst werden könnte. Um daher die Ursache dieses Bewusstseins einzuschliessen, war es nothwendig (II. L. 23), hinzuzusetzen: „insofern bestimmt durch irgend eine Erregung u. s. w." Denn ich verstehe unter Erregung des menschlichen Wesens irgend eine Verfassung dieses Wesens, mag diese nun angeboren sein, oder mag sie blos durch das Attribut des Denkens oder blos durch das der Ausdehnung vorgestellt werden. Hier verstehe ich also unter dem Wort: Begierde alle Streben, Verlangen, Begehren, Wollen des Menschen, welche nach der verschiedenen Verfassung des Menschen unterschieden und oft einander entgegengesetzt sind, so dass der Mensch nach verschiedenen Richtungen gezogen wird und nicht weiss, wohin er sich wenden soll.

D. 2. Freude ist der Uebergang des Menschen von geringerer zu grösserer Vollkommenheit.

D. 3. Trauer ist der Uebergang des Menschen von grösserer zu geringerer Vollkommenheit.

Erkl. Ich sage: Uebergang, denn Freude ist nicht die Vollkommenheit selbst; denn wenn ein Mensch mit der Vollkommenheit geboren würde, zu welcher er übergeht, so würde er dieselbe ohne den Affekt der Freude besitzen. Dies ergiebt sich deutlicher aus dem diesem entgegengesetzten Affekt der Trauer. Denn Niemand kann bestreiten, dass Trauer in einem Uebergange zu einer geringeren Vollkommenheit besteht, nicht in der geringeren Vollkommenheit selbst, da Niemand sich insoweit betrüben kann, als er noch einer Vollkommenheit theilhaftig ist. Auch kann man nicht sagen, dass Trauer in dem Mangel einer grösseren Vollkommenheit bestehe, weil Mangel Nichts ist. Der Affekt der Trauer ist vielmehr ein Wirkliches und kann daher nichts Anderes sein, als der wirkliche Uebergang zu einer geringeren Vollkommenheit, d. h. ein Vorgang, durch welchen des Menschen Macht zu handeln vermindert oder gehemmt wird (III. L. 11 E.). Ich übergehe die Definition der Heiterkeit, der Lust, der Schwermuth und des Schmerzes, weil sie sich hauptsächlich auf den Körper beziehen und nur Arten der Freude und Trauer sind. [76])

D. 4. Die Bewunderung ist die bildliche Vorstellung eines Gegenstandes, auf welchem die Seele deshalb haften bleibt, weil diese eigenthümliche Vorstellung keine Verbindung mit anderen hat.

Erkl. In II. L. 18 E. habe ich gezeigt, weshalb die Seele von der Betrachtung des einen Gegenstandes sofort auf die eines anderen kommt, nämlich weil deren Bilder mit einander verknüpft und so geordnet sind, dass eines auf das andere folgt.

Dies kann nicht geschehen, wenn das Bild des Gegenstandes ein neues ist, vielmehr wird die Seele in dessen Betrachtung so lange festgehalten werden, bis sie durch andere Ursachen zu anderen Gedanken bestimmt wird. Die bildliche Vorstellung eines neuen Gegenstandes ist daher an sich von gleicher Natur mit den übrigen bildlichen Vorstellungen, und deshalb rechne ich die Bewunderung nicht zu den Affekten; auch sehe ich keinen Grund, weshalb ich dies thun sollte, da dieses Abziehen der Seele aus keiner positiven Ursache entspringt, welche die Seele von Anderem abzöge, sondern nur daraus, dass eine Ursache ganz fehlt, wodurch die Seele von der Betrachtung des einen Gegenstandes zu der eines anderen geführt wird.

Ich erkenne daher nur drei ursprüngliche oder erste Affekte an (III. L. 11 E.); nämlich Freude, Trauer und Begierde, und ich habe von der Bewunderung nur gesprochen, weil es gebräuchlich ist, gewisse, aus jenen drei ursprünglichen abgeleitete Affekte mit anderen Worten zu bezeichnen, wenn sie auf Gegenstände bezogen werden, die man bewundert. Dies bestimmt mich auch hier, die Definition der Verachtung anzufügen. [77])

D. 5. Verachtung ist die Vorstellung eines Gegenstandes, welcher die Seele so wenig berührt, dass die

Seele durch die Gegenwart desselben mehr veranlasst wird, das vorzustellen, was in ihm nicht ist, als das, was in ihm ist (III. L. 52 E.).

Die Definition der Verehrung und der Geringschätzung lasse ich bei Seite, weil, soviel ich weiss, keine Affekte davon ihren Namen erhalten.

D. 6. Liebe ist Freude in Begleitung der Vorstellung einer äusseren Ursache derselben.

Erkl. Diese Definition giebt sehr deutlich das Wesen der Liebe. Dagegen drückt die Definition jener Schriftsteller, welche die Liebe definiren als den Willen des Liebenden, sich mit dem geliebten Gegenstande zu vereinigen, nicht das Wesen der Liebe aus, sondern nur eine ihrer Eigenthümlichkeiten; und weil diese Schriftsteller das Wesen der Liebe nicht genügend erkannt hatten, so konnten sie auch von ihrer Eigenthümlichkeit keine klare Vorstellung haben, weshalb deren Definition allgemein sehr dunkel befunden worden ist. Man halte aber fest, dass, wenn ich sage, in dem Liebenden sei das Eigenthümliche, dass er sich mit dem geliebten Gegenstande verbinden wolle, ich unter diesem Wollen nicht eine Einwilligung oder eine Ueberlegung oder einen freien Entschluss der Seele verstehe (denn diese sind blosse Erdichtungen) (II. L. 48); auch meine ich damit nicht die Begierde, sich mit dem geliebten, aber abwesenden Gegenstande zu verbinden oder in seiner Gegenwart, wenn er da ist, zu verharren; denn die Liebe kann ohne diese und andere Begierden sein. Vielmehr verstehe ich unter diesem Wollen nur jene Befriedigung, welche in dem Liebenden wegen der Gegenwart des geliebten Gegenstandes besteht, und durch welchen die Freude des Liebenden gestärkt oder mindestens genährt wird. [78]

D. 7. Hass ist Trauer, begleitet von der Vorstellung einer äusseren Ursache derselben.

Erkl. Was hier zu sagen ist, kann leicht aus dem in der vorstehenden Erläuterung Gesagten abgenommen werden (III. L. 11 E.).

D. 8. Neigung ist Freude, begleitet von der Vorstellung eines Gegenstandes, welcher die zufällige Ursache der Freude ist.

D. 9. Widerwille ist Trauer, begleitet von der

Vorstellung eines Gegenstandes, welcher die zufällige Ursache der Trauer ist (III. L. 15 E.).

D. 10. Verehrung ist die Liebe für den, den wir bewundern.

Erkl. Ich habe gezeigt, dass die Bewunderung aus der Neuheit des Gegenstandes entspringt (III. L. 52); wenn es sich daher trifft, dass wir uns das Bewunderte oft vorstellen, so wird die Bewunderung aufhören. Deshalb sieht man, dass der Affekt der Verehrung oft in einfache Liebe ausartet.

D. 11. Spott ist Freude, die daraus entspringt, dass, nach unserer Vorstellung, in einem gehassten Gegenstande sich etwas befindet, was wir verachten.

Erkl. So weit wir einen gehassten Gegenstand verachten, so weit verneinen wir seine Existenz (III. L. 52 E.), und insoweit sind wir fröhlich (III. L. 20). Da wir aber annehmen, das der Mensch das Verspottete dennoch hasst, so folgt, dass diese Freude keine feste ist (III. L. 47 E.).

D. 12. Hoffnung ist eine unbeständige Freude, welche aus der Vorstellung einer kommenden oder vergangenen Sache entsteht, über deren Ausgang wir zweifeln.

D. 13. Furcht ist eine unbeständige Trauer, welche aus der Vorstellung einer kommenden oder vergangenen Sache entspringt, über deren Ausgang wir noch zweifeln (III. L. 18 E. 2).[79]

Erkl. Aus diesen Definitionen ergiebt sich, dass es keine Hoffnung ohne Furcht und keine Furcht ohne Hoffnung giebt. Denn wer hofft und über den Ausgang noch zweifelt, stellt sich etwas vor, was die Existenz der kommenden Sache ausschliesst; er wird sich also insoweit betrüben (III. L. 19), und folglich während seines Hoffens fürchten, dass es so geschehe.

Wer dagegen fürchtet, d. h. an dem Ausgang eines Dinges, das er hasst, zweifelt, wird sich ebenfalls etwas vorstellen, was die Existenz desselben ausschliesst; daher wird er fröhlich sein, und folglich insoweit hoffen, dass es nicht eintreten wird.

D. 14. Zuversicht ist Freude, welche aus der Vorstellung einer kommenden oder vergangenen Sache entsteht, bei welcher der Zweifel beseitigt ist.

D. 15. Verzweiflung ist Trauer, entspringend aus

der Vorstellung einer kommenden oder vergangenen Sache, bei welcher der Zweifel beseitigt ist.

Erkl. Die Hoffnung verwandelt sich also in Sicherheit und die Furcht in Verzweiflung, wenn der Zweifel über den Ausgang gehoben ist, und dies geschieht, wenn der Mensch glaubt, dass die vergangene oder kommende Sache da sei, und sie als gegenwärtig betrachtet, oder wenn er ein Anderes vorstellt, was die Existenz der Dinge ausschliesst, welche ihn zweifeln machten. Denn wenngleich wir über den Ausgang der einzelnen Dinge niemals gewiss sein können (II. L. 31 Z.), so kann es doch kommen, dass wir über deren Ausgang nicht zweifeln. Denn ich habe gezeigt, dass der Zweifel nicht dasselbe wie die Gewissheit ist (II. L. 49 E.). So kann es kommen, dass man sich an dem Bilde einer vergangenen oder kommenden Sache ebenso erfreut oder betrübt, wie an dem einer gegenwärtigen Sache, wie ich in III. L. 18 u. E. gezeigt habe.

D. 16. Fröhlichkeit ist Freude, begleitet von der Vorstellung eines vergangenen Gegenstandes, der unverhofft eingetreten ist.

D. 17. Gewissensbisse sind Trauer, begleitet von der Vorstellung eines vergangenen Gegenstandes, welcher unverhofft eingetreten ist. [80]

D. 18. Mitleid ist Trauer, begleitet von der Vorstellung eines Uebels, was einem Andern begegnet, den wir für Unseresgleichen halten (III. L. 22 E., L. 27 E.).

Erkl. Unter Mitleid oder Barmherzigkeit scheint nur der Unterschied zu bestehen, dass Mitleid den einzelnen Affekt, Barmherzigkeit aber den zur Gewohnheit gewordenen Affekt ausdrückt.

D. 19. Gunst ist die Liebe zu Jemandem, der einem Andern wohlgethan hat.

D. 20. Unwille ist der Hass gegen Jemanden, der einem Andern Uebels gethan hat.

Erkl. Ich weiss, dass diese Worte im gewöhnlichen Gebrauche etwas Anderes bezeichnen. Meine Aufgabe ist aber nicht, die Bedeutung der Worte, sondern die Natur der Dinge zu erläutern und sie mit Worten zu bezeichnen, deren gewöhnliche Bedeutung von der, welche ich ihnen gebe, nicht zu sehr abweicht; was ich ein- für allemal bemerkt haben will. Ueber die Ursachen dieser Affekte sind einzusehen III. L. 27 Z. 1 u. L. 22 E.

D. 21. Ueberschätzung ist es, wenn man von einem Andern aus Liebe mehr, als recht ist, hält.

D. 22. Geringschätzung ist es, wenn man von einem Andern aus Hass weniger, als recht ist, hält.

Erkl. Die Ueberschätzung ist daher eine Wirkung oder Eigenschaft der Liebe, und die Geringschätzung eine solche des Hasses. Die Ueberschätzung kann deshalb auch definirt werden als die Liebe, welche den Menschen so erregt, dass er von dem geliebten Gegenstande mehr, als recht ist, hält, und Geringschätzung als Hass, welcher den Menschen so erregt, dass er von dem Gehassten weniger, als recht ist, hält (III. L. 26 E.).

D. 23. Neid ist ein Hass, welcher den Menschen so erregt, dass er sich an des Anderen Glück betrübt und an des Anderen Uebel erfreut.

Erkl. Dem Neid wird gewöhnlich die Barmherzigkeit gegenüber gestellt, welche daher, gegen die gewöhnliche Bedeutung dieses Wortes, sich so definiren lässt:

D. 24. Barmherzigkeit ist die Liebe, welche einen Menschen so erregt, dass er sich an des Andern Guten erfreut und über des Andern Uebel betrübt. [81]

Erkl. Man sehe Uebrigens über den Neid III. L. 24 Z., L. 32 E.

Dies sind Affekte der Freude und Trauer, begleitet von der Vorstellung einer äusseren Sache als unmittelbarer oder zufälliger Ursache. Ich gehe nun zu den Affekten über, welche die Vorstellung einer inneren Sache als Ursache begleitet.

D. 25. Selbstzufriedenheit ist Freude, welche daraus entspringt, dass der Mensch sich und sein Vermögen zu handeln betrachtet.

D. 26. Niedergeschlagenheit ist Trauer, welche daraus entspringt, dass der Mensch seine Ohnmacht oder Schwäche betrachtet.

Erkl. Die Selbstzufriedenheit steht der Niedergeschlagenheit gegenüber, insofern sie als Freude aufgefasst wird, welche aus der Betrachtung unseres Vermögens zu handeln entspringt; insofern wir sie aber als Freude nehmen, begleitet von der Vorstellung einer Handlung, welche wir aus freiem Entschluss gethan zu haben glauben, bildet sie den Gegensatz zu Reue, welche ich so definire:

D. 27. Reue ist Trauer, begleitet von der Vorstellung einer Handlung, welche wir aus freiem Entschluss der Seele gethan zu haben glauben.

Erkl. Die Ursachen dieser Affekte habe ich bei III. L. 51 E., L. 53, 54 u. 55 E. gezeigt. Ueber die Freiheit des Willens sehe man II. L. 35 E. Es ist nicht wunderbar, dass allen Handlungen, welche gewöhnlich schlechte genannt werden, Trauer folgt, und denen, die rechte genannt werden, Freude. Denn aus dem Obigen kann man leicht abnehmen, dass dies vorzüglich von der Erziehung abhängt. Indem die Eltern jene tadelten und die Kinder wegen derselben oft ausschalten, diese dagegen begünstigten und lobten, bewirkten sie, dass die Erregungen der Trauer sich mit jenen und die der Freude mit diesen verbanden. Dies bestätigt auch die Erfahrung; denn die Sitten und die Religion sind nicht bei Allen gleich; vielmehr, was bei Einigen heilig, ist bei Andern sündlich, und was bei Einigen rechtlich, ist bei Andern schändlich. Je nachdem also Jemand erzogen ist, bereut er eine Handlung oder rühmt sich derselben. [82]

D. 28. Stolz ist, aus Eigenliebe mehr, als recht ist, von sich halten.

Erkl. Es unterscheidet sich also der Stolz von der Ueberschätzung dadurch, dass diese auf einen äusseren Gegenstand, der Stolz aber auf das eigene Selbst bezogen wird, indem man mehr, als recht ist, von sich hält. So wie übrigens die Ueberschätzung die Wirkung oder Eigenthümlichkeit der Liebe ist, so ist der Stolz eine solche von der Selbstliebe. Man kann ihn daher auch definiren als die Selbstliebe oder Selbstzufriedenheit, insofern sie einen Menschen so erregt, dass er mehr als recht ist, von sich hält (III. L. 26 E.). Zu diesem Affekt giebt es keinen Gegensatz; denn Niemand hält aus Selbsthass weniger von sich, als recht ist; ja dies geschieht nicht einmal, wenn er sich vorstellt, dass er dies oder jenes nicht könne. Denn wenn der Mensch sich vorstellt, dass er etwas nicht könne, so stellt er sich dies mit Nothwendigkeit vor und wird durch diese Vorstellung so bestimmt, dass er wirklich das nicht kann, was nicht zu können er sich vorstellt. Denn so lange er sich vorstellt, dies oder jenes nicht zu können, so lange ist er zum Handeln nicht entschlossen, und so lange ist folglich das Handeln unmöglich. Wenn wir aber blos auf das Acht haben, was von der Meinung allein abhängt, so erscheint es allerdings als möglich, dass ein Mensch, weniger als recht ist, von sich hält. Denn es ist möglich, dass Jemand, indem er traurig seine Schwäche betrachtet, sich für von Allen verachtet hält, obgleich dies in Wirklichkeit nicht der Fall ist. Ausserdem kann Jemand weniger, als recht ist, von sich halten, wenn er jetzt etwas von sich verneint, mit Rücksicht auf die Zukunft, über die er unsicher ist, z. B. wenn er verneint, dass er nichts Gewisses sich vorstellen könne, und dass er nur Schlechtes und Schändliches begehen oder thun könne. Man kann auch dann sagen, dass Jemand weniger, als recht ist, von sich hält, wenn man sieht, dass er aus Furcht vor Schande das nicht wagt, was Andere wagen. Diesen Affekt kann man also dem Stolz entgegenstellen. Ich will ihn Kleinmuth nennen; denn wie aus der Selbstzufriedenheit der Stolz entsteht, so entsteht aus der Niedergeschlagenheit der Kleinmuth, den ich daher so definire:

D. 29. Kleinmuth ist aus Trauer weniger, als recht ist, von sich halten.

Erkl. Man pflegt jedoch oft dem Stolze die Demuth entgegenzustellen; dann wird aber mehr ihre Wirkung, wie ihre Natur beachtet. Man pflegt nämlich den stolz zu nennen, der sich übertrieben rühmt (III. L. 30 E.), der nur seine Tugenden und nur Anderer Fehler erzählt, der Allen vorgezogen sein will, und der endlich mit solcher Würde und Schmuck einhergeht, wie die pflegen, welche weit über ihm stehen. Dagegen nennt man den demüthig, der oft erröthet, der seine Fehler eingesteht, von Anderer Tugenden spricht, der Allen Platz macht, und der endlich mit geneigtem Haupte wandelt und sich herauszuputzen verabsäumt. Uebrigens sind die Affekte der Demuth und des Kleinmuthes nur selten, denn die menschliche Natur an sich stellt sich ihnen, soviel sie kann, entgegen (III. L. 15, 54); deshalb sind die, welche man für die Demüthigsten und Kleinmüthigsten hält, meist die Ehrgeizigsten und Neidischsten.

D. 30. Ruhm ist Freude, begleitet von der Vorstellung einer eigenen Handlung, welche Andere, nach unserer Meinung, loben.

D. 31. Schimpf ist Trauer, begleitet von der Vorstellung einer eigenen Handlung, welche Andere, nach unserer Meinung, tadeln.

Erkl. Man sehe hierüber III. L. 30 E. Hier ist der Unterschied zwischen Schimpf und Scham zu bemerken. Der Schimpf ist Trauer, welche einer Handlung folgt, deren man sich schämt. Die Scham ist aber eine Furcht oder Sorge vor dem Schimpf, durch welche der Mensch abgehalten wird, etwas Schlechtes zu begehen. Der Scham pflegt die Unverschämtheit entgegengestellt zu werden, welche in Wahrheit kein Affekt ist, wie ich später zeigen werde; denn die Namen der Affekte (wie ich erinnert habe) beziehen sich mehr auf ihren Gebrauch, als auf ihre Natur. [83]

Hiermit habe ich die Affekte der Freude und Trauer beendet, deren Erklärung ich mir vorgesetzt habe. Ich gehe nun zu denen über, welche ich auf die Begierde zurückführe.

D. 32. Sehnsucht ist die Begierde oder das Streben nach dem Besitze eines Gegenstandes, welches durch die Erinnerung an diesen Gegenstand gesteigert wird und zugleich durch die Erinnerung anderer Gegenstände, welche die Existenz des begehrten Gegenstandes ausschliessen, gehemmt wird.

Erkl. Wenn wir uns eines Gegenstandes entsinnen, so werden wir, wie oft erwähnt, bestimmt, ihn mit demselben Affekt zu betrachten, als wenn er gegenwärtig wäre. Dieser Zustand oder dieses Streben wird indess im Wachen meist von den Vorstellungen anderer Gegenstände gehemmt, welche die Existenz dessen ausschliessen, an den man denkt. Wenn wir uns also eines Gegenstandes entsinnen, der uns mit einer Art von Freude erfüllt, so streben wir lediglich deshalb ihn mit demselben Affekt der Freude, wie er bei einem gegenwärtigen Statt hat, zu betrachten. Dieses Streben wird aber sofort gehemmt durch die Erinnerung an die Dinge, welche seine Existenz ausschliessen. Deshalb ist Sehnsucht in Wahrheit eine Trauer, welche jener Freude entgegengesetzt ist, die aus der Abwesenheit eines gehassten Gegenstandes entspringt (III. L. 47 E.). Weil indess der Name: Sehnsucht sich auf das Begehren zu beziehen scheint, so rechne ich diesen Affekt zu denen des Begehrens.

D. 33. Wetteifer ist das Begehren nach einem Gegenstande, welches in uns dadurch erzeugt wird, dass wir glauben, Andere haben dasselbe Begehren.

Erkl. Wenn Jemand flieht, weil er Andere fliehen sieht, oder fürchtet, weil er Andere fürchten sieht, oder wenn Jemand, welcher einen Andern die Hand sich verbrennen sieht, deshalb seine eigene Hand zurückzieht oder sich benimmt, als wenn seine Hand verbrenne, so nennt man diese Nachahmung des Affekts, aber nicht Wetteifer. Es geschieht dies nicht, weil wir für Beide einen Unterschied in ihren Ursachen kennen, sondern weil es gebräuchlich ist, dass man nur von dem Menschen Wetteifer aussagt, der das nachahmt, was man für recht, nützlich oder angenehm hält. Ueber die Ursache des Wetteifers sehe man III. L. 27 u. E. Weshalb mit dem Wetteifer meist der Neid sich verbindet, sehe man III. L. 32 u. E.

D. 34. Erkenntlichkeit oder Dankbarkeit ist ein Begehren oder Eifer der Liebe, mit dem wir dem wohl zu thun streben, der uns aus einem gleichen Affekt der Liebe wohlgethan hat (III. L. 39 u. 41 E.).

D. 35. Wohlwollen ist ein Begehren, dem wohlzuthun, für den wir Mitleid haben (III. L. 27 E.).

D. 36. Zorn ist ein Begehren, wonach wir durch Hass angetrieben sind, dem Gehassten ein Uebel zuzufügen (III. L. 39).

D. 37. Rache ist ein Begehren, wonach wir durch einen erwiderten Hass angetrieben werden, dem ein Uebel zuzufügen, der uns in gleichem Affekt einen Schaden zugefügt hat (III. L. 40 Z. 2 u. E.).

D. 38. Grausamkeit oder Wuth ist ein Begehren, wodurch Jemand angetrieben wird, dem ein Uebel zuzufügen, den wir lieben oder bemitleiden. [84])

Erkl. Der Grausamkeit steht die Milde gegenüber, welche kein Leiden, sondern eine Macht der Seele ist, durch welche der Mensch den Zorn oder die Rache mässigt.

D. 39. Fürsorge ist das Begehren, ein grösseres Uebel, was wir fürchten, durch ein kleineres zu vermeiden (III. L. 39 E.).

D. 40. Kühnheit ist das Begehren, durch welches

Jemand angetrieben wird, etwas mit einer Gefahr zu thun, welche Seinesgleichen zu übernehmen sich scheuen.

D. 41. **Aengstlichkeit** wird von dem ausgesagt, dessen Begehren durch die Furcht vor einer Gefahr gehemmt wird, welche Menschen Seinesgleichen zu übernehmen wagen.

Erkl. Die Aengstlichkeit ist daher die Furcht vor einem Uebel, welches die Meisten nicht zu fürchten pflegen; ich rechne sie deshalb nicht zu den Begehren. Doch habe ich sie hier erwähnen wollen, weil, insoweit man auf das Begehren achtet, sie in Wahrheit den Gegensatz der Kühnheit bildet.

D. 42. **Verzagtheit** wird von dem ausgesagt, dessen Begehren, ein Uebel zu vermeiden, durch dessen Bewunderung des Uebels, was er fürchtet, gehemmt ist.

Erkl. Die Verzagtheit ist daher eine Art der Aengstlichkeit. Weil sie aber aus einer doppelten Furcht entsteht, so kann man sie bequemer definiren als eine Furcht, welche einen betäubten oder schwankenden Menschen so erfasst, dass er das Uebel nicht abzuwenden vermag. Ich sage: betäubt, so weit man sich vorstellt, dass sein Begehren, ein Uebel abzuhalten, durch Bewunderung gehemmt ist; schwankend aber, sofern man annimmt, dass sein Begehren durch die Furcht vor einem anderen Uebel gehemmt ist, welches ihn ebenso peinigt, so dass er nicht weiss, welches von Beiden er abwenden soll. Hierüber sehe man III. L. 39 E. u. L. 52 E. Uebrigens sehe man über die Aengstlichkeit und die Kühnheit III. L. 51 E.

D. 43. **Leutseligkeit** oder Bescheidenheit ist ein Begehren, das zu thun, was den Menschen gefällt, oder zu unterlassen, was ihnen missfällt.

D. 44. **Ehrsucht** ist ein unmässiges Begehren nach Ruhm.

Erkl. Die Ehrsucht ist eine Begierde, welche alle Affekte steigert oder verstärkt; daher kann dieser Affekt kaum überwunden werden (III. L. 27 u. 31). Denn so lange Jemand von irgend einer Begierde erfasst ist, ist er zugleich von dieser erfasst. Cicero sagt: „Die besten Menschen sind ehrgeizig; selbst die Philosophen setzen ihren Namen auf die Bücher, welche sie über Verachtung des Ruhms schreiben."

D. 45. Schwelgerei ist die unmässige Begierde nach Schmausen oder die Liebe zu solchem.

D. 46. Trunksucht ist das unmässige Begehren oder die Liebe zum Trunk.

D. 47. Geiz ist die unmässige Begierde oder die Liebe zum Reichthum.

D. 48. Wollust ist die unmässige Begierde und Liebe zur fleischlichen Vermischung.

Erkl. Man nennt es Wollust, mag die Begierde nach Begattung mässig sein oder nicht. Ferner haben diese fünf Begierden kein Gegentheil (wie in III. L. 56 E. bemerkt worden ist). Denn die Bescheidenheit ist eine Art des Ehrgeizes (worüber III. L. 29 E.). Von der Mässigkeit, Nüchternheit und Keuschheit habe ich bereits gesagt, dass sie eine Macht der Seele und keinen leidenden Zustand bezeichnen. Wenn es auch möglich ist, dass ein geiziger, ehrsüchtiger oder furchtsamer Mensch des Uebermasses im Essen, Trinken oder in der Begattung sich enthält, so sind trotzdem der Geiz, die Ehrsucht und die Furchtsamkeit nicht die Gegensätze von Verschwendung, Trunkenheit und Keuschheit. Denn der Geizige wünscht meistens mit fremder Speise und Trank sich voll zu füllen; der Ehrsüchtige aber wird sich, wenn er hofft, dass es nicht bekannt wird in keiner Weise mässigen, und wenn er unter Trunkenbolden oder Wollüstlingen lebt, wird er seiner Ehrsucht wegen um so mehr zu ihren Lastern neigen. Der Furchtsame endlich thut, was er nicht will. Denn wenn er auch, um das Leben zu retten, seine Reichthümer in das Meer wirft, bleibt er doch geizig, und wenn ein wollüstiger Mensch traurig ist, weil er seiner Lust nicht fröhnen kann, so hört er damit nicht auf, wollüstig zu sein. Ueberhaupt beziehen sich diese Affekte weniger auf die Handlungen des Verschwendens, des Trinkens u. s. w. als auf das Begehren und die Liebe selbst. Man kann deshalb diesen Affekten nichts entgegenstellen, als den Edelmuth und die Seelenstärke, worüber in dem Folgenden.

Die Definitionen der Eifersucht und der übrigen Schwankungen der Seele übergehe ich, theils weil sie aus der Verbindung von Affekten entstehen, die schon definirt worden sind, theils weil die meisten keinen Namen haben, was zeigt, dass eine Kenntniss derselben der Gattung nach für die Zwecke des Lebens hinreicht. Diese Definitionen der dargelegten Affekte ergeben, dass sie alle aus dem Begehren, aus der Fröhlichkeit oder aus der Trauer entspringen oder vielmehr nur eines von diesen dreien sind, die nur wegen ihrer verschiedenen äusserlichen Beziehungen und Merkmale mit verschiedenen Namen bezeichnet zu werden pflegen.

Wenn man auf diese ursprünglichen Affekte und das oben über die Natur der Seele Gesagte Acht hat, so können die Affekte, wenn man sie nur auf die Seele bezieht, so definirt werden:

Allgemeine Definition der Affekte.

Der **Affekt**, der ein leidender Zustand der Seele genannt wird, ist eine verworrene Vorstellung, wodurch die Seele eine stärkere oder schwächere Daseinskraft, als sie vorher hatte, in Bezug auf ihren Körper oder einen Theil desselben bejaht, und wodurch auch die Seele selbst bestimmt wird, mehr an dies als an Anderes zu denken.

Erkl. Ich sage zuerst: „Der Affekt oder das Leiden der Seele ist eine verworrene Vorstellung." Denn ich habe gezeigt, dass die Seele nur soweit leidet, als sie verworrene oder unzureichende Vorstellungen hat (III. L. 3). Ich sage ferner: „wodurch die Seele eine grössere oder geringere Daseinskraft, als vorher, bei ihrem Körper oder einem Theil desselben bejaht." Denn alle Vorstellungen von Körpern, die wir haben, bezeichnen mehr die wirkliche Verfassung unseres Körpers (II. L. 16 Z. 2) als die Natur der äusseren Körper; das aber, was die Form des Affektes ausmacht, muss die Verfassung unseres Körpers oder eines Theiles desselben bezeichnen oder ausdrücken, welche unser Körper oder sein Theil deshalb hat, weil sein Vermögen zu handeln oder Kraft zu existiren vermehrt oder vermindert, unterstützt oder gehemmt wird. Mit den Worten: „eine grössere oder geringere Daseinskraft, als vorher," meine ich nicht, dass die Seele die gegenwärtige Verfassung des Körpers mit einer früheren vergleicht, sondern dass die Vorstellung, welche den Affekt eigentlich ausmacht, vom Körper etwas bejaht, was in Wahrheit mehr oder weniger Realität als vorher enthält. Und weil das Wesen der Seele darin besteht (II. L. 11 u. 13), dass sie die wirkliche Existenz ihres Körpers bejaht, und da ich unter Vollkommenheit das Wesen eines Gegenstandes selbst verstehe, so folgt, dass die Seele zu einer grösseren oder geringeren Vollkommenheit übergeht, wenn es sich trifft, dass sie von ihrem Körper oder einem Theil desselben etwas bejaht, was mehr oder weniger Realität als vorher enthält. Wenn ich also oben gesagt habe, „dass der Seele Kraft zu denken vermehrt oder vermindert werde," so habe ich gemeint, dass die Seele eine Vorstellung ihres Körpers oder eines Theiles desselben gebildet hat, welche mehr oder weniger Realität ausdrückt, als sie vorher von ihrem Körper bejaht hatte. Denn die Vorzüglichkeit der Vorstellungen und die wirkliche Macht zu denken wird nach der Vorzüglichkeit des Gegenstandes geschätzt. Ich habe endlich noch hinzugefügt: „durch welche die Seele bestimmt wird, mehr an dies als an Anderes zu denken," um neben der Natur der Freude und Trauer, welche der erste Theil der Definition darlegt, auch die Natur des Begehrens auszudrücken. 85) 86)

Vierter Theil.
Von der menschlichen Knechtschaft oder von den Kräften der Affekte.

Vorrede.

Die Ohnmacht des Menschen in Mässigung oder Hemmung seiner Affekte nenne ich Knechtschaft; denn der von seinen Affekten abhängige Mensch ist nicht Herr seiner selbst, sondern dem Schicksal unterthan. Er befindet sich in solchem Grade in dessen Hand, dass er oft gezwungen ist, dem Schlimmen zu folgen, obgleich er das Bessere sieht. Die Ursachen hiervon und das Gute und Schlimme, was die Affekte selbst haben, will ich in diesem vierten Theile darlegen. Vorher ist es indess rathsam, über Vollkommenheit und Unvollkommenheit und über gut und schlecht noch Einiges vorauszuschicken.

Wer sich vorgenommen hat, eine Sache zu fertigen und sie dann vollendet hat, hält nicht allein die Sache für vollendet, sondern ebenso jeder, welcher die Absicht und den Zweck des Urhebers des Werkes richtig kennt oder zu kennen meint. Wer z. B. ein Werk (das noch nicht vollendet sein soll) sieht und weiss, dass die Absicht des Urhebers ist, ein Haus zu bauen, wird sagen, dass das Haus unvollendet ist; wenn er aber sieht, dass der Bau so weit fertig gebracht ist, als ihn der Baumeister bringen wollte, so wird er ihn für vollendet erklären. Wenn aber Jemand ein Werk erblickt, von dem er bis jetzt nichts Aehnliches gesehen hat, von dem er auch die Absicht des Werkmeisters nicht kennt, der wird offenbar nicht wissen, ob er das Werk für vollendet oder nicht vollendet halten soll. Dies scheint die erste Bedeutung dieser Worte gewesen zu sein.

Nachdem indess die Menschen angefangen hatten, universelle Begriffe zu bilden und sich die Muster-Bilder für Häuser, Gebäude, Thürme auszudenken und eines dem andern vorzuziehen, so ist es gekommen, dass jeder das vollkommen nennt, was dem universellen Begriffe, den er von dergleichen Gegenständen hat, entspricht, und dass er das für unvollkommen erklärt, was mit dem von ihm gebildeten Begriffe weniger übereinstimmt, obgleich es nach des Werkmeisters Ansicht ganz vollendet ist.

Derselbe Grund ist es auch, weshalb die natürlichen Dinge, welche des Menschen Hand nicht gefertigt hat, gemeinhin vollkommen oder unvollkommen genannt werden. Denn die Menschen pflegen ebenso von natürlichen Dingen, wie von den gefertigten universelle Vorstellungen sich zu bilden, die sie wie ihre Muster behandeln. Diese schaut nach ihrer Meinung die Natur an und setzt sie als Muster sich vor (da sie meinen, die Natur handle nur nach Zwecken). Wenn sie mithin in der Natur etwas entstehen sehen, was mit dem vorgefassten Muster dieses Gegenstandes weniger übereinstimmt, so glauben sie, dass auch die Natur gefehlt oder gesündigt und die Sache unvollkommen gelassen habe.

Man sieht also, dass die Menschen gewöhnt sind, die natürlichen Dinge mehr nach Vorurtheilen als nach deren wahrer Erkenntniss vollkommen oder unvollkommen zu nennen. Denn ich habe im Anhange zum ersten Theile gezeigt, dass die Natur nicht nach Zwecken handelt, da jenes ewige und unendliche Wesen, was ich Gott oder

Natur nenne, mit derselben Nothwendigkeit handelt, wie existirt; und ich habe gezeigt, dass es aus der Nothwendigkeit, mit der es existirt, auch handelt (I. L. 16). Der Grund oder die Ursache, weshalb Gott oder die Natur handelt und weshalb sie existirt, ist ein und dasselbe. So wie die Natur also um keines Zweckes willen da ist, so handelt sie auch um keines Zweckes willen; vielmehr hat sie für ihre Existenz, wie für ihr Handeln kein Prinzip oder Zweck. Was man Zweck nennt, ist nur das menschliche Begehren, aufgefasst als Prinzip oder erste Ursache eines Gegenstandes. Wenn wir z. B. sagen, das Wohnen sei der Zweck dieses oder jenes Hauses gewesen, so meint man damit nur, dass der Mensch um der Vortheile eines häuslichen Lebens willen das Begehren, ein Haus zu bauen, gehabt hat. Das Wohnen als Zweck ist deshalb nur dies einzelne Begehren; dieses ist die wirkliche Ursache, und sie gilt als die anfängliche, weil die Menschen gewöhnlich die Ursache ihrer Begehren nicht kennen; denn sie sind, wie ich oft gesagt, wohl ihrer Handlungen und Begehren sich bewusst, aber sie kennen die Ursachen nicht, von denen sie zu diesem Begehren bestimmt werden. Die Redensarten, dass die Natur manchmal fehle oder sündige und unvollkommene Dinge zu Stande bringe, zähle ich deshalb zu den Erdichtungen, über die ich im Anhange zum ersten Theile gesprochen habe.

Vollkommenheit und Unvollkommenheit sind deshalb in Wahrheit nur Weisen des Denkens, d. h. Begriffe, die wir aus der Vergleichung der Einzeldinge einer Art oder Gattung zu bilden pflegen. Deshalb habe ich oben (II. D. 6) gesagt, dass ich unter Realität und Vollkommenheit dasselbe verstehe; denn man pflegt alle Einzeldinge der Natur auf eine einzige Gattung als die allgemeinste zu beziehen, nämlich auf den Begriff des Seienden, welcher unbedingt allen Einzeldingen der Natur zukommt. Wenn man daher die Einzeldinge der Natur auf diesen Gattungsbegriff bezieht und mit einander vergleicht, so bemerkt man, dass einige mehr Sein oder Realität als andere haben, und man nennt deshalb jene vollkommener als diese.

Soweit man aber ihnen etwas zutheilt, was eine Verneinung enthält, wie Grenze, Ende, Ohnmacht, nennt man sie unvollkommen, weil sie die Seele nicht ebenso erregen, wie jene, die man vollkommen nennt. Es geschieht dies also nicht deshalb, weil etwas ihnen Zugehöriges fehlt, und weil die Natur gefehlt hat; denn zur Natur einer Sache gehört nur, was aus der Nothwendigkeit der Natur der wirkenden Ursache folgt, und es geschieht nothwendig, was aus dieser Nothwendigkeit und Natur der wirkenden Ursache folgt.

Was das Gute und das Schlechte anlangt, so bezeichnen sie auch nichts Positives in den Dingen, wenn sie an sich betrachtet werden. Sie sind nur Arten des Denkens oder Begriffe, die man aus der Vergleichung der Dinge bildet. Denn eine und dieselbe Sache kann zu gleicher Zeit gut, schlecht und auch gleichgültig sein. So ist z. B. eine Musik gut für den Schwermüthigen, schlecht für den Trauernden, aber für den Tauben weder gut noch schlecht. Obgleich sich dies so verhält, muss ich dennoch diese Worte beibehalten. Denn weil ich einen Begriff des Menschen als Muster der menschlichen Natur, auf das man hinblicke, zu bilden wünsche, wird es nützlich sein, diese Worte in dem erwähnten Sinne beizubehalten. Unter gut werde ich also im Folgenden das verstehen, was wir gewiss als ein Mittel kennen, welches mehr und mehr zu dem uns vorgesetzten Muster der menschlichen Natur hinführt; unter schlecht aber das, von dem wir überzeugt sind, dass es uns hindert, das Muster darzustellen. Ebenso werde ich die Menschen vollkommener oder unvollkommener nennen, je nachdem sie sich diesem Muster mehr oder weniger nähern. Denn vor allem ist festzuhalten, dass, wenn ich sage, Jemand geht von einer niedern zu einer grössern Vollkommenheit über und umgekehrt, ich nicht meine, dass sein Wesen und Wirkliches sich in ein Anderes verwandle (denn das Pferd geht z. B. zu Grunde, mag es in einen Menschen oder in ein Insekt verwandelt werden), sondern weil ich annehme, dass sein Vermögen zu handeln, insofern es seine eigene Natur bildet, sich vermehrt oder vermindert.

Endlich verstehe ich unter Vollkommenheit, wie gesagt, im Allgemeinen die Realität, d. h. das Wesen jeder Sache, insofern sie in bestimmter Weise existirt und wirkt, ohne dabei auf ihre Dauer Rücksicht zu nehmen. Denn keine Sache kann deshalb vollkommener als eine andere genannt werden, weil sie längere Zeit im Existiren verharrt; denn die Dauer der Dinge kann aus ihrem Wesen nicht bestimmt werden, da dies keine feste und bestimmte Zeit der Existenz einschliesst; vielmehr kann die vollkommenere Sache ebenso, wie die unvollkommenere, mit der gleichen Kraft, in der sie begonnen, auch zu existiren fortfahren, so dass alle Dinge hierin einander gleich sind. [1])

D. 1. Unter **gut** verstehe ich das, von dem wir gewiss wissen, dass es uns nützlich ist.

D. 2. Unter **schlecht** verstehe ich das, von dem wir gewiss wissen, dass es uns verhindert, ein Gutes zu erreichen.

Hierüber sehe man den Schluss der obigen Vorrede. [2])

D. 3. Die Einzeldinge nenne ich **zufällig**, insofern ihre blosse Wesenheit nichts enthält, was deren Existenz nothwendig setzt oder nothwendig aufhebt.

D. 4. Ich nenne dieselben Einzeldinge **möglich**, insofern man in Bezug auf die Ursachen, aus denen sie hervorgehen sollen, nicht weiss, ob diese bestimmt sind, sie hervorzubringen.

In I. L. 33 E. 1 habe ich zwischen **Möglichem** und **Zufälligem** nicht unterschieden, weil es dort nicht nöthig war, sie beide genau zu unterscheiden. [3])

D. 5. Unter **entgegengesetzten Affekten** verstehe ich in Folgendem die, welche den Menschen nach entgegengesetzten Richtungen ziehen, wenn sie auch gleicher Art sind, wie Schwelgerei und Geiz, welche beide Arten der Liebe sind; sie sind auch nicht von Natur, sondern nur zufällig Gegensätze.

D. 6. Was ich unter Affekt für einen zukünftigen, gegenwärtigen oder vergangenen Gegenstand verstehe, habe ich in III. L. 18 E. 1, 2 erläutert.

Es muss hier aber noch besonders erwähnt werden, dass der Mensch Zeitgrössen wie Raumgrössen nur bis zu einer gewissen Grenze sich bildlich vorstellen kann. So wie man pflegt, alle Gegenstände, welche über 200 Fuss von uns abstehen, oder deren Entfernung von unserer Stelle weiter ist, als man sich deutlich vorstellen kann, sich als gleich entfernt oder gleichsam in derselben Fläche befindlich vorzustellen; so geschieht dies ebenso mit Gegenständen, die nach unserer Vorstellung von der Gegenwart zeitlich weiter entfernt sind, als man sich bestimmt bildlich vorzustellen pflegt. Man hält sie alle gleich weit von der Gegenwart entfernt und stellt sie gleichsam in einen Zeitpunkt. ⁴)

D. 7. Unter dem **Zwecke**, weshalb wir etwas thun, verstehe ich das Streben. ⁵)

D. 8. Unter **Tugend** und **Macht** verstehe ich dasselbe; d. h. die Tugend in Bezug auf den Menschen (III. L. 7) ist des Menschen eignes Wesen oder Natur, insoweit er die Macht hat, etwas zu bewirken, was blos durch die Gesetze seiner Natur erkannt werden kann. ⁶)

A. Es giebt in der Natur keine einzelne Sache, die nicht von einer andern mächtigern und stärkern übertroffen würde; vielmehr giebt es über jede gegebene noch eine stärkere, von der sie zerstört werden kann. ⁷)

L. 1. *Alles, was eine falsche Vorstellung Positives enthält, wird durch die Gegenwart des Wahren, als Wahren, nicht aufgehoben.*

B. Das Falsche besteht aus einem blossen Mangel der Kenntniss, welchen die unzureichenden Vorstellungen enthalten, und sie werden wegen keines in ihnen enthaltenen Positiven falsch genannt (II. L. 35, 33), im Gegentheil, auf Gott bezogen, sind sie wahr (II. L. 32). Wenn daher das Positive einer falschen Vorstellung durch die Gegenwart des Wahren, als Wahren, aufgehoben würde, so höbe die wahre Vorstellung sich selbst auf, was widersinnig ist (III. L. 4).

E. Dieser Lehrsatz erhellt deutlicher aus II. L. 16 Z. 2. Denn die bildliche Vorstellung ist eine Vorstellung, welche mehr die gegenwärtige Verfassung des menschlichen Körpers, als die Natur eines äusseren Körpers anzeigt, und zwar nicht bestimmt, sondern verworren; daher kommt es, dass man sagt, die Seele irrt. Wenn man z. B. die Sonne ansieht, so hält man sie für ohngefähr 200 Fuss von sich entfernt, und man irrt so lange hierin, als man ihre wahre Entfernung nicht kennt. Mit der Erkenntniss dieser verschwindet zwar der Irrthum, aber nicht die bildliche Vorstellung, d. h. die Vorstellung der Sonne, welche deren Natur nur soweit darlegt, als der Körper von ihr erregt wurde. Obgleich wir also die wahre Entfernung der Sonne kennen, wird doch die bildliche Vorstellung bleiben, wonach sie nahe bei uns ist. Denn

wie ich in II L. 35 E. gesagt habe, stellt man sich die
Sonne nicht deshalb als nahe vor, weil man ihre wahre
Entfernung nicht kennt, sondern weil die Seele die Grösse
der Sonne nur so weit auffasst, als der Körper von ihr
erregt wird. Ebenso werden wir uns bildlich vorstellen,
dass die Sonne im Wasser ist, wenn die auf die Oberfläche des Wassers fallenden Sonnenstrahlen nach unseren
Augen zurückgeworfen werden, obgleich wir ihren wahren
Ort kennen. Dasselbe gilt von den übrigen bildlichen
Vorstellungen, durch welche die Seele getäuscht wird;
mögen sie nun die natürliche Verfassung des Körpers
oder eine Vermehrung oder Verminderung seines Vermögens zu handeln anzeigen; sie sind nicht die Gegensätze
des Wahren und erlöschen nicht durch dessen Gegenwart.
Es kommt zwar vor, dass, wenn wir fälschlich ein Uebel
fürchten, die Furcht bei Anhörung der wahren Nachricht
erlischt; aber ebenso erlischt auch die Furcht vor einem
wirklich kommenden Uebel beim Hören der falschen Nachricht. Die bildlichen Vorstellungen erlöschen daher nicht
durch die Gegenwart des Wahren als Wahren, sondern
weil stärkere auftreten, welche der eingebildeten Dinge
gegenwärtige Existenz ausschliessen, wie ich II. L. 17
gezeigt habe. [8])

L. 2. *Wir leiden, insoweit als wir ein Theil der
Natur sind, welcher für sich und ohne Anderes nicht
vorgestellt werden kann.*

B. Wir leiden, wenn etwas in uns entsteht, wovon
wir nur die partielle Ursache sind (III. D. 2), d. h. etwas,
was aus den blossen Gesetzen unserer Natur nicht abgeleitet werden kann (III. D. 1). Wir leiden daher, soweit wir ein Theil der Natur sind, welcher für sich und
ohne Anderes nicht vorgestellt werden kann. [9])

L. 3. *Die Kraft, mit der ein Mensch in seiner
Existenz verharrt, ist beschränkt und wird von der
Macht äusserer Ursachen unendlich übertroffen.*

B. Dies erhellt aus dem Axiom dieses Theiles, denn
giebt es einen Menschen, so giebt es auch etwas Anderes,
etwa A, was stärker ist, und ist A gegeben, so giebt es
ferner etwas Anderes, etwa B, was stärker als A ist, und
so fort ohne Ende. Die Macht eines Menschen wird des-

halb durch die Macht eines anderen Gegenstandes beschränkt und von der Macht äusserer Ursachen unendlich übertroffen. [10])

L. 4. *Es ist unmöglich, dass ein Mensch keinen Theil der Natur bilde und nur Veränderungen erleide, welche durch seine Natur allein erkannt werden können, und deren zureichende Ursache er ist.*

B. Die Macht, durch welche die Einzeldinge und folglich auch der Mensch ihr Sein bewahren, ist Gottes oder der Natur Macht selbst (I. L. 24 Z.), und zwar nicht als unendliche, sondern soweit sie durch des Menschen wirkliches Wesen dargelegt werden kann (III. L. 7) Die Macht des Menschen ist daher, soweit sie sich durch sein eigenes Wesen darlegt, ein Theil der unendlichen Macht Gottes oder der Natur, d. h. ihres Wesens (I. L. 34). Dies war das Erste. Wenn es ferner möglich wäre, dass der Mensch keine Veränderungen zu erleiden brauchte, als solche, welche durch seine Natur allein erkannt werden können, so würde folgen, dass er nicht untergehen könnte (III. L. 4, 6), sondern dass er immer nothwendig existirte. Dieses müsste aber aus einer Ursache folgen, deren Macht unendlich oder endlich wäre, nämlich entweder aus der blossen Macht des Menschen, der dann vermöchte, alle anderen Veränderungen durch äussere Körper von sich abzuhalten, oder aus der unendlichen Macht der Natur, von der dann alles Einzelne so geleitet werden müsste, dass der Mensch keine anderen Veränderungen erlitte, als die zu seiner Erhaltung dienten.

Das Erste ist widersinnig (nach IV. L. 3, dessen Beweis allgemein gilt und auf alle Einzeldinge anwendbar ist). Wenn es also möglich wäre, dass ein Mensch nur aus seiner Natur erkennbare Veränderungen erlitte, mithin, wie gezeigt, immer nothwendig existirte, so müsste dies aus der unendlichen Macht Gottes folgen, und folglich müsste aus der Nothwendigkeit der göttlichen Natur (I. L. 16), sofern sie durch die Vorstellung eines Menschen erregt aufgefasst wird, die Ordnung der ganzen Natur, sofern sie nach den Attributen der Ausdehnung und des Denkens aufgefasst wird, daraus abgeleitet werden. Daraus ergäbe sich (I. L. 21), dass der Mensch unendlich wäre, was (nach dem ersten Theil dieses Beweises) widersinnig ist. Es ist deshalb unmöglich, dass der Mensch nur solche Veränderungen erleide, von denen er die zureichende Ursache ist.

Z. Hieraus ergiebt sich, dass der Mensch nothwendig immer den Leidenschaften ausgesetzt ist, der allgemeinen Ordnung der Natur folgt, ihr gehorcht und sich ihr fügt, soweit es die Natur der Dinge fordert.[11])

L. 5. *Die Kraft und der Zuwachs jeder Leidenschaft und ihre Beharrlichkeit zu existiren wird nicht durch die Macht bestimmt, mit der wir streben, in unserem Sein zu beharren, sondern durch die Macht der äusseren Ursache im Vergleich mit unserer Macht.*

B. Das Wesen der Leidenschaft kann nicht durch unser Wesen allein dargelegt werden (III. D. 1, 2), d. h. die Macht der Leidenschaft kann nicht bestimmt werden durch die Macht, mit der wir in unserem Sein zu verharren streben (III. L. 7), sondern sie muss nothwendig bestimmt werden durch die Macht einer äusseren Ursache, in Vergleich mit unserer Macht (II. L. 16).[12])

L. 6. *Die Kraft einer Leidenschaft oder eines Affektes kann des Menschen übrige Handlungen oder Macht so übersteigen, dass der Affekt hartnäckig an dem Menschen haftet.*

B. Die Kraft und der Zuwachs jeder Leidenschaft und ihre Beharrlichkeit zu sein wird durch die Macht einer äusseren Ursache bestimmt, in Vergleich zu unserer Macht (IV. L. 5), deshalb kann sie die Macht des Menschen so übersteigen, dass u. s. w.[13])

L. 7. *Ein Affekt kann nur gehemmt oder aufgehoben werden durch einen Affekt, der entgegengesetzt und stärker ist, als der zu hemmende.*

B. Der Affekt, auf die Seele bezogen, ist eine Vorstellung, mit welcher die Seele eine gegen früher grössere oder geringere Daseinskraft ihres Körpers bejaht (III. Die allgemeine Definition der Affekte). Wenn also die Seele von einem Affekt erfasst ist, ist zugleich der Körper so erregt, dass sein Vermögen zu handeln wächst oder abnimmt. Nun erhält diese Erregung des Körpers ihre Kraft, im Sein zu verharren, von ihrer Ursache (IV. L. 5);

sie kann mithin nur von einer körperlichen Ursache gehemmt oder aufgehoben werden (II. L. 6), welche den Körper in einer entgegengesetzten oder stärkeren Weise erregt (III. L. 5 und IV. A.). Folglich wird die Seele von der Vorstellung einer Erregung erfasst, die stärker und der früheren entgegengesetzt ist (II. L. 12); d. h. die Seele wird von einem stärkeren und dem früheren entgegengesetzten Affekt erfasst, welcher die Existenz des früheren ausschliessen und aufheben wird (III. Allgemeine Definition). Mithin kann ein Affekt nur durch einen entgegengesetzten und stärkeren Affekt gehoben oder gehemmt werden.

Z. Der Affekt der Seele kann nur gehemmt oder gehoben werden durch die Vorstellung einer entgegengesetzten Erregung des Körpers, die zugleich stärker ist, als die, unter der wir leiden. Denn ein Affekt, unter dem wir leiden, kann nur durch einen stärkeren und entgegengesetzten Affekt gehemmt oder gehoben werden (IV. L. 7), d. h. nur durch die Vorstellung einer körperlichen Erregung, die stärker und jenem entgegengesetzt ist. [14])

L. 8. *Die Erkenntniss des Guten und Schlechten ist nur der Affekt der Freude oder Trauer, sofern wir uns dessen bewusst sind.*

B. Wir nennen das gut oder schlecht, was der Erhaltung unseres Seins nützt oder schadet (IV. D. 1, 2), d. h. was unser Vermögen zu handeln mehrt oder mindert, unterstützt oder hemmt (III. L. 7). Sofern wir also bemerken, dass eine Sache uns mit Freude oder Trauer erfüllt, nennen wir sie gut oder schlecht (III. L. 11 E. mit den Definitionen der Freude und Trauer). Daher ist die Erkenntniss des Guten und Schlechten nur die Vorstellung der Freude oder Trauer, welche aus dem Affekte der Freude oder Trauer selbst nothwendig folgt (II. L. 22). Diese Vorstellung ist aber in derselben Weise mit dem Affekt geeint, wie die Seele mit dem Körper (II. L. 21); d. h. diese Vorstellung unterscheidet sich von dem Affekt selbst (II. L. 21 E. III. Allgemeine Definition der Affekte) oder von der Vorstellung des betreffenden Körperzustandes in Wahrheit nur im Denken. Daher ist diese Erkenntniss des Guten und Schlechten immer der Affekt selbst, sofern wir uns seiner bewusst sind.[15])

L. 9. *Ein Affekt, dessen Ursache wir als gegenwärtig und uns nahe vorstellen, ist stärker; als wenn wir uns diese Ursache nicht als gegenwärtig vorstellen.*

B. Die bildliche Vorstellung ist eine Vorstellung, in welcher die Seele einen Gegenstand als gegenwärtig betrachtet (II. L. 17 E.), welcher aber doch mehr die Verfassung des menschlichen Körpers als die Natur der äusseren Sache anzeigt (II. L. 16 Z. 2). Der Affekt ist also eine bildliche Vorstellung, insofern sie die Verfassung des Körpers anzeigt (III. Allgemeine Definition). Aber die bildliche Vorstellung ist stärker, so lange wir uns nichts vorstellen, was die gegenwärtige Existenz der äusseren Sache ausschliesst (II. L. 17). Deshalb wird auch ein Affekt, dessen Ursache wir für gegenwärtig und uns nahe vorstellen, in sich mächtiger oder stärker sein, als wenn wir uns vorstellen, dass sie nicht gegenwärtig ist.

E. Als ich oben (III. L. 18) sagte, dass wir aus dem Bilde einer kommenden oder vergangenen Sache zu demselben Affekt aufgeregt werden, als wenn die vorgestellte Sache gegenwärtig wäre, so habe ich ausdrücklich bemerkt, dass dies nur wahr sei, insofern wir blos auf das Bild der Sache Acht haben (denn dieses bleibt von gleicher Natur, mögen wir es uns vorgestellt haben oder nicht); aber ich habe nicht bestritten, dass es schwächer werde, wenn wir andere Dinge als gegenwärtig betrachten, welche die Gegenwart der zukünftigen Sache ausschliessen. Es ist dies damals nicht geschehen, weil ich über die Kräfte der Affekte erst in diesem vierten Theile handeln wollte.

Z. Das Bild einer kommenden oder vergangenen Sache, d. h. einer Sache, welche wir, mit Ausschluss der gegenwärtigen Zeit, in Beziehung auf die kommende oder vergangene Zeit betrachten, ist unter sonst gleichen Umständen schwächer als das Bild einer gegenwärtigen Sache, und folglich wird auch ein Affekt für eine kommende oder vergangene Sache, unter sonst gleichen Umständen, gemässigter sein als ein Affekt für eine gegenwärtige Sache.[16])

L. 10. *Für eine kommende Sache, deren baldiges Dasein man annimmt, wird man stärker erregt, als wenn man glaubt, dass die Zeit ihrer Existenz länger von der Gegenwart absteht; und durch das Andenken an einen Gegenstand, den man für noch nicht lange vergangen hält, wird man ebenfalls stärker erregt, als wenn man ihn für länger vergangen hält.*

B. Denn so weit man den Gegenstand für bald kommend oder für nicht lange vergangen hält, stellt man damit etwas vor, was die Gegenwart des Gegenstandes weniger ausschliesst, als wenn man glaubt, dass die künftige Zeit seiner Existenz länger von der Gegenwart absteht, oder ihn für schon lange vergangen hält (wie von selbst klar ist); deshalb wird man auch stärker für ihn erregt werden (IV. L. 9).

E. Aus dem zu IV. D. 6 Bemerkten ergiebt sich, dass, wenn die Gegenstände von der Gegenwart durch einen längeren Zeitraum getrennt sind, als man diesen in seiner Grösse sich vorstellen kann, sie uns nur gleich schwach berühren, wenn wir auch wissen, dass sie unter einander durch einen grossen Zeitraum getrennt sind [17])

L. 11. *Der Affekt für einen als nothwendig vorgestellten Gegenstand wird unter sonst gleichen Umständen stärker sein, als für einen möglichen oder zufälligen, d. h. nicht nothwendigen Gegenstand.*

B. So weit man sich einen Gegenstand als nothwendig vorstellt, so weit bejaht man dessen Existenz und umgekehrt verneint man diese, so weit man sich ihn als nicht nothwendig vorstellt (I. L. 33 E.). Daher wird der Affekt für einen nothwendigen Gegenstand unter sonst gleichen Umständen (IV. L. 9) stärker sein als für einen nicht nothwendigen. [18])

L. 12. *Der Affekt für einen Gegenstand, von dem man weiss, dass er gegenwärtig nicht existirt, und den man sich als möglich vorstellt, wird unter sonst gleichen Umständen stärker sein als für einen zufälligen Gegenstand.*

B. So weit man sich eine Sache als zufällig vorstellt, ist man von dem Bilde keiner andern Sache erregt, welche die Existenz jener setzte (IV. D. 3), vielmehr stellt man (nach der Annahme) etwas vor, was deren gegenwärtige Existenz ausschliesst. So weit man sich aber die Sache als in Zukunft möglich vorstellt, so weit stellt man sich etwas vor, was ihre Existenz setzt (IV. D. 4), d. h. was die Hoffnung oder die Furcht nährt (III. L. 18). Deshalb wird der Affekt für einen möglichen Gegenstand heftiger sein.

Z. Der Affekt für einen als gegenwärtig nicht existirend und als zufällig vorgestellten Gegenstand ist viel schwächer, als wenn man sich den Gegenstand als gegenwärtig vorstellt.

B. Der Affekt für einen als gegenwärtig existirend vorgestellten Gegenstand ist stärker, als wenn man ihn sich bloss als einen zukünftigen vorstellt (IV. L. 9 Z.), und ist für einen zukünftigen heftiger, wenn man sich vorstellt, dass dessen kommende Zeit von der gegenwärtigen nicht weit absteht (IV. L. 10). Daher ist der Affekt für einen Gegenstand, dessen Zeit der Existenz man sich von der Gegenwart für weit entfernt vorstellt, viel schwächer, als wenn er als gegenwärtig vorgestellt wird. Nichtsdestoweniger wird er stärker sein, als wenn man den Gegenstand als zufällig vorstellt (IV. L. 12.). Deshalb ist der Affekt für einen zufälligen Gegenstand weit schwächer als für einen, den man sich als gegenwärtig vorstellt. [19])

L. 13. *Der Affekt für einen zufälligen Gegenstand, von dem man weiss, dass er in der Gegenwart nicht existirt, ist, unter sonst gleichen Umständen, schwächer, als der Affekt für einen vergangenen Gegenstand.*

B. So weit man sich den Gegenstand als zufällig vorstellt, wird man durch das Bild keines anderen Gegenstandes erregt, welches seine Existenz setzt (IV. D. 3). Man stellt sich im Gegentheil (nach der Annahme) etwas vor, was dessen gegenwärtige Existenz ausschliesst. Wenn man sich aber denselben Gegenstand mit Beziehung auf eine vergangene Zeit vorstellt, so muss man sich insoweit etwas vorstellen, was ihn in das Gedächtniss bringt, oder was das Bild des Gegenstandes erweckt (II. L. 18 u. E.) und damit bewirkt, dass man den Gegenstand als einen gegenwärtigen betrachtet (II. L. 17 Z.). Daher wird (IV. L. 9) der Affekt für einen zufälligen Gegenstand, von dem man weiss, dass er gegenwärtig nicht existirt, unter

IV. Theil. Von der menschlichen Knechtschaft. L. 14—16.

sonst gleichen Umständen schwächer sein, als der Affekt für einen vergangenen Gegenstand. [20]

L. 14. *Die wahre Erkenntniss des Guten und Schlechten kann, soweit sie wahr ist, keinen Affekt hemmen, sondern nur, soweit sie als Affekt aufgefasst wird.*

B. Der Affekt ist eine Vorstellung, durch welche die Seele eine Daseinskraft ihres Körpers bejaht, die grösser oder kleiner ist, als vorher (III. Allgemeine Definition). Dieses Positive kann durch die Gegenwart des Wahren nicht aufgehoben werden (IV. L. 1), und deshalb kann die wahre Erkenntniss des Guten und Schlechten, als solche, keinen Affekt hemmen. Aber soweit diese Erkenntniss Affekt ist (IV. L. 8), kann sie, wenn sie stärker als jener ist (IV. L. 7), ihn hemmen. [21]

L. 15. *Die Begierde, welche aus der wahren Erkenntniss des Guten und Schlechten entspringt, kann durch viele andere Begierden, die aus sich bekämpfenden Affekten entspringen, erstickt oder gehemmt werden.*

B. Aus der wahren Erkenntniss des Guten und Schlechten, so weit sie Affekt ist (IV. L. 8), entspringt nothwendig eine Begierde (III. D. d. Aff. 1), welche um so grösser ist, je grösser der Affekt ist, aus dem sie entsteht (III. L. 37). Weil aber diese Begierde (nach der Annahme) aus einem wahren Wissen entspringt, so erfolgt sie in uns, so weit wir handeln (III. L. 3), und muss also durch unser Wesen allein erkannt werden (III. D. 2), und folglich muss Kraft und Wachsthum in derselben durch die menschliche Macht allein bestimmt werden. Ferner sind die Begierden, welche aus sich bekämpfenden Affekten entspringen, um so grösser, je heftiger diese Affekte sind; deren Kraft und Wachsthum muss also durch die Macht äusserer Ursachen bestimmt werden (IV. L. 5), welche im Vergleich mit unserer Macht diese weit übersteigt (IV. L. 3). Daher können die Begierden, welche aus dergleichen Affekten entspringen, stärker sein, als jene, welche aus der wahren Erkenntniss des Guten und Schlechten entspringt, und sie mithin hemmen oder ersticken (IV. L. 7). [22]

L. 16. *Die Begierde, die aus der Erkenntniss des Guten und Schlechten in Beziehung auf einen künftigen*

Gegenstand entspringt, kann leicht durch die Begierde nach Dingen, die in der Gegenwart angenehm sind, gehemmt und ausgelöscht werden.

B. Der Affekt für einen zukünftigen Gegenstand ist schwächer, als für einen gegenwärtigen (IV. L. 9 Z.). Aber die aus der wahren Erkenntniss des Guten und Schlechten entspringende Begierde kann, selbst wenn sie sich auf gegenwärtige gute Dinge bezieht, durch irgend eine unbesonnene Begierde erstickt oder gehemmt werden (IV. L. 15, dessen Beweis allgemein ist). Daher wird eine Begierde, welche aus solcher Erkenntniss für einen zukünftigen Gegenstand entspringt, um so leichter gehemmt oder getilgt werden können u. s. w. [23])

L. 17. *Die Begierde aus der wahren Erkenntniss des Guten und Schlechten, insoweit sie einen zufälligen Gegenstand betrifft, wird noch viel leichter durch eine Begierde nach gegenwärtigen Dingen gehemmt werden können.*

B. Der Beweis dieses Lehrsatzes wird auf dieselbe Weise, wie der des vorgehenden aus IV. L. 12 Z. geführt.

E. Damit glaube ich die Ursachen dargelegt zu haben, weshalb die Menschen mehr von ihren Meinungen als von der wahren Vernunft sich bestimmen lassen, und weshalb die Erkenntniss des Guten und Schlechten die Seele unruhig macht und oft jeder Art von Lust den Platz räumt. Daher rührt jener Vers des Dichters: „Ich seh und bill'ge das Bessere, aber dem Schlechteren folge ich nach." Dasselbe scheint auch der Prediger im Sinne gehabt zu haben, als er sagte: „Wer das Wissen mehrt, mehrt den Schmerz." Ich sage dies aber nicht deshalb, um zu folgern, dass das Nicht-Wissen besser sei, als das Wissen, oder dass der Verständige in Mässigung der Affekte sich von dem Dummen nicht unterscheide, sondern weil es nothwendig ist, dass man sowohl die Macht wie die Ohnmacht seiner Natur kenne, um bestimmen zu können, was die Vernunft in Mässigung der Affekte vermag und nihct vermag. Und in diesem vierten Theil habe ich nur von der Ohnmacht des Menschen handeln wollen; denn die Macht der Vernunft über die Affekte werde ich besonders behandeln [24])

L. 18. *Die Begierde, welche aus der Freude entspringt, ist, bei sonst gleichen Umständen, stärker, als die Begierde, welche aus der Trauer entspringt.*

B. Die egierde ist das Wesen des Menschen selbst (III. D. 1 d. Aff.), d. h. das Streben des Menschen, in seinem Sein zu verharren (III. L. 7). Deshalb wird die Begierde, die aus der Freude entspringt, durch den Affekt der Freude selbst unterstützt oder vermehrt. (Man sehe die Definition der Freude in E. zu III. L. 11). Dagegen wird die Begierde die aus der Trauer entspringt, durch den Affekt der Trauer selbst vermindert oder gehemmt (III. L. 11 E.). Deshalb muss die Kraft der Begierde, welche aus der Freude selbst entspringt, sowohl durch das Vermögen des Menschen, als durch die Macht der äusseren Ursache bestimmt werden; aber die der Trauer nur durch das Vermögen des Menschen; deshalb wird jene stärker als diese sein. [25]

E. Damit habe ich in Kürze die Ursachen der menschlichen Ohnmacht und Unbeständigkeit dargelegt und weshalb die Menschen die Lehren der Vernunft nicht innehalten. Ich habe nun noch zu zeigen, was das ist, was uns die Vernunft vorschreibt, und welche Affekte mit den Vorschriften der menschlichen Vernunft übereinstimmen und welche ihnen entgegen sind. Ehe ich jedoch dies in meiner ausführlichen geometrischen Weise darzulegen beginne, möchte ich zuvor noch die Vorschriften der Vernunft selbst hier kurz aufzeigen, damit meine Ansicht leichter gefasst werden kann.

Da die Vernunft nichts gegen die Natur fordert, so fordert sie also selbst, dass ein Jeder sich liebe, seinen Nutzen, soweit er wahrhaft Nutzen ist, suche und Alles, was den Menschen zu einer grösseren Vollkommenheit wirklich führt, erstrebe; überhaupt dass Jeder sein Sein, so viel er vermag, zu erhalten strebe. Dies ist sicherlich so wahr als der Satz, dass das Ganze grösser ist, als sein Theil (III. L. 4). Da nun die Tugend nichts Anderes als ein Handeln nach den Gesetzen seiner eigenen Natur ist (IV. D. 8) und Jedermann nur nach den Gesetzen seiner eigenen Natur sein Sein zu erhalten strebt (III. L. 7), so ergiebt sich daraus **erstens**: Dass die Grundlage der Tugend in dem Streben besteht, sein Sein zu erhalten, und das Glück darin, dass der Mensch sein Sein erhalten kann. Es folgt zweitens: Dass man die Tugend um ihrer selbst willen zu erstreben hat und dass es nichts Vorzüglicheres oder uns Nützlicheres giebt als sie, um dessentwegen man die Tugend begehren müsste. Endlich folgt drittens: Dass die Selbstmörder ihres Verstandes nicht mächtig sind, und dass sie von äusseren Ursachen, welche ihrer Natur entgegengesetzt sind, überwunden werden.

Ferner folgt aus II. H. 4, dass es uns unmöglich ist, für die Erhaltung unseres Seins nichts ausserhalb unserer zu bedürfen und ohne allen Verkehr mit äusserlichen Gegenständen zu leben; auch wäre unser Wissen, wenn man noch die Seele in Betracht nimmt, sicherlich unvollkommner, wenn die Seele allein wäre und nichts kennte, als sich selbst. Es giebt also Vieles ausserhalb unser, was uns nützlich und deshalb zu erstreben ist. Von diesem kann man sich nichts Besseres vorstellen, als das, was mit unserer Natur ganz übereinstimmt. Wenn z. B. Zweie von derselben Natur sich gegenseitig verbinden, so bilden sie ein Einzelding, was noch einmal so stark ist, als jedes für sich. Es giebt deshalb für den Menschen nichts Nützlicheres, als der Mensch. Ich sage, es können die Menschen sich nichts Besseres für die Erhaltung ihres Seins wünschen, als dass Alle mit Allen so übereinstimmen, dass die Seelen und Körper Aller gleichsam eine Seele und einen Körper bilden, Alle so viel als möglich ihr Sein zu erhalten suchen und Alle das für Alle Nützliche aufsuchen. Daraus ergiebt sich, dass Menschen, die von der Vernunft geleitet werden, d. h. die ihren Nutzen nach Anleitung der Vernunft suchen, nichts für sich erstreben, was sie nicht auch für die übrigen Menschen wünschten, und dass also solche Menschen gerecht, treu und ehrlich sind.

Dies sind die Gebote der Vernunft, welche ich hier in der Kürze darlegen wollte, ehe ich beginne, sie in ausführlicher Weise zu beweisen. Es ist dies geschehen, um, wo möglich, die Aufmerksamkeit derer für mich zu gewinnen, welche meinen, dass das Prinzip, wonach Jeder nur seinen Nutzen zu suchen brauche, die Grundlage der Gottlosigkeit sei, aber nicht die der Tugend und Frömmigkeit. Nachdem ich also kurz gezeigt habe, dass die Sache

IV. Theil. Von der menschlichen Knechtschaft L. 19 20.

sich umgekehrt verhalte, gehe ich auf dem bisher betretenen Wege zu dem Beweise davon über. [26]

L. 19. *Jeder begehrt oder verabscheut nothwendig nach den Gesetzen seiner Natur das, was er für gut oder schlecht betrachtet.*

B. Die Erkenntniss des Guten und Schlechten ist der Affekt der Freude oder Trauer selbst (IV. L. 8), insofern man sich desselben bewusst ist; deshalb begehrt nothwendig Jeder das, was er für gut hält, und verabscheut, was er für schlecht hält (III. L. 28). Diese Begierden sind aber nichts anderes, als das Wesen und die Natur des Menschen selbst (III. L. 9. E. und D. 1 der Aff.). Deshalb begehrt oder verabscheut Jeder u. s. w. [27]

L. 20. *Je mehr Jemand seinen Nutzen zu suchen d. h. sein Sein zu erhalten strebt und vermag, mit desto grösserer Tugend ist er begabt. Umgekehrt, so weit Jemand seinen Nutzen, d. h. die Erhaltung seines Seins vernachlässigt, so weit ist er ohnmächtig.*

B. Die Tugend ist das menschliche Vermögen selbst, welches allein durch das Wesen des Menschen bestimmt wird (IV. D. 8), d. h. welches allein durch das Streben, womit der Mensch in seinem Sein zu verharren strebt, bestimmt wird (III. L. 7). Je mehr also Jemand sein Sein zu erhalten strebt und vermag, desto mehr ist er mit Tugend begabt, und also ist der, welcher sein Sein zu erhalten verabsäumt, insoweit ohnmächtig (III. L. 4, 6).

E. Nur der also, welcher von äussern, seiner Natur widersprechenden Ursachen überwunden ist, versäumt seinen Nutzen zu suchen und sein Sein zu erhalten. Niemand sage ich, verabscheut aus der Nothwendigkeit seiner Natur, sondern nur in Folge Zwanges durch äussere Ursachen das Essen oder nimmt sich das Leben, was auf viele Art geschehen kann. So tödtet sich Jemand, weil ein Anderer ihn zwingt, indem dieser seine Hand, mit der er zufällig ein Schwert ergriffen hatte, umdreht und ihn zwingt, das Schwert in sein Herz zu stossen; oder weil er, wie Seneca, durch den Befehl eines Tyrannen gezwungen wird, sich die Adern zu öffnen, d. h. weil er ein grösseres Uebel durch ein kleineres zu vermeiden strebt; oder endlich, weil verborgene äussere Ursachen seine Einbildung so bestimmen und seinen Körper so erregen, dass dieser eine andere, der früheren entgegengesetzte Natur annimmt, deren Vorstellung in der Seele nicht möglich ist (III. L. 10). Dass aber der Mensch aus der Nothwendigkeit seiner eigenen Natur streben sollte, nicht zu sein oder sich in ein anderes Wesen zu verwandeln, ist eben so unmöglich, als wie, dass aus Nichts Etwas werde, und Jeder wird bei mässigem Nachdenken dies einsehen.[28])

L. 21. *Niemand kann wünschen, glücklich zu sein, gut zu handeln und gut zu leben, wenn er nicht zugleich wünscht, zu sein, zu handeln und zu leben, d. h. wirklich zu existiren.*

B. Der Beweis dieses Lehrsatzes oder vielmehr die Sache selbst ist durch sich allein klar und erhellt auch aus der Definition der Begierde. Denn die Begierde, glücklich und gut zu leben, zu handeln u. s. w., ist das eigene Wesen des Menschen (III. D. 1 der Aff.), d. h. das Streben, wodurch sich Jeder in seinem Sein zu erhalten sucht (III. L. 7). Deshalb kann Niemand wünschen u. s. w.[29])

L. 22. *Keine Tugend kann vor dieser (nämlich vor dem Streben, sich selbst zu erhalten) gedacht werden.*

B. Das Streben sich zu erhalten ist das Wesen jedes Dinges selbst (III. L. 7). Wenn also eine Tugend vor diesem Streben vorgestellt werden könnte, so würde das eigene Wesen des Dinges eher als es selbst gedacht (IV. D. 8), was (wie erhellt) widersinnig ist. Deshalb kann keine Tugend vor dieser u. s. w.

Z. Das Bestreben sich zu erhalten ist die erste und einzige Grundlage der Tugend. Denn vor diesem Princip kann kein anderes vorgestellt werden (IV. L. 22), und keine Tugend kann ohne dasselbe (IV. L. 21) gedacht werden.[30])

L. 23. *So weit ein Mensch zu einer Handlung dadurch bestimmt wird, dass er unzureichende Vorstellungen hat, kann man nicht unbedingt sagen, dass er aus Tugend handle; sondern nur, so weit er durch etwas bestimmt wird, was er erkennt.*

B. So weit ein Mensch zum Handeln dadurch bestimmt wird, dass er unzureichende Vorstellungen hat, so weit leidet er (III. L. 1), d. h. er thut etwas, was aus seinem Wesen allein nicht erkannt werden kann (III. Def. 1 u. 2), d. h. was aus seiner Tugend nicht folgt (IV. D. 8). So weit er aber zur Handlung durch etwas bestimmt wird, was er erkennt, so weit handelt er (III. L. 1), d. h. er thut etwas (III. D. 2), was durch sein Wesen allein begriffen wird, oder was aus seiner Tugend allein hinreichend folgt (IV. D. 8).³¹)

L. 24. *Unbedingt aus Tugend handeln ist nichts Anderes in uns, als in Leitung der Vernunft handeln, leben und sein Sein bewahren (diese drei Ausdrücke bedeuten dasselbe), aus dem Grunde, dass man seinen eigenen Nutzen sucht.*

B. Unbedingt aus Tugend handeln ist dasselbe, wie nach den Gesetzen der eigenen Natur handeln (IV. D. 8). Aber wir handeln nur, so weit wir erkennen (III. L. 3), deshalb ist aus Tugend handeln nichts anderes in uns, als nach Leitung der Vernunft handeln, leben und sein Sein bewahren, und zwar aus dem Grunde des Strebens nach seinem eigenen Nutzen (IV. L. 22 Z.)³²)

L. 25. *Niemand strebt, sein Sein eines andern Dinges wegen zu erhalten.*

B. Das Streben, wodurch jedes Ding sich in seinem Sein zu erhalten sucht, wird blos durch das Wesen dieses Dinges bestimmt (III. L. 7) und folgt nur aus ihm allein mit Nothwendigkeit, aber nicht aus dem Wesen eines fremden Dinges (III. L. 6). Dieser Lehrsatz erhellt auch aus IV. L. 22 Z. Denn wenn der Mensch sein Sein wegen eines andern Dinges zu erhalten strebte, so wäre dieses Ding die erste Grundlage der Tugend (wie von selbst erhellt), und dies ist widersinnig, wegen IV. L. 22 Z. Deshalb strebt Niemand, sein Sein u. s. w.³³)

L. 26. *Alles, was man aus Vernunft erstrebt, ist nur die Erkenntniss, und die Seele hält, so weit sie sich ihrer Vernunft bedient, nur das zur Erkenntniss Führende für nützlich.*

B. Das Streben sich zu erhalten ist nichts Anderes,

als das Wesen des Dinges (III. L. 7), das vermöge seiner Existenz die Kraft hat, im Sein zu verharren (III. L. 6) und zu thun, was aus seiner Natur nothwendig folgt (III. L. 9 E. Def. der Begierde). Das Wesen der Vernunft ist aber nichts Anderes als unsere Seele, sofern sie klar und deutlich erkennt (II. L. 40 E. 2). Deshalb geht Alles, was man aus Vernunft erstrebt, nur auf Erkenntniss (II. L. 40).

Da ferner dieses Streben der Seele, wodurch sie, so weit sie vernünftig denkt, ihr Sein zu erhalten strebt nur das Erkennen ist (wie eben gezeigt worden), so ist dieses Streben nach Erkenntniss die erste und einzige Grundlage der Tugend (IV. L. 22 Z.), und man strebt nicht eines Zweckes wegen nach Erkenntniss (IV. L. 25), vielmehr kann die Seele, so weit sie vernünftig verfährt, nichts für sich gut halten, als das, was zur Erkenntniss führt (IV. D. 1).[34]

L. 27. *Wir wissen nur von dem gewiss, dass es gut ist, was zur Erkenntniss wirklich führt, und nur von dem, dass es schlecht ist, was die Erkenntniss hindern kann.*

B. Die Seele verlangt, so weit sie ihre Vernunft gebraucht, nur zu erkennen und hält nur das für sich nützlich, was zur Erkenntniss führt (IV. L. 26). Die Seele aber hat nur Gewissheit von den Dingen, so weit sie zureichende Vorstellungen hat (II. L. 41, 43 u. E.); oder (was dasselbe ist II. L. 40 E.) insofern sie ihre Vernunft gebraucht.

Daher hält man nur das mit Gewissheit für gut, was wahrhaft zur Erkenntniss führt, und umgekehrt das für schlecht, was die Erkenntniss hindern kann.[35]

L. 28. *Das höchste Gut der Seele ist die Erkenntniss Gottes, und die höchste Tugend der Seele Gott erkennen.*

B. Das Höchste, was die Seele erkennen kann, ist Gott, d. h. (I. D. 6) das unbedingt unendliche Wesen, ohne das Nichts sein, noch vorgestellt werden kann (I. L. 15); daher ist (IV. L. 26, 27) das höchste Nützliche für die Seele oder das höchste Gut (IV. D. 1) die Erkenntniss Gottes. Ferner handelt die Seele nur, so weit sie erkennt (III. L. 1, 3), und nur dann kann man unbedingt von ihr sagen, dass sie aus Tugend handelt (IV. L. 23). Die unbedingte Tugend der Seele ist daher das Erkennen, das Höchste aber, was die Seele erkennen kann, ist Gott (wie bereits gezeigt worden), folglich ist die höchste Tugend der Seele, Gott zu erkennen oder zu begreifen. [36])

L. 29. *Jeder Einzelgegenstand, dessen Natur von der unsrigen durchaus verschieden ist, kann unsere Macht zu handeln weder unterstützen noch hindern, überhaupt kann nur derjenige Gegenstand für uns gut oder schlecht sein, der etwas mit uns gemeinsam hat.*

B. Das Vermögen eines jeden einzelnen Gegenstandes und folglich auch des Menschen (II. L. 10. Z.), durch welches er existirt und wirkt, wird nur von einer andern einzelnen Sache bestimmt (I. L. 28), deren Natur durch dasselbe Attribut erkannt werden muss (II. L. 6), durch welches die menschliche Natur begriffen wird. Unser Vermögen zu handeln, wie man es auch vorstellen mag, kann daher nur von dem Vermögen einer andern einzelnen Sache bestimmt, und folglich unterstützt oder gehemmt werden, welche mit uns etwas Gemeinsames hat, und nicht durch das Vermögen einer Sache, deren Natur von der unsrigen ganz verschieden ist. Weil wir aber gut und schlecht nur das nennen, was Ursache der Freude oder Trauer ist (IV. L. 8), d. h. was unser Vermögen zu handeln mehrt oder mindert, unterstützt oder hemmt (III. L. 11 E.), so kann eine Sache, die von unserer Natur durchaus verschieden ist, für uns weder gut noch schlecht sein. [37])

L. 30. *Kein Gegenstand kann durch das, was er mit unserer Natur gemeinsam hat, schlecht sein, vielmehr ist er, so weit er für uns schlecht ist, uns entgegengesetzt.*

B. Wir nennen das schlecht, was Trauer verursacht (IV. L. 8), d. h. was unser Vermögen zu handeln mindert oder hemmt (III. L. 11 E.) Wenn daher eine Sache durch das, was sie mit uns gemeinsam hat, für uns schlecht wäre, so könnte die Sache dasjenige selbst, was sie mit uns gemeinsam hat, vermindern oder hemmen; was widersinnig ist (III. L. 4). Keine Sache kann daher durch das, was sie mit uns gemein hat, für uns schlecht sein, vielmehr ist sie nur insoweit schlecht, als sie unser Vermögen zu handeln mindern oder hemmen kann (wie eben gezeigt worden), d. h. so weit sie uns entgegengesetzt ist (III. L. 5).[38])

L. 31. *So weit ein Gegenstand mit unserer Natur übereinstimmt, ist er nothwendig gut.*

B. So weit ein Gegenstand mit unserer Natur übereinstimmt, kann er nicht schlecht sein (IV. L. 30). Er muss also entweder gut oder gleichgültig sein. Im letzten Falle nämlich, dass er weder gut noch schlecht ist, folgt aus seiner Natur nichts, was der Erhaltung unserer Natur nützt, d. h. (nach der Annahme) nichts, was der Erhaltung seiner eigenen Natur nützt. Dieses ist aber widersinnig (III. L. 6). Er muss also, so weit er mit unserer Natur übereinstimmt, nothwendig gut sein.

Z. Hieraus ergiebt sich, dass je mehr ein Gegenstand mit unserer Natur übereinstimmt, er um so nützlicher und besser für uns ist; und umgekehrt, je nützlicher ein Gegenstand für uns ist, um so mehr stimmt er mit unserer Natur überein. Denn soweit er damit nicht übereinstimmt, muss er von unserer Natur verschieden oder ihr entgegengesetzt sein. Ist Ersteres, so kann er weder gut noch schlecht sein (IV. L. 29); ist er entgegengesetzt, so ist er auch dem entgegengesetzt, was mit unserer Natur übereinstimmt, d. h. er ist dem Guten entgegengesetzt, oder schlecht (IV. L. 30). Es kann daher nur das mit unserer Natur Uebereinstimmende gut sein, und je mehr es damit übereinstimmt, desto nützlicher ist es, und umgekehrt.[39])

L. 32. *So weit die Menschen ihren Leidenschaften unterworfen sind, kann man nicht sagen, dass sie von Natur übereinstimmen.*

B. Wenn man von Dingen sagt, dass sie von Natur übereinstimmen, so meint man, dass sie in ihrem Vermögen übereinstimmen (III. L. 7), aber nicht in der Ohnmacht oder Verneinung, und folglich auch nicht in einem leidenden Zustande (II. L. 3 E.). Man kann daher von den Menschen, die den Leidenschaften unterworfen sind, nicht sagen, dass sie von Natur übereinstimmen.

E. Der Satz erhellt auch aus sich selbst; denn wer sagt, dass weiss und schwarz nur darin übereinstimmen, dass beide nicht roth sind, der bejaht unbedingt, dass weiss und schwarz in Nichts übereinstimmen. Ebenso ist es, wenn Jemand sagt, dass Stein und Mensch nur darin übereinstimmen, dass sie Beide endlich, ohnmächtig sind, oder dass sie nicht durch die Nothwendigkeit ihrer Natur existiren, oder dass sie von der Macht äusserer Ursachen unendlich übertroffen werden; denn er bejaht damit, dass Stein und Mensch in Nichts übereinstimmen. Denn Dinge, die nur in der Verneinung, oder in dem, was sie nicht haben, übereinstimmen, stimmen in Wahrheit in Nichts überein. [40])

L. 33. *Die Menschen können von Natur von einander abweichen, so weit sie von Affekten, welche Leidenschaften sind, aufgeregt werden, und in so weit ist auch ein und derselbe Mensch veränderlich und unbeständig.*

B. Die Natur oder das Wesen der Affekte kann nicht aus unserm Wesen und unserer Natur allein erklärt werden (III. D. 1, 2), sondern es muss durch die Macht, d. h. durch die Natur äusserer Ursachen in Vergleichung mit unserer Natur bestimmt werden (III. L. 7).

Daher kommt es, dass es von jedem Affekt so viele Arten giebt, als Arten der Gegenstände sind, von denen man erregt wird (III. L. 56), und dass die Menschen von ein und demselben Gegenstande verschieden erregt werden (III. L. 51) und insoweit sich von Natur unterscheiden; endlich dass derselbe Mensch von demselben Gegenstande auf verschiedene Weise erregt wird und insoweit veränderlich ist (III. L. 51). [41])

L. 34. *So weit die Menschen von Affekten erfasst sind, welche Leidenschaften sind, können sie einander entgegengesetzt sein.*

B. Ein Mensch, z. B. Peter, kann Ursache sein, dass der Paul sich betrübt, weil er einem Gegenstande ähnlich ist, welchen Paul hasst (III. L. 16), oder weil Peter einen Gegenstand besitzt, welchen auch Paul liebt (III. L. 32 u. E.), oder aus andern Gründen. (Die erheblichen sehe man III. L. 55 E.). So kann es kommen, dass Paul den Peter hasst (III. D. 7 d. Aff.), und folglich ist es leicht möglich, dass Peter den Paul wieder hasst (III. L. 40 u. E.). Sie werden sich also gegenseitig Uebles zuzufügen suchen (III. L. 39), d. h. sie werden einander entgegengesetzt sein (IV. L. 30). Die Affekte der Trauer sind aber immer leidende Zustände (III. L. 59). Deshalb können Menschen, so weit sie von Affekten erfasst sind, welche eine Leidenschaft enthalten, einander entgegengesetzt sein.

E. Ich habe gesagt, dass der Paul den Peter hasse, weil er sich vorstellt, dass jener das besitze, was er selbst auch liebt. Auf den ersten Blick scheint daraus zu folgen, dass Beide, weil sie ein und dasselbe lieben und folglich, weil sie von Natur übereinstimmen, einander zum Schaden sind. Wäre dies richtig, so würden die Lehrsätze IV. 30 u. 31 falsch sein. Untersucht man die Sache jedoch unparteiisch, so wird man Alles in Uebereinstimmung finden. Denn Paul und Peter sind sich einander nicht lästig, so weit sie von Natur übereinstimmen, d. h. so weit jeder dasselbe liebt, sondern so weit sie von einander abweichen. Denn so weit Jeder dasselbe liebt, wird eines Jeden Liebe dadurch gesteigert (III. L. 31), d. h. so weit wird Jedes Freude dadurch gesteigert (III. D. 6 d. Aff.). So weit sie also dasselbe lieben und von Natur übereinstimmen, sind sie weit entfernt, einander lästig zu sein; vielmehr ist die Ursache dessen nur, dass sie von Natur sich unterscheiden; denn wir haben angenommen, Peter habe die Vorstellung des geliebten Gegenstandes als eines, den ersterer in Besitz hat, Paul dagegen die Vorstellung des geliebten Gegenstandes als eines verlornen. Daher kommt es, dass dieser von Trauer und jener von Freude erfüllt ist, und dass sie in so weit einander entgegen sind. Auf diese Weise kann man leicht zeigen, dass alle Ursachen des Hasses durch das kommen, worin die Menschen von Natur von einander abweichen und nicht durch das, worin sie übereinstimmen.[42])

L. 35. *So weit die Menschen nach der Leitung der Vernunft leben, insoweit allein stimmen sie von Natur nothwendig immer überein.*

B. So weit die Menschen von Affekten erfasst sind, welche ein Leiden, sind, können sie von Natur verschieden sein (IV. L. 33) und einander entgegen (IV. L. 34). Aber von den Menschen kann man nur in sofern sagen, dass sie handeln, als sie nach der Leitung der Vernunft leben (III. L. 3), folglich muss Alles, was aus der menschlichen Natur, so weit sie von der Vernunft bestimmt wird, folgt, durch die menschliche Natur allein, als ihrer nächsten Ursache, erkannt werden (III. D. 2). Weil aber Jeder nach den Gesetzen seiner Natur das begehrt, was er für gut, und das verabscheut, was er für schlecht hält (IV. L. 19), und weil Alles, was man nach dem Ausspruch der Vernunft für gut oder schlecht hält, nothwendig gut oder schlecht ist (II. L. 41), so thun die Menschen in so weit, als sie nach der Vernunft leben, nothwendig das, was der menschlichen Natur, und folglich auch jedwedem einzelnen Menschen nothwendig gut ist, d. h. das, was mit der Natur eines jeden Menschen übereinstimmt (IV. L. 31 Z.). Folglich müssen auch die nach der Leitung der Vernunft lebenden Menschen nothwendig unter sich immer übereinstimmen.

Z. 1. Nichts einzelnes giebt es in der Natur, was dem Menschen nützlicher wäre, als ein Mensch, der nach der Vernunft lebt. Denn dem Menschen ist das am nützlichsten, was mit seiner Natur am meisten übereinstimmt (IV. L. 31 Z.), d. h. der Mensch (wie von selbst erhellt). Der Mensch handelt aber unbedingt nach den Gesetzen seiner Natur, wenn er nach Leitung der Vernunft lebt (III. D. 2), und nur insoweit stimmt er mit der Natur des andern Menschen nothwendig überein (IV. L. 35). Es giebt also für den Menschen unter den Einzeldingen nichts Nützlicheres, als den Menschen.

Z. 2. Je mehr ein Mensch nur seinen Nutzen sucht, desto mehr sind die Menschen einander gegenseitig nützlich. Denn je mehr ein Mensch seinen Nutzen sucht und sich zu erhalten strebt, desto tugendhafter ist er (IV. L. 20), oder, was dasselbe ist, desto mehr Macht hat er, nach den Gesetzen seiner Natur zu handeln (IV. D. 8), d. h. nach Leitung der Vernunft zu leben (III. L. 3). Die Menschen stimmen aber dann am meisten überein, wenn sie nach der Vernunft leben (IV. L. 35), folglich werden sich die Menschen dann am nützlichsten sein, wenn ein Jeder am meisten seinen eigenen Nutzen sucht (IV. L. 35 Z. 1).

E. Was ich hier dargelegt habe, wird auch täglich von der Erfahrung so oft und durch so viele schlagende Zeugnisse bestätigt, dass es hiernach ein Sprüchwort geworden: Der Mensch ist dem Menschen ein Gott. Es geschieht jedoch selten, dass die Menschen nach der Vernunft leben, sondern es ist mit ihnen so bestellt, dass sie meist neidisch und einander lästig sind. Dessen ungeachtet können sie kaum ein einsames Leben führen; den Meisten gefällt deshalb die Definition sehr, dass der Mensch ein geselliges Thier sei. In Wahrheit verhält sich auch die Sache so, dass aus dem gemeinsamen Zusammenleben den Menschen mehr Nutzen als Schaden entsteht. Mögen also die Satyriker die menschlichen Dinge verspotten, so viel sie wollen, mögen die Theologen sie verwünschen und die Schwermüthigen das rohe und bäurische Leben preisen, so viel sie können, und die Menschen verachten und die unvernünftigen Thiere bewundern, so werden sie doch die Erfahrung machen, dass die Menschen durch gegenseitigen Beistand ihren Bedarf weit besser sich verschaffen und nur mit vereinten Kräften die ihnen überall drohenden Gefahren vermeiden können. Dabei will ich gar nicht erwähnen, dass es viel vorzüglicher und unserer Erkenntniss würdiger ist, die Handlungen der Menschen als die der unvernünftigen Thiere zu betrachten. Doch hierüber an einem andern Orte ausführlicher. [43])

L. 36. *Das höchste Gut derer, welche der Tugend folgen, ist Allen gemein und alle können sich dessen in gleicher Weise erfreuen.*

B. Tugendhaft handeln, ist nach der Leitung der Vernunft handeln (IV. L. 24), und alles, was wir nach der Vernunft zu thun streben, ist Erkennen (IV. L. 26). Folglich ist das höchste Gut derer, welche der Tugend folgen, die Erkenntniss Gottes (IV. L. 28), d. h. dasjenige Gut (II. L. 47 u. E.), welches allen Menschen gemein ist und von allen Menschen, so weit sie gleicher Natur sind, in gleicher Weise besessen werden kann.

E. Wenn aber Jemand früge, wie nun, wenn das höchste Gut derer, welche der Tugend folgen, nicht Allen gemein ist? Ob daraus nicht folge, wie oben (IV. L. 34), dass die Menschen, welche der Vernunft folgen, d. h. die

Menschen, so weit sie von Natur übereinstimmen (IV. L. 35), einander entgegen sein müssen? Diesem diene zur Antwort, dass es nicht durch Zufall, sondern aus der eigenen Natur der Vernunft kommt, dass des Menschen höchstes Gut ein Allen gemeinsames ist; weil es nämlich aus dem menschlichen Wesen, so weit es durch die Vernunft bestimmt ist, abgeleitet wird, und weil der Mensch nicht sein und nicht begriffen werden könnte, wenn er nicht das Vermögen hätte, sich dieses höchsten Gutes zu erfreuen. Denn es gehört zum Wesen der menschlichen Seele (II. L. 47), eine zureichende Erkenntniss von dem ewigen und unendlichen Wesen Gottes zu haben.[44])

L. 37. *Das Gut, was Jeder, welcher der Tugend folgt, für sich begehrt, wünscht er auch den übrigen Menschen, und zwar um so mehr, je grösser seine Erkenntniss Gottes ist.*

B. Die Menschen sind sich am nützlichsten, so weit sie nach der Vernunft leben (IV. L. 35 Z.), und deshalb werden wir unter Leitung der Vernunft nothwendig zu bewirken streben, dass die Menschen nach der Leitung der Vernunft leben (IV. L. 19). Das Gut aber, was Jeder, der nach Leitung der Vernunft lebt, d. h. welcher der Tugend folgt (IV. L. 24), für sich begehrt, ist das Erkennen (IV. L. 26). Deshalb wird Jeder, welcher der Tugend folgt, das Gut, was er begehrt, auch den Uebrigen wünschen.

Ferner ist die Begierde in Beziehung auf die Seele ihr Wesen selbst (III. D. 1 d. Aff.); das Wesen der Seele besteht aber im Erkennen (II. L. 11), welches die Erkenntniss Gottes einschliesst (II. L. 47), und ohne welche die Seele weder sein noch vorgestellt werden kann (I. L. 15). Eine je grössere Erkenntniss Gottes daher das Wesen der Seele einschliesst, desto grösser wird die Begierde sein, mit welcher der, welcher der Tugend folgt, das Gut, was er für sich begehrt, auch Andern wünscht.

B. 2. Ein anderer Beweis. Das Gut, was der Mensch verlangt oder liebt, wird er beharrlicher lieben, wenn er sieht, dass Andere dasselbe lieben (III. L. 31), und er wird deshalb streben, dass auch Andere es lieben (III. L. 31 Z.), und weil dies Gut Allen gemein ist (IV. L. 36) und Alle sich seiner erfreuen können, so wird er deshalb streben (aus demselben Grunde), dass Alle sich dessen erfreuen, und zwar um so mehr, je mehr er selbst dieses Gut geniesst (III. L. 37).

E. 1. Wer aus blossem Affekt verlangt, dass die Uebrigen das lieben, was er liebt, und dass die Uebrigen nach seiner Weise leben, handelt in blosser Aufwallung und ist deshalb widerwärtig, vorzüglich denen, die andere Neigungen haben, und die ebenfalls sich bestreben und mit derselben Heftigkeit verlangen, dass die Uebrigen vielmehr nach ihrer Weise leben. Weil ferner das höchste Gut, was die Menschen im Affekt begehren, oft der Art ist, dass nur Einer dessen theilhaftig werden kann, so kommt es, dass die, welche lieben, im Geiste nicht einig mit sich selbst sind, und dass sie, während sie mit Freude Löbliches von dem geliebten Gegenstande erzählen, dabei fürchten, dass man ihnen glaube. Wer dagegen die Andern durch Vernunft zu leiten sucht, handelt nicht in der Hitze, sondern menschlich und sanft und ist im Geiste durchaus mit sich einig.

Ferner rechne ich Alles, was wir wünschen und thun und wovon wir die Ursache sind, so weit wir die Vorstellung von Gott haben, oder so weit wir Gott kennen, zur Religion. Ferner nenne ich die Begierde wohlzuthun, welche daraus entspringt, dass wir nach der Leitung der Vernunft leben, Frömmigkeit. Die Begierde endlich, von der ein Mensch, der nach der Leitung der Vernunft lebt, erfüllt ist, sich Andere in Freundschaft zu verbinden, nenne ich Ehrbarkeit, und ehrbar das, was die Menschen loben, die nach der Vernunft leben, und umgekehrt das sündlich, was der freundschaftlichen Verbindung entgegen ist. Ausserdem habe ich auch gezeigt, welches die Grundlagen des Staats sind.

Ferner ergiebt sich der Unterschied zwischen der wahren Tugend und der Ohnmacht leicht aus dem Obigen. Die wahre Tugend ist nämlich nur das Leben in Leitung der Vernunft; die Ohnmacht besteht daher nur darin, dass der Mensch von Dingen, die ausser ihm sind, sich führen lässt und von diesen bestimmt wird, das zu thun, was die gemeinsame Verfassung der äusseren Dinge fordert, und nicht das, was seine eigene Natur, für sich betrachtet, verlangt. Dies ist das, was ich in IV. L. 18 E. zu beweisen versprochen habe, woraus erhellt, dass jenes Gesetz, die unvernünftigen Thiere nicht zu schlachten, mehr in einem eitlen Aberglauben und einem weibischen Mitleid, als in gesunder Vernunft begründet ist. Denn die Vernunft lehrt uns wohl, in Verfolgung unseres Nutzens freundschaftliche Bande mit den Menschen zu knüpfen, aber nicht mit den unvernünftigen Thieren, oder mit Dingen, deren Natur von der menschlichen Natur verschieden ist; vielmehr lehrt die Vernunft, dass dasselbe Recht, was jene gegen uns haben, wir auch gegen sie haben. Ja, da eines Jeden Recht sich nach seiner Tugend oder Macht bestimmt, so haben die Menschen weit mehr ein Recht gegen die Thiere, als diese gegen die Menschen. Ich bestreite deshalb nicht die Empfindung bei den Thieren, aber ich bestreite, dass es deshalb nicht erlaubt sein soll, auf unsern Nutzen Bedacht zu nehmen, sich ihrer nach Belieben zu bedienen und sie so zu behandeln, wie es uns am Besten passt, indem sie ja in der Natur nicht mit uns übereinstimmen und ihre Affekte von den menschlichen von Natur verschieden sind (III. L. 57 E.).

Es bleibt noch übrig, dass ich erkläre, was Recht und was Unrecht ist, was Sünde und was Verdienst ist. Die folgende Erläuterung ist hierüber einzusehen. [45])

E. 2. Im Anhang zu Theil I. habe ich versprochen, zu erläutern, was Lob und Tadel, Verdienst und Sünde, Recht und Unrecht sei. In Bezug auf Lob und Tadel ist es III. L. 29 E. geschehen; von den übrigen soll es hier geschehen. Vorher ist aber noch Einiges über den natürlichen und bürgerlichen Zustand der Menschen zu sagen.

Jeder existirt nach dem höchsten Recht der Natur, und deshalb thut Jeder mit dem höchsten Recht der Natur das, was aus der Nothwendigkeit seiner Natur folgt, und deshalb beurtheilt Jeder mit dem höchsten Recht der Natur, was gut, was schlecht ist, und sorgt für seinen Nutzen nach seinem Sinne (IV. L. 19, 20) und rächt sich (III. L. 40 Z. 2) und strebt, das zu erhalten, was er liebt, und das zu zerstören, was er hasst (III. L. 28). Lebten nun die Menschen nach Leitung der Vernunft, so würde Jeder von diesem seinem Rechte Gebrauch machen, ohne irgend einen Schaden des Andern (IV. L. 35 Z.). Weil sie aber den Affekten unterworfen sind (IV. L. 4 Z.), welche das Vermögen oder die Tugend des Menschen weit übersteigen (IV. L. 6), so werden sie oft nach entgegengesetzten Richtungen gezogen (IV. L. 33) und sind sich einander entgegen (IV. L. 34), während sie doch gegenseitiger Hülfe bedürfen (IV. L. 35 E.)

Damit also die Menschen in Eintracht leben und sich einander zu Hülfe sein können, ist es nöthig, dass sie ihr natürliches Recht aufgeben und sich gegenseitig die Sicherheit gewähren, nichts thun zu wollen, was zu eines Andern Schaden gereichen könnte. Wie aber dies möglich ist, dass Menschen, die nothwendig den Affekten unterworfen (IV. L. 4 Z.) und unbeständig und veränderlich sind IV. L. 33), sich gegenseitig Sicherheit gewähren und Wort halten können, erhellt aus IV. L. 7 und III. L. 39; nämlich daraus, dass jeder Affekt nur durch einen stärkeren und entgegengesetzten gehemmt werden kann, und dass ein Jeder sich der Beschädigung Anderer enthält aus Furcht vor eigenem grösseren Schaden. Auf dieses Gesetz kann die Gesellschaft gegründet werden, wenn sie das Recht sich aneignet, was jeder Einzelne hat, sich zu rächen und über gut und schlecht das Urtheil zu fällen. Sie muss daher die Macht haben, die gemeinsamen Regeln des Lebens vorzuschreiben und Gesetze zu geben und diese nicht durch Vernunftgründe, welche die Affekte zu hemmen nicht vermögen, sondern durch Drohungen zu befestigen (IV. L. 17 E.). Eine solche Gesellschaft, die durch Gesetze und die Macht sich zu erhalten befestigt ist, heisst Staat, und diejenigen, welche durch dessen Recht geschützt sind, heissen Bürger.

Hieraus ist leicht abzunehmen, dass es in dem Naturzustande nichts giebt, was nach der Uebereinstimmung Aller gut oder schlecht ist; da in dem Naturzustande Jeder nur für seinen Nutzen sorgt und nach seinem Sinn mit Rücksicht auf seinen Nutzen entscheidet, was gut oder schlecht ist; und durch kein Gesetz gebunden ist, einem Andern, als sich selbt zu folgen. Im Naturzustand giebt es daher keine Sünde, wohl aber im bürgerlichen Zustande, wo durch allgemeine Uebereinstimmung bestimmt wird, was gut und was schlecht ist, und wo Jeder dem Staate zu gehorchen gehalten ist. Die Sünde ist daher nur ein Ungehorsam, welcher deshalb nur durch das

Staatsgesetz bestraft wird, und umgekehrt gilt der Gehorsam dem Bürger als Verdienst, indem er dadurch für würdig erachtet wird, die Vortheile des Staates zu geniessen.

Ferner ist im Naturzustande Niemand nach allgemeiner Uebereinstimmung Eigenthümer einer Sache, und es giebt da in der Natur nichts, was diesem oder jenem Menschen gehören könnte. Vielmehr ist Alles Allen gemein, und man kann deshalb im Naturzustand auch keinen Willen annehmen, Jemandem das Seinige zu geben oder ihm das, was sein ist, zu nehmen, d. h. es geschieht nichts, was Recht oder Unrecht genannt werden könnte; wohl aber im bürgerlichen Zustande, wo durch gemeinsame Uebereinkunft festgestellt wird, was diesem oder was jenem gehören soll.

Hieraus erhellt, dass das Recht oder das Unrecht, die Sünde oder das Verdienst äusserliche Begriffe sind und kein Attribut, welche die Natur der Seele ausdrücken. Doch genug hiervon. [46])

L. 38. *Was den menschlichen Körper so bestimmt, dass er auf mehrere Arten erregt werden kann, oder was ihn befähigt, äussere Körper auf mehrere Arten zu erregen, ist dem Menschen nützlich, und um so nützlicher, je mehr der Körper dadurch befähigt wird, auf mehrere Weise erregt zu werden und andere Körper zu erregen. Umgekehrt ist das schädlich, was den Körper weniger fähig dazu macht.*

B. Je mehr der Körper hierzu fähig gemacht wird, desto fähiger wird die Seele zum Auffassen (II. L. 14), folglich ist das, was den Körper in dieser Weise bestimmt und ihn hierzu befähigt, nothwendig gut oder nützlich (IV. L. 26, 27) und um so nützlicher, je mehr es den Körper dazu befähigen kann. Umgekehrt ist etwas schädlich (II. L. 14 und IV. L. 26, 27), wenn es den Körper hierzu weniger geschickt macht. [47])

L. 39. *Was bewirkt, dass das Verhältniss von Bewegung und Ruhe, was zwischen den Theilen des menschlichen Körpers besteht, erhalten bleibt, ist gut, und umgekehrt ist das schlecht, was bewirkt, dass die Theile des menschlichen Körpers ein anderes gegenseitiges Verhältniss von Bewegung und Ruhe annehmen.*

B. Der menschliche Körper bedarf, um zu bestehen, vieler anderer Körper (II. H. 4). Das aber, was das Wirkliche in dem menschlichen Körper ausmacht, besteht darin, dass seine Theile sich ihre Bewegung in einer festen Weise gegenseitig mittheilen (II. L. 13 Ln. 4 D.). Was also auf Erhaltung dieses Verhältnisses von Bewegung und Ruhe zwischen den Theilen des Körpers hinwirkt, das erhält das Sein des menschlichen Körpers und bewirkt folglich (II. H. 3 und 6), dass er auf viele Weise erregt werden und äussere Körper auf viele Weise erregen kann, und das ist deshalb gut (IV. L. 38). Was dagegen den Theilen des menschlichen Körpers ein anderes Verhältniss von Bewegung und Ruhe mittheilt, das bewirkt, dass der menschliche Körper eine andere Wirklichkeit annimmt (II. L. 13 Ln. 4 D.), d. h. dass er zerstört wird und folglich unfähig gemacht wird (wie von selbst klar ist und am Schlusse der Vorrede bemerkt worden ist), auf verschiedene Weise erregt zu werden, und deshalb ist es schlecht (IV. L. 38).

E. Wie viel dies der Seele schaden oder nützen kann, wird in Theil V. erörtert werden. Hier ist nur zu bemerken, dass ich annehme, dass dann der Körper stirbt, wenn seine Theile so bestimmt werden, dass sie ein anderes Verhältniss von gegenseitiger Bewegung und Ruhe bekommen.

Denn ich wage es nicht zu bestreiten, dass der menschliche Körper mit Beibehaltung des Blutumlaufs und von Anderem, weswegen er für lebend gehalten wird, dennoch in eine andere, von seiner völlig verschiedenen, Natur umgewandelt werden kann. Denn kein Grund nöthigt mich anzunehmen, dass der Körper nur sterbe, wenn er sich in einen Leichnam verwandelt; ja schon die Erfahrung lehrt es anders. Denn es trifft sich mitunter, dass ein Mensch solche Veränderungen erleidet, dass ich ihn nicht wohl mehr für denselben halten würde. So habe ich von einem spanischen Dichter gehört, dass er von einer Krankheit befallen worden war, und obgleich er von ihr genas, doch die Erinnerung an sein früheres Leben so gänzlich verloren hatte, dass er die Erzählungen und Trauerspiele, welche er gemacht hatte, nicht mehr für die seinigen hielt, und dass Mancher ihn für ein grosses Kind hätte halten müssen, wenn er auch seine

Muttersprache vergessen gehabt hätte. Und wenn dies unglaublich erscheint, was soll man von den kleinen Kindern sagen, deren Natur der erwachsene Mensch von der seinigen so verschieden hält, dass man ihn nicht würde überreden können, dass er je ein Kind gewesen sei, wenn er nicht nach den Andern dasselbe auch von sich vermuthete. Um indess den abergläubischen Leuten nicht Stoff zu neuen Fragen zu geben, will ich lieber hier abbrechen. [48])

L. 40. *Was zur Vergesellschaftung des Menschen führt oder die Menschen zu einem einträchtigen Leben bestimmt, ist nützlich, und dagegen ist das schlecht, was Zwietracht in den Staat einführt.*

B. Denn das, was die Menschen einträchtig leben macht, bestimmt sie auch zu einem Leben nach Leitung der Vernunft (IV. L. 35) und ist deshalb gut (IV. L. 26, 27), und umgekehrt ist (aus denselben Gründen) das schlecht, was Uneinigkeit erregt.[49])

L. 41. *Die Freude ist nicht geradezu schlecht, sondern gut; die Trauer ist aber geradezu schlecht.*

B. Freude ist ein Affekt, welcher des Körpers Vermögen zu handeln vermehrt oder unterstützt (III. L. 11 u. E.); Trauer ist dagegen ein Affekt, welcher des Körpers Vermögen zu handeln mindert oder hemmt (IV. L. 38), folglich ist die Freude geradezu gut u. s. w. [50])

L. 42. *Die Heiterkeit kann kein Uebermaass haben, sondern ist immer gut; der Trübsinn ist dagegen immer schlecht.*

B. Die Heiterkeit (man sehe ihre Definition III. L. 11 E.) ist Freude, welche in Bezug auf den Körper darin besteht, dass alle Theile des Körpers in gleicher Weise erregt sind, d. h. wo des Körpers Vermögen zu handeln vermehrt oder unterstützt wird (III. L. 11), so dass alle Theile das gleiche Verhältniss gegenseitiger Bewegung und Ruhe innehalten, daher ist die Heiterkeit immer gut und kann kein Uebermaas haben (IV. L. 39). Aber der Trübsinn (man sehe dessen Definition III. L. 11 E.) ist Trauer, welche in Bezug auf den Körper darin besteht, dass des Körpers Vermögen zu handeln unbedingt

gemindert oder gehemmt wird; deshalb ist er immer schlecht
(IV. L. 38). ⁵¹)

L. 43. *Die Wollust kann ein Uebermaass haben und
schlecht sein; der Schmerz aber kann insoweit gut sein,
als Wollust oder Freude schlecht ist.*

B. Die Wollust ist Freude, welche in Bezug auf
den Körper darin besteht, dass einer oder einige seiner
Theile vor den übrigen erregt werden (III. L. 11 E.).
Die Macht dieses Affektes kann so gross werden, dass
er die übrigen Thätigkeiten des Körpers unterdrückt
(IV. L. 6) und ihm zäh anhaftet. So verhindert er die
Fähigkeit des Körpers, auf mehrere Weise erregt zu werden
und kann deshalb schlecht sein (IV. L. 38). Ferner
kann der Schmerz, welcher Trauer ist, für sich betrachtet,
nicht gut sein (IV. L. 41); da indess seine Kraft
und sein Zuwachs durch die Macht einer äusseren Ursache
im Vergleich mit unserer bestimmt wird (IV. L. 5), so
kann man von diesem Affekt sich unzählig viele Arten
und Grade der Stärke vorstellen (IV. L. 3) und sich ihn
auch so vorstellen, dass er die Wollust von dem Uebermaase
zurückhält und somit hindert, dass der Körper
unfähiger wird (nach dem ersten Theil dieses Lehrsatzes).
Insoweit wird der Schmerz gut sein. ⁵²)

L. 44. *Die Liebe und die Begierde können ein Uebermaass haben.*

B. Die Liebe ist Freude begleitet von der Vorstellung
einer äusseren Ursache (III. D. 6 d. Aff.). Die Wollust,
begleitet von der Vorstellung einer äusseren Ursache, ist
also Liebe (III. L. 11 E.); folglich kann die Liebe ein
Uebermaass haben (IV. L. 43). Ferner ist die Begierde
um so stärker, je stärker der Affekt ist, aus dem sie entspringt
(III. L. 37). So wie nun ein Affekt die übrigen
Thätigkeiten des Menschen übertreffen kann (IV. L. 6),
so kann auch die aus solchem Affekt entspringende Begierde
die übrigen Begierden übertreffen und deshalb dasselbe
Uebermaass haben, was im vorgehenden Lehrsatze
von der Wollust dargelegt worden ist.

E. Die Heiterkeit, die ich für gut erklärt habe, wird
leichter vorgestellt als beobachtet. Denn die Affekte,
von denen wir täglich erfasst werden, beziehen sich

meistentheils auf einen Theil des Körpers, der vor den übrigen erregt wird. Deshalb haben die Affekte meist ein Uebermaass und halten die Seele in Betrachtung eines Gegenstandes so fest, dass sie an nichts Anderes denken kann. Wenn nun auch die Menschen mehreren Affekten ausgesetzt sind oder diejenigen Menschen selten sind, die immer nur von ein oder demselben Affekt erfasst werden, so giebt es doch Menschen, welchen ein und derselbe Affekt hartnäckig anhaftet. Denn man sieht manchmal die Menschen von einem Gegenstande so erregt, dass sie denselben vor sich zu haben glauben, obgleich er nicht gegenwärtig ist. Wenn dies einem wachenden Menschen begegnet, so hält man ihn für irr- oder wahnsinnig; ebenso werden die für wahnsinnig gehalten, welche von Liebe entbrannt sind und Tag und Nacht nur von der Geliebten oder Buhlerin träumen; denn sie werden meist ausgelacht. Aber wenn der Geizige dagegen nur an Gewinn und Gold denkt und der Ehrsüchtige nur an Ruhm, so werden diese nicht für wahnsinnig gehalten, weil sie gewöhnlich lästig sind und eher für hassenswerth erachtet werden. Indess sind in Wahrheit Geiz, Ehrsucht, Wollust u. s. w. sämmtlich Arten des Wahnsinns, obgleich sie nicht zu den Krankheiten gezählt werden. [53])

L. 45. *Der Hass kann niemals gut sein.*

B. Einen Menschen, den man hasst, sucht man zu vernichten (III. L. 39), d. h. man strebt nach etwas, was schlecht ist (IV. L. 37), deshalb u. s. w.

E. Man bemerke, dass ich unter Hass hier und im Folgenden nur den gegen die Menschen verstehe.

Z. 1. Der Neid, der Spott, die Verachtung, der Zorn, die Rache und die übrigen zu dem Hass gehörenden oder aus ihm entspringenden Affekte sind schlecht. Dies erhellt auch aus III. L. 39 und IV. L. 37.

Z. 2. Alles, was wir, von Hass erregt, begehren, ist schlecht und im Staate unrecht. Dies ergiebt sich auch aus III. L. 39 und aus der Definition von Schlecht und Unrecht in IV. L. 37 E.

E. Zwischen Spott (den ich in Z. 1 schlecht genannt habe) und Lachen erkenne ich einen grossen Unterschied an. Denn das Lachen, wie der Scherz, ist reine Freude und ist deshalb, soweit sie nicht in das Uebermaass geräth, gut (IV. L. 41). Nur der finstere und traurige Aberglaube kann die Freude verbieten. Denn weshalb ziemt es sich mehr, Hunger und Durst zu stillen, als den Trübsinn zu vertreiben? Dies ist meine Ansicht und meine Gesinnung. Kein höheres Wesen, und nur der Neidische erfreut sich an meiner Ohnmacht und meinem Schaden und rechnet die Thränen, das Schluchzen, die Furcht und ähnliche Zeichen eines ohnmächtigen Geistes für Tugend an. Im Gegentheil, je fröhlicher wir sind, zu desto grösserer Vollkommenheit gehen wir über, d. h. desto mehr müssen wir an der göttlichen Natur Theil nehmen. Ein weiser Mann gebraucht deshalb die Dinge und ergötzt sich an ihnen, so viel als möglich (nur nicht bis zum Ekel, denn dies ist kein Ergötzen mehr). Ein weiser Mann, sage ich, stärkt und erfreut sich durch mässige und angenehme Speisen und Getränke, ebenso an Wohlgerüchen, an der Schönheit kräftiger Pflanzen, an Schmuck, Musik, Kampfspielen, Theater und Aehnlichem, was Jeder ohne Nachtheil des Andern geniessen kann. Denn der menschliche Körper besteht aus vielen Theilen ungleicher Natur, welche fortwährend des neuen und wechselnden Unterhaltes bedürfen, damit der ganze Körper zu Allem, was aus seiner Natur folgen kann, gleich geschickt sei, und damit folglich auch die Seele gleich geschickt sei, Mehreres zugleich zu erkennen. Diese Lebensweise stimmt vortrefflich mit meinen Grundsätzen und mit der allgemeinen Sitte. Daher ist, wenn irgend eine, diese Lebensweise die beste und empfehlenswertheste, und ich brauche nicht deutlicher und ausführlicher darüber zu sprechen.[54])

L. 46. *Wer in Leitung der Vernunft lebt, strebt, so viel er kann, eines Andern Hass, Zorn, Verachtung u. s. w. gegen sich durch Liebe oder Edelmuth zu vergelten.*

B. Alle Affekte des Hasses sind schlecht (IV. L. 45 Z. 1). Wer daher nach der Leitung der Vernunft lebt, wird die Affekte des Hasses, so viel er vermag, von sich abzuhalten suchen (IV. L. 19), und er wird folglich auch Andere von diesen Affekten abzuhalten suchen (IV. L. 37). Der Hass wird aber durch die Erwiderung desselben vergrössert und kann umgekehrt durch Liebe getilgt werden

(III. L. 43), so dass der Hass sich in Liebe verwandelt (III. L. 44). Folglich wird der, der nach der Leitung der Vernunft lebt, eines Andern Hass u. s. w. mit Liebe auszugleichen suchen, d. h. mit Edelmuth (siehe dessen Definition III. L. 59 E.).

E. Wer Beleidigungen mit Hass erwidert und dadurch rächen will, lebt wahrhaftig elend. Wer dagegen den Hass durch Liebe zu überwinden sucht, der kämpft fröhlich und sicher; der widersteht ebenso leicht vielen, wie einem Menschen und bedarf der Hülfe des Glücks am wenigsten. Die aber, welche er besiegt, weichen ihm fröhlich, und zwar nicht aus Mangel an Kraft, sondern aus Zunahme derselben. Dies alles folgt so klar aus den blossen Definitionen der Liebe und der Erkenntniss, dass ich es nicht einzeln zu beweisen brauche. [55])

L. 47. *Die Affekte der Hoffnung und Furcht können an sich nicht gut sein.*

B. Die Affekte der Hoffnung und Furcht sind nicht ohne Trauer, denn die Furcht ist Trauer (III. D. 13 d. Aff.), und Hoffnung giebt es nicht ohne Furcht (III. D. 12, 13 d. Aff.); deshalb können diese Affekte an sich nicht gut sein (IV. L. 41), sondern nur so weit, als sie das Uebermaass der Freude zu hemmen vermögen (IV. L. 43).

E. Dazu kommt, dass diese Affekte einen Mangel der Erkenntniss und ein Unvermögen der Seele anzeigen. Deshalb sind auch die Zuversicht, die Verzweiflung, das Entzücken und die Gewissensbisse Zeichen eines ohnmächtigen Geistes. Denn wenngleich die Zuversicht, und das Entzücken Affekte der Freude sind, so setzen sie doch voraus, dass ihnen eine Trauer vorausgegangen ist, nämlich Hoffnung oder Furcht. Je mehr man daher nach der Leitung der Vernunft zu leben sucht, desto mehr wird man sich von der Hoffnung unabhängig und von der Furcht frei zu machen, dem Schicksal so weit als möglich zu gebieten und seine Handlungen nach der bestimmten Weisung der Vernunft einzurichten suchen. [56])

L. 48. *Die Affekte der Ueberschätzung und der Geringschätzung sind immer schlecht.*

B. Denn diese Affekte widerstreben der Vernunft (III. D. 21, 22 d. Aff.) und sind also schlecht (IV. L. 26, 27).

L. 49. *Die Ueberschätzung macht den Menschen, welchen man überschätzt, leicht stolz.*

B. Wenn wir sehen, dass Jemand aus Liebe mehr, als recht ist, von uns hält, so werden wir leicht aufgeblasen (III. L. 41 E.) oder von Freude erfüllt (III. D. 29 d. Aff.), und wir glauben leicht das Gute, was wir über uns sprechen hören (III. L. 25); folglich werden wir aus Liebe leicht mehr, als recht ist, von uns halten, d. h. wir werden leicht stolz werden (III. D. 28 d. Aff.) [57])

L. 50. *Das Mitleid ist bei einem Menschen, der nach der Leitung der Vernunft lebt, an sich schlecht und unnütz.*

B. Denn Mitleid ist Trauer (III. D. 18 d. Aff.) und deshalb an sich schlecht (IV. L. 41); das Gute aber, was aus ihm folgt, nämlich, dass man den bemitleideten Menschen von seinem Elend zu befreien sucht (III. L. 27 Z. 3), strebt man schon aus dem blossen Gebote der Vernunft zu thun (IV. L. 37). Auch kann man das, was man gewiss für gut hält, nur aus dem blossen Vernunft-Gebote thun (IV. L. 27). Daher ist Mitleid bei einem Menschen, der nach der Leitung der Vernunft lebt, an sich schlecht und unnütz.

Z. Hieraus ergiebt sich, dass ein Mensch, welcher nach den Geboten der Vernunft lebt, so viel als möglich strebt, nicht vom Mitleid erfasst zu werden.

E. Wer erkannt hat, dass Alles aus der Nothwendigkeit der göttlichen Natur folgt und nach den ewigen Regeln und Gesetzen der Natur geschieht, der wird fürwahr nichts finden, was Hass, Lachen oder Verachtung verdient; er wird auch Niemanden bemitleiden, sondern, so weit die menschliche Tugend es mit sich bringt, streben, gut zu handeln, wie man sagt, und froh zu sein. Dazu kommt, dass der, welcher sich leicht von Mitleid erfassen lässt, oft etwas thut, was ihn später selbst reut; theils weil man im Affekt nichts thut, was man sicher als gut anerkennt, theils weil man leicht durch falsche Thränen getäuscht wird. Ich spreche hier nur von einem Menschen, der nach der Leitung der Vernunft lebt; denn wer sich weder durch Vernunft noch durch Mitleid bestimmen lässt, Andern zu helfen, wird mit Recht unmenschlich genannt; denn er scheint einem Menschen nicht ähnlich zu sein (III. L. 27). [58])

L. 51. *Gunst widerspricht nicht der Vernunft, sondern kann mit ihr übereinstimmen und aus ihr entstehen.*

B. Denn Gunst ist eine Liebe für den, welcher einem Andern wohlgethan hat (III. D. 19 d. Aff.); man kann sie daher auf die Seele beziehen, so weit diese als handelnd aufgefasst wird (III. L. 59), d. h. so weit sie erkennt, und folglich kann Gunst mit der Vernunft übereinstimmen u. s. w. (III. L. 3).

Anderer Beweis. Wer nach der Leitung der Vernunft lebt, wünscht das Gute, was er für sich verlangt, auch dem Andern (IV. L. 37); deshalb wird, wenn er sieht, dass Jemand einem Andern wohlthut, sein Streben wohlzuthun auch gesteigert, d. h. er wird Freude empfinden (III. L. 11) und zwar begleitet von der Vorstellung dessen, der einem Andern wohlgethan hat (nach der Annahme), und deshalb wird er ihm günstig (III. D. 19 d. Aff.).

E. Der Unwille, wie er von mir definirt worden (III. D. 20 d. Aff.), ist nothwendig schlecht (IV. L. 45). Doch ist festzuhalten, dass, wenn die höchste Staats-Gewalt in der Absicht den Frieden zu sichern, einen Bürger straft, welcher einen andern verletzt hat, ich nicht annehme, dass sie auf diesen Bürger unwillig sei; denn sie straft nicht von Hass getrieben, um den Bürger zu verderben, sondern aus Rechtlichkeit.[59])

L. 52. *Die Selbstzufriedenheit kann aus der Vernunft entspringen und nur die daraus entspringende ist die höchste, welche es geben kann.*

B. Die Selbstzufriedenheit ist Freude, welche daraus entspringt, dass der Mensch sich und sein Vermögen zu handeln betrachtet (III. D. 25 d. Aff.). Aber des Menschen wahres Vermögen zu handeln oder die Tugend ist die Vernunft selbst (III. L. 3), welche der Mensch klar und bestimmt betrachtet (II. L. 40, 43); folglich entspringt die Selbstzufriedenheit aus der Vernunft. Ferner fasst der Mensch, während er sich selbst betrachtet, nur das klar und bestimmt oder zureichend auf, was aus seinem Vermögen zu handeln folgt (III. D. 2), d. h. was aus seinem Erkenntnissvermögen folgt (III. L. 3). Folglich entspringt aus dieser Betrachtung allein die höchste Selbstzufriedenheit, welche möglich ist.

E. Die Selbstzufriedenheit ist in Wahrheit das Höchste, was man erhoffen kann. Denn Niemand erstrebt (wie IV. L. 25 gezeigt worden) die Erhaltung seines Seins um eines Zwecks willen; und weil diese Selbstzufriedenheit mehr und mehr durch Lob gesteigert und gestärkt wird (III. L. 53 Z.) und umgekehrt durch Tadel mehr und mehr gestört wird (III. L. 55 Z.), so gilt uns der Ruhm als das Höchste, und deshalb kann man ein Leben in Schande kaum ertragen.[60]

L. 53. *Die Niedergeschlagenheit ist keine Tugend oder entspringt nicht aus der Vernunft.*

B. Die Niedergeschlagenheit ist Trauer, welche daraus entspringt, dass der Mensch seine Ohnmacht betrachtet (III. D. 26 d. Aff.) So weit aber der Mensch sich selbst durch die wahre Vernunft erkennt, so weit gilt er als ein solcher, der sein Wesen erkennt, d. h. sein Vermögen (III. L. 7). Wenn daher ein Mensch bei Betrachtung seiner selbst eine Ohnmacht seiner bemerkt, so kommt dies nicht davon, dass er sich erkennt, sondern davon, dass sein Vermögen zu handeln gehemmt ist (III. L. 55). Wenn wir aber annehmen, dass ein Mensch seine Ohnmacht davon ableitet, dass er etwas Mächtigeres, als er selbst ist, erkennt, durch dessen Erkenntniss er sein eigenes Vermögen zu handeln begrenzt, so haben wir damit nur vorgestellt, dass der Mensch sich selbst bestimmt erkennt (IV. L. 26), was sein Vermögen zu handeln unterstützt. Deshalb entspringt die Niedergeschlagenheit oder Trauer, welche aus der Betrachtung der eigenen Ohnmacht hervorgeht, nicht aus einer wahren Betrachtung oder aus der Vernunft und ist auch keine Tugend, sondern ein leidender Zustand.[61]

L. 54. *Die Reue ist keine Tugend oder entspringt nicht aus der Vernunft, sondern der, der eine Handlung bereut, ist zwiefach elend oder ohnmächtig.*

B. Der erste Theil dieses Lehrsatzes wird so bewiesen, wie der vorgehende Lehrsatz, der zweite Theil ergiebt sich aus der blossen Definiton dieses Affektes (III. D. 27 d. Aff.) Denn ein solcher Mensch lässt sich erst durch eine schlechte Begierde und dann durch Trauer überwinden.

E. Da die Menschen selten nach der Vernunft leben, so bringen diese beiden Affekte, nämlich die Niedergeschlagenheit und die Reue und neben ihnen auch die Hoffnung und die Furcht, mehr Nutzen als Schaden, und wenn mithin einmal gesündigt werden soll, so möge man mehr nach dieser Seite hin sündigen. Denn wenn die ihrer Vernunft nicht mächtigen Menschen alle gleich stolz wären, so würden sie sich keiner Sache schämen, und sie würden nichts fürchten und durch keine Bande gefesselt werden können. „Der Pöbel ist fürchterlich, wenn er nicht fürchtet." Man darf sich daher nicht wundern, dass die Propheten, welche den Nutzen Aller und nicht Einzelner im Auge hatten, die Niedergeschlagenheit, Reue und Ehrfurcht so stark empfohlen haben. Und in Wahrheit können die Menschen, welche diesen Affekten unterthan sind, viel leichter als andere dahin gebracht werden, dass sie nach der Vernunft leben, d. h., dass sie frei sind und das Leben der Seligen geniessen.[62)]

L. 55. *Der höchste Stolz und der höchste Kleinmuth ist die höchste Unkenntniss seiner selbst.*

B. Dies erhellt aus III. D. 28, 29 d. Aff.

L. 56. *Der höchste Stolz und der höchste Kleinmuth bezeichnet die grösste Ohnmacht der Seele.*

B. Die erste Grundlage der Tugend ist, sein Sein zu erhalten (IV. L. 22 Z.), und zwar nach Vorschrift der Vernunft (IV. L. 24). Wer also sich selbst nicht kennt, kennt die Grundlage aller Tugenden und folglich auch diese selbst nicht. Ferner ist das Handeln aus Tugend nur das Handeln nach Vorschrift der Vernunft (IV. L. 24), und wer nach Vorschrift der Vernunft handelt, muss sich nothwendig dessen bewusst sein (II. L. 43). Wer also sich selbst und folglich (wie eben gesagt worden) die Tugenden durchaus nicht kennt, der handelt nicht aus Tugend, d. h. er ist geistig am ohnmächtigsten (IV. D. 8). Mithin ist der höchste Stolz und der höchste Kleinmuth ein Zeichen der höchsten geistigen Ohnmacht (IV. L. 55).

Z. Hieraus ergiebt sich, dass der Stolze und der Kleinmüthige am meisten den Affekten unterworfen sind.

E. Der Kleinmuth kann indess leichter verbessert werden als der Stolz, da dieser ein Affekt der Freude, jener aber einer der Trauer ist; der Stolz ist deshalb stärker als der Kleinmuth (IV. L. 18).⁶³)

L. 57. *Der Stolze liebt die Gegenwart der Schmarotzer und Schmeichler, aber hasst die der Edelmüthigen.*

B. Stolz ist Freude, welche daher kommt, dass der Mensch mehr als recht ist von sich hält (III. D. 28 und 6 d. Aff.), welche Meinung der Stolze möglichst zu steigern sucht (III. L. 13 E.). Deshalb wird er die Gegenwart der Schmarotzer und Schmeichler lieben (deren Definition ich, als allbekannt, weggelassen habe) und wird die der Edelsinnigen fliehen, die von ihm, was recht ist, denken.

E. Es wäre zu lang, wollte ich hier alle Uebel des Stolzes aufzählen, da die Stolzen allen Affekten unterworfen sind, doch am wenigsten denen der Liebe und des Mitleids. Indess darf hier nicht verschwiegen werden, dass auch derjenige stolz genannt wird, welcher die übrigen für geringer, als recht ist, hält. In diesem Sinne ist der Stolz Freude, welche aus der falschen Meinung entspringt, dass ein Mensch sich über die Andern erhaben dünkt. Die Selbsterniedrigung, als das Gegentheil dieses Stolzes, ist Trauer, welche aus der falschen Meinung entspringt, dass ein Mensch sich für niedriger als die andern hält. Bei dieser Annahme begreift man leicht, dass der Stolze nothwendig neidisch ist (III. L. 55 E.) und zugleich die hassen wird, welche wegen ihrer Tugenden gerühmt werden, und dass er diesen seinen Hass nicht leicht durch Liebe oder Wohlthaten wird besiegen lassen (III. L. 41 E.) und sich nur an der Gegenwart derer erfreuen wird, die seinem ohnmächtigen Geiste den Willen thun und aus einem Dummen einen Verrückten machen. Der Kleinmuth, obgleich dem Stolze entgegengesetzt, ist doch dem Stolze am nächsten. Denn da die Trauer des Ersten daraus entspringt, dass er seine Ohnmacht nach der Andern Macht oder Tugend beurtheilt, so wird seine Trauer erleichtert, d. h. er wird fröhlich werden, wenn sein Vorstellen sich mit der Betrachtung der Fehler Anderer beschäftigt. Daher kommt das Sprichwort: „Trost für die

Unglücklichen ist's, Genossen des Unglücks zu haben." Umgekehrt wird er desto mehr betrübt, je mehr er unter Andern zu stehen glaubt; deshalb sind die Kleinmüthigen am meisten zum Neid geneigt; auch suchen sie am meisten das Thun des Menschen zu beobachten, mehr, um zu verleumden, als zu bessern; ebenso loben sie nur den Kleinmuth und rühmen sich seiner, aber so, dass sie immer den Schein des Kleinmuths bewahren.

Dies Alles folgt aus diesem Affekte so nothwendig, wie aus der Natur des Dreiecks, dass seine drei Winkel gleich zwei rechten sind. Ich habe schon gesagt, dass ich diese Affekte schlechte nenne, insofern ich bloss auf den Nutzen des Menschen Rücksicht nehme. Aber die Naturgesetze nehmen auf die allgemeine Ordnung der Natur, von der der Mensch nur ein Theil ist, Rücksicht. Ich habe dies hier beiläufig bemerken wollen, damit nicht Jemand meine, ich wollte hier nur die Fehler und widersinnigen Thaten der Menschen erzählen und nicht die Natur und die Eigenschaften der Dinge darlegen. Denn, wie ich in der Vorrede zum dritten Theil gesagt habe, betrachte ich die menschlichen Affekte und deren Eigenschaften ganz wie natürliche Gegenstände. Und sicherlich zeigen die menschlichen Affekte, wenn nicht der Menschen, so doch der Natur Vermögen und Kunst nicht minder, als vieles Andere, was man bewundert, und an dessen Betrachtung man sich erfreut. Doch ich fahre fort, von den Affekten das aufzuzählen, was den Menschen nützt und was ihnen schadet. [64])

L. 58. *Der Ruhm widerstrebt nicht der Vernunft, sondern kann aus ihr entspringen.*

B. Dies ergiebt sich aus III. D. 30 und aus der Definition des Ehrbaren IV. L. 37 E. 1.

E. Der sogenannte eitle Ruhm ist die Selbstzufriedenheit, welche bloss von der Meinung der Menge genährt wird und bei deren Aufhören die Selbstzufriedenheit selbst, d. h. das höchste Gut (IV. L. 52 E.), was jeder liebt, aufhört. Daher kommt es, dass, wer seinen Ruhm auf die Meinung der Menge stützt, in täglicher Sorge sich müht, arbeitet und versucht, seinen Ruhm zu erhalten. Denn die Menge ist unbeständig und veränderlich, lässt schnell nach, wenn der Ruf sich nicht erhält; ja, da Alle nach dem Beifall der Menge streben, so drängt Einer leicht den Ruf des Andern zurück. Daraus entspringt, weil es sich nach ihrer Schätzung um das höchste Gut handelt, ein ungeheurer Eifer, einander auf jede Weise zu unterdrücken, und wer endlich als Sieger hervorgeht, rühmt sich mehr dessen, dass er den Andern geschadet, als dass er sich genützt habe. Daher ist dieser Ruhm oder diese Selbstzufriedenheit in Wahrheit eitel, weil sie keine ist.

Was über die Scham zu sagen ist, lässt sich leicht aus dem abnehmen, was ich über das Mitleid oder die Reue gesagt habe. Ich füge nur das hinzu, dass das Erbarmen, wie die Scham, zwar keine Tugend, aber doch gut ist, insofern sie erkennen lässt, dass dem Menschen, der Scham empfindet, das Streben, rechtlich zu leben, innewohnt; ebenso wie der Schmerz insoweit für gut gilt, als er anzeigt, dass der verletzte Theil noch nicht verfault ist. Wenngleich also ein Mensch, der sich einer Handlung schämt, in Wahrheit traurig ist, so ist er doch besser als der Unverschämte, welcher gar keinen Willen, ehrbar zu leben, hat.[65]

Dies ist es, was ich über die Affekte der Freude und Trauer bemerken wollte. Was die Begierden anlangt, so sind sie gut oder schlecht, je nachdem sie aus guten oder schlechten Affekten entspringen. Doch sind alle in Wahrheit blind, so weit sie aus Affekten in uns erzeugt werden, welche ein Leiden sind (wie leicht aus dem zu IV. L. 44 E. Gesagten zu entnehmen ist). Sie hätten keinen Nutzen, wenn die Menschen leicht dahin gebracht werden könnten, bloss nach den Geboten der Vernunft zu leben, wie ich jetzt mit Wenigem zeigen will.

L. 59. *Zu allen Handlungen, zu welchen wir aus einem ein Leiden enthaltenden Affekte bestimmt werden, können wir, auch ohne einen solchen, durch die Vernunft bestimmt werden.*

B. Aus der Vernunft handeln ist nichts Anderes (III. L. 3 u. D. 2), als das thun, was aus der Nothwendigkeit unserer Natur, wenn sie für sich betrachtet wird, folgt. Aber Trauer ist in so weit schlecht, als sie dieses Vermögen zu handeln mindert oder hemmt (IV. L. 41), mithin können wir durch diesen Affekt zu keiner Handlung bestimmt werden, die wir nicht vornehmen könnten, wenn die Vernunft uns leitete. Ferner ist Freude nur insoweit schlecht, als sie die Fähigkeit des Menschen zum Handeln hindert (IV. L. 41, 43), und auch insoweit können wir zu keiner Handlung bestimmt werden, die wir nicht auch in Leitung der Vernunft vornehmen könnten.

So weit endlich Freude gut ist, stimmt sie mit der Vernunft überein (denn sie besteht in einer Vermehrung oder Unterstützung des Vermögens des Menschen zu handeln), und sie ist nur ein Leiden, so weit des Menschen Vermögen zu handeln nicht so weit gesteigert wird, dass er sich und seine Handlungen zureichend begreift (III. L. 3 u. E.). Wenn daher der durch Freude erregte Mensch zu solcher Vollkommenheit gebracht würde, dass er sich und seine Handlungen zureichend begriffe, so wäre er zu denselben Handlungen, zu denen er jetzt durch die, ein Leiden enthaltenden Affekte bestimmt wird, befähigt, ja noch mehr als jetzt. Alle Affekte fallen aber unter Freude, Trauer oder Begierde (III. D. 4 d. Aff.), und Begierde ist nur das Streben zu handeln selbst (III. D. 1 d. Aff.). Deshalb kann man zu allen Handlungen, zu welchen ein leidender Affekt bestimmt, auch ohne solchen durch die blosse Vernunft bestimmt werden.

Ein anderer Beweis. Jede Handlung gilt insoweit als schlecht, als sie aus dem Hass oder einem andern schlechten Affekt entspringt (IV. L. 45 Z. 1). Keine Handlung aber ist an sich gut oder schlecht (IV. Vorrede), sondern dieselbe Handlung ist bald gut, bald schlecht. Folglich kann man zu einer Handlung, die jetzt schlecht ist, oder die aus einem schlechten Affekt entspringt, durch die Vernunft bestimmt werden (IV. L. 19).

E. Ein Beispiel wird dies deutlicher machen. Die Handlung des Prügelns, physisch betrachtet und nur so aufgefasst, dass der Mensch seinen Arm hebt, die Hand schliesst und den ganzen Arm mit Kraft rückwärts bewegt, ist eine Tugend, welche sich aus dem Bau des menschlichen Körpers erklärt. Wenn also ein Mensch aus Zorn oder Hass die Hand schliesst oder den Arm bewegt, so geschieht es, wie ich in Th. II. gezeigt habe, weil dieselbe Handlung mit verschiedenen Vorstellungen von Dingen verknüpft werden kann. Man kann daher sowohl durch verworrene bildliche Vorstellungen der Dinge, wie durch klare und bestimmte zu einer und derselben Handlung bestimmt werden. Es erhellt also, dass die Begierde, die aus leidenden Affekten entspringt, ohne Nutzen wäre, wenn die Menschen durch die Vernunft sich führen liessen.⁶⁶)

Wir wollen nun sehen, weshalb die Begierde, welche aus einem leidenden Affekt entspringt, von mir blind genannt worden ist.

L. 60. *Begierde, die aus Freude oder Trauer entspringt, welche nur auf einen oder einige, nicht aber auf alle Theile des Körpers sich bezieht, hat keinen Nutzen für den ganzen Menschen.*

B. Man nehme z. B. an, dass der Theil A. des Körpers durch die Kraft einer äusseren Ursache so verstärkt wird, dass er den andern überlegen ist (IV. L. 6), so wird dieser Theil nicht streben, seine Kraft zu verlieren, damit die übrigen Theile des Körpers in ihrer Verrichtung bleiben; denn er müsste dann eine Kraft oder ein Vermögen haben, seine Kräfte zu verlieren, was widersinnig ist (III. L. 6). Jener Theil und folglich auch die Seele werden also streben, diesen Zustand zu erhalten (III. L. 7, 12), und deshalb nimmt die aus einem solchen Affekt der Freude entspringende Begierde keine Rücksicht auf das Ganze. Nimmt man umgekehrt an, dass der Theil A. so gehemmt wird, dass die übrigen Theile ihm überlegen sind, so lässt sich auf gleiche Weise beweisen, dass auch die aus der Trauer entspringende Begierde keine Rücksicht auf das Ganze nimmt.

E. Da mithin die Freude sich meistentheils nur auf einen Theil des Körpers bezieht (IV. L. 44 E.), so strebt man meistentheils, sein Sein zu erhalten, ohne Rücksicht auf den ganzen Gesundheitszustand. Dazu kommt, dass die Begierden, von denen man am meisten erfasst wird (IV. L. 9 Z.), nur Rücksicht auf die Gegenwart und nicht auf die Zukunft nehmen.⁶⁷)

L. 61. *Eine Begierde, welche aus der Vernunft entspringt, kann kein Uebermaass haben.*

B. Begierde an sich und unbedingt betrachtet (III. D. 1 d. Aff.) ist das Wesen des Menschen selbst, so weit es aufgefasst wird als irgendwie zu einem Handeln bestimmt. Deshalb ist die Begierde, welche aus der Vernunft entspringt, d. h. welche in uns erzeugt wird, während wir handeln (III. L. 3), des Menschen Wesen oder Natur selbst, insoweit sie vorgestellt wird als bestimmt, das zu thun, was durch das blosse Wesen des Menschen zureichend begriffen wird (III. D. 2). Wenn daher diese Begierde ein Uebermaass haben könnte, so könnte die menschliche Natur, für sich betrachtet, sich selbst überschreiten, oder sie könnte mehr als sie kann, was ein offenbarer Widerspruch ist. Mithin kann eine solche Begierde kein Uebermaass haben. 68)

L. 62. *So weit die Seele einen Gegenstand nach der Vorschrift der Vernunft auffasst, wird sie gleicher Weise erregt, mag die Vorstellung die eines kommenden, oder eines vergangenen oder eines gegenwärtigen Gegenstandes sein.*

B. Alles, was die Seele unter Leitung der Vernunft auffasst, geschieht unter ein und derselben Beziehung auf die Ewigkeit oder Nothwendigkeit (II. L. 44 Z. 2) und hat die gleiche Gewissheit (II. L. 43 E.). Mag also die Vorstellung die einer kommenden, oder einer vergangenen, oder einer gegenwärtigen Sache sein, so erfasst die Seele die Sache immer mit derselben Nothwendigkeit und hat dieselbe Gewissheit, und die Vorstellung wird gleich wahr sein, mag sie die einer kommenden Sache sein, oder einer vergangenen, oder einer gegenwärtigen (II. L. 41); d. h. sie wird immer die Eigenschaften einer zureichenden Vorstellung haben (II. D. 4). So weit also die Seele einen Gegenstand nach der Vorschrift der Vernunft auffasst, wird sie gleicher Weise erregt, mag die Vorstellung die einer kommenden, vergangenen oder gegenwärtigen sein.

E. Wenn wir eine zureichende Erkenntniss über die Dauer der Dinge hätten und vermöchten, die Zeit ihrer Existenz durch die Vernunft zu bestimmen, so würden wir die kommenden und die gegenwärtigen Dinge mit demselben Affekt betrachten, und die Seele würde das Gute, was sie sich als zukünftig vorstellt, ebenso wie ein gegenwärtiges begehren. Sie würde dann ein geringeres gegenwärtiges Gut nothwendig einem grösseren zukünftigen Gute nachsetzen und das gegenwärtige Gut, sobald es die Ursache eines grösseren zukünftigen Uebels ist, nicht begehren, wie ich gleich zeigen werde. Allein wir können über die Dauer der Dinge nur eine sehr unzureichende Erkenntniss erlangen (II. L. 31), und wir bestimmen die Zeit der Existenz der Dinge lediglich nach dem bildlichen Vorstellen (II. L. 44 E.), welches von dem Bilde einer gegenwärtigen und einer zukünftigen Sache nicht gleicher Weise erregt wird.

Daher kommt es, dass unsere wahre Erkenntniss des Guten und Schlechten nur abstract oder universal ist, und das Urtheil, was wir über die Ordnung und ursachliche Verknüpfung der Dinge fällen, um das für die Gegenwart Gute und Schlechte zu bestimmen, mehr Einbildung als Wirklichkeit ist. Man darf sich daher nicht wundern, dass die Begierde, welche aus der Erkenntniss des Guten und Schlechten, so weit sie das Zukünftige befasst, entspringt, leicht durch die Begierde nach Dingen gehemmt werden kann, welche in der Gegenwart angenehm sind (IV. L. 18). ⁶⁹)

L. 63. *Wer durch Furcht sich bestimmen lässt und das Gute thut, um das Schlechte zu vermeiden, wird nicht von der Vernunft geleitet.*

B. Alle Affekte, welche sich auf die Seele, sofern sie handelt, d. h. welche sich auf die Vernunft beziehen (III. L. 3), sind nur Affekte der Freude und der Begierde (III. L. 59). Wer sich also von der Furcht bestimmen lässt (III. D. 13 d. Aff.) und das Gute nur aus Scheu vor dem Uebel thut, der wird nicht von der Vernunft geleitet.

E. Frömmler, welche mehr verstehen, die Laster zu tadeln, als die Tugenden zu lehren, und welche die Menschen nicht durch die Vernunft leiten, sondern in Furcht erhalten wollen, damit sie mehr das Schlechte fliehen, als die Tugend lieben, haben nichts Anderes im Sinne, als dass die Anderen ebenso elend werden, wie sie selbst; man kann sich daher nicht wundern, wenn sie den Menschen meist lästig und verhasst sind.

Z. Bei der aus der Vernunft entspringenden Begierde folgt man dem Guten unmittelbar und flieht das Uebel nur mittelbar.

B. Denn die aus der Vernunft kommende Begierde kann nur aus dem Affekt der Freude, welche kein Leiden ist, entstehen (III. L. 59), d. h. aus einer Freude, welche kein Uebermaass haben kann (IV. L. 61) und nicht aus Trauer. Ferner entspringt diese Begierde aus der Erkenntniss des Guten und nicht des Schlechten (IV. L. 8); folglich erstrebt man in Leitung der Vernunft das Gute unmittelbar und flieht nur in so weit das Uebel.

E. Ich will diesen Zusatz durch das Beispiel eines Kranken und Gesunden erläutern. Der Kranke nimmt das, was er verabscheut, aus Furcht vor dem Tode ein; der Gesunde freut sich aber der Speise und geniesst deshalb sein Leben mehr, als wenn er den Tod fürchtete und ihn geradezu vermeiden wollte. Ebenso wird ein Richter, welcher nicht aus Hass oder Zorn, sondern aus Liebe für das öffentliche Wohl einen Schuldigen zum Tode verurtheilt, nur von der Vernunft bestimmt. [70])

L. 64. *Die Erkenntniss des Schlechten ist eine unzureichende Erkenntniss.*

B. Die Erkenntniss des Schlechten ist die Trauer selbst (IV. L. 8), insofern wir uns ihrer bewusst sind. Die Trauer ist aber ein Uebergang zu einer geringeren Vollkommenheit (III. D. 3 d. Aff.), welche daher aus dem Wesen der Menschen nicht erkannt werden kann (III. L. 6, 7), und deshalb ist sie ein Leiden (III. D. 2), welches von unzureichenden Vorstellungen abhängt (III. L. 3), und deshalb ist ihre Erkenntniss, d. h. die des Schlechten (II. L. 29), eine unzureichende.

Z. Hieraus erhellt, dass wenn die menschliche Seele nur zureichende Vorstellungen hätte, sie den Begriff des Schlechten nicht bilden würde. [71])

L. 65. *Von zwei Gütern wird das grössere und von zwei Uebeln das kleinere nach Leitung der Vernunft verfolgt.*

B. Ein Gut, was uns an dem Genuss eines grösseren hindert, ist in Wahrheit ein Uebel. Denn schlecht und gut wird (wie IV. Vorrede gezeigt worden) von den Dingen, sofern sie mit einander verglichen werden, ausgesagt. Ebenso ist das geringere Uebel in Wahrheit ein Gut (aus gleichem Grunde). Deshalb werden wir, wenn wir der Vernunft folgen (IV. L. 64 Z.), nur das grössere Gut und das geringere Uebel begehren oder verfolgen.

Z. Wir werden ein geringeres Uebel um eines grösseren Gutes willen nach Leitung der Vernunft verfolgen und ein geringeres Gut, wenn es die Ursache eines grösseren Uebels ist, verschmähen. Denn das hier als das kleinere bezeichnete Uebel ist in Wahrheit ein Gut, und dagegen das Gut ein Uebel; wir werden daher jenes begehren und dieses verschmähen (IV. L. 64 Z.). [72]

L. 66. *Nach Leitung der Vernunft wird man das grössere zukünftige Gut einem kleineren gegenwärtigen vorziehen, und ebenso ein kleineres gegenwärtiges Uebel, was die Ursache eines zukünftigen grösseren Gutes ist.*

B. Wenn die Seele die zureichende Erkenntniss einer zukünftigen Sache haben könnte, so würde sie von derselben ebenso, wie von einer gegenwärtigen erregt werden (IV. L. 62); beachtet man daher nur die Vernunft, wie hier vorausgesetzt worden ist, so bleibt es sich gleich, ob ein grösseres Gut oder Uebel als zukünftig oder als gegenwärtig aufgefasst wird, und deshalb wird man ein zukünftig grösseres Gut mehr als ein kleineres gegenwärtiges begehren u. s. w.

Z. Ein kleineres gegenwärtiges Uebel, was die Ursache eines grösseren zukünftigen Gutes ist, werden wir, der Vernunft folgend, begehren und ein geringeres gegenwärtiges Gut, was die Ursache eines grösseren kommenden Uebels ist, verschmähen. Dieser Z. verhält sich zu L. 66 wie der Z. des L. 65 zu L. 65.

E. Wenn man dies mit dem vergleicht, was ich in diesem Theil IV. bis zu L. 18 über die Kräfte der Affekte dargelegt habe, so kann man leicht sehen, wodurch sich ein Mensch, der sich nur vom Affekte und von der Meinung leiten lässt, von dem unterscheidet, welchen die Vernunft leitet. Denn Jener thut das, was er am wenigsten kennt, er mag wollen oder nicht; dieser aber folgt nur sich selbst und thut nur das, was er als das Wichtigste im Leben erkannt hat, und was er deshalb am meisten begehrt. Jenen nenne ich deshalb einen Sklaven, und diesen nenne ich einen Freien. Ueber dessen Geist und Lebensweise will ich noch Einiges bemerken. [73]

L. 67. *Der freie Mensch denkt an nichts weniger als an den Tod, und seine Weisheit besteht im Nachdenken über das Leben und nicht über den Tod.*

B. Der freie Mensch, d. h. der nur nach den Geboten der Vernunft lebt, wird von der Todesfurcht nicht bestimmt (IV. L. 63), sondern er begehrt geradezu das Gute (IV. L. 63 Z.), d. h. er will handeln, leben und sein Dasein erhalten auf der Grundlage der Verfolgung seines eigenen Nutzens (IV. L. 24). Er denkt daher am wenigsten an den Tod, vielmehr ist seine Weisheit ein Nachdenken über das Leben. [74])

L. 68. *Wenn die Menschen frei geboren würden, so würden sie keine Begriffe von Gut und Schlecht bilden, so lange sie frei blieben.*

B. Ich habe den frei genannt, welcher bloss von der Vernunft geleitet wird; wer daher frei geboren wird und bleibt, hat daher nur zureichende Vorstellungen und mithin keinen Begriff von Schlecht (IV. L. 64 Z.), und folglich auch nicht von Gut, da dies Wechselbegriffe sind.

E. Es erhellt aus IV. L. 4, dass die Voraussetzung dieses Lehrsatzes eine falsche ist und nur angenommen werden kann, wenn man bloss auf die menschliche Natur, oder vielmehr auf Gott Acht hat, nicht sofern er unendlich ist, sondern sofern er bloss die Ursache ist, warum der Mensch existirt. Dieses und Anderes, was ich hier dargelegt habe, scheint schon von Moses in jener Geschichte vom ersten Menschen angedeutet zu sein. In dieser wird nämlich keine andere Macht Gottes angenommen, als die, wodurch er den Menschen geschaffen hat, d. h. die Macht, welche nur für den Nutzen des Menschen gesorgt hat. Deshalb sagt die Erzählung, dass Gott den freien Menschen verboten habe, von dem Baume der Erkenntniss des Guten und Schlechten zu essen, und dass, sobald er davon esse, er mehr den Tod fürchten als zu leben wünschen würde. Ferner, dass, als der Mann das Weib fand, welches mit seiner Natur ganz übereinstimmte, er erkannte, dass es in der Natur Nichts gäbe, was ihm nützlicher als dieses sein könnte; als er aber später glaubte, dass die unvernünftigen Thiere ihm ähnlich seien, habe er sofort deren Affekte nachzuahmen begonnen (III. L. 27) und seine Freiheit verloren, welche die Erz-Väter später wiedergewonnen haben, geführt vom Geiste Christi, d. h. geführt von der Vorstellung Gottes, welche allein es bedingt, dass der Mensch frei ist, und das Gute, was er für sich begehrt, auch für andere Menschen begehrt, wie ich oben gezeigt habe (IV. L. 37). [75]

L. 69. *Die Tugend des freien Menschen zeigt sich gleich gross in Vermeidung, wie in Ueberwindung der Gefahren.*

B. Die Affekte können nur gehemmt und aufgehoben werden durch einen entgegengesetzten und stärkeren Affekt (IV. L. 7). Die Tollkühnheit und die Furcht sind Affekte, die man sich als gleich gross (IV. L. 5, 3) vorstellen kann. Es ist daher eine gleich grosse Tugend oder Stärke der Seele nothwendig, um die Tollkühnheit, wie die Furcht zu hemmen (III. L. 59 E.), d. h. der freie Mensch vermeidet die Gefahren mit derselben Tugend, mit welcher er sie zu überwinden sucht (IV. D. 40, 41 d. Aff.).

Z. Dem freien Menschen wird deshalb die rechtzeitige Flucht für eine ebenso grosse Herzhaftigkeit wie der Kampf angerechnet, oder der freie Mensch wählt mit derselben Herzhaftigkeit oder Geistesgegenwart den Kampf wie die Flucht.

E. Was die Herzhaftigkeit ist und ich darunter verstehe, habe ich III. L. 59 E. erklärt. Unter Gefahr verstehe ich aber Alles, was die Ursache eines Uebels, also der Traurigkeit, des Hasses, der Uneinigkeit u. s. w., sein kann. [76]

L. 70. *Der freie Mensch, welcher unter Unwissenden lebt, sucht so viel als möglich deren Wohlthaten zu vermeiden.*

B. Jeder beurtheilt nach seinem Verstande, was gut ist (III. L. 39 E.). Deshalb wird der Unwissende, welcher einem Andern eine Wohlthat erwiesen hat, diese nach seiner Meinung abschätzen und sich betrüben, wenn er sieht, dass der Empfänger sie geringer schätzt (III. L. 42). Aber ein freier Mensch sucht die Uebrigen durch Freundschaft sich zu verbinden (IV. L. 37) und ihnen keine Wohlthaten wieder zu erweisen, welche Jene nur nach ihren Affekten für gleich gross halten, sondern sich und die Andern nach der freien Bestimmung der Vernunft zu leiten und nur das zu thun, was er als das Höchste erkannt hat. Daher wird der freie Mensch, um nicht bei den Unwissenden in Hass zu gerathen und um nur der Vernunft, aber nicht den Begierden jener zu folgen, so viel als möglich deren Wohlthaten vermeiden.

E. Ich spreche: „so viel als möglich." Denn wenn die Menschen auch unwissend sind, so sind sie doch Menschen, welche in der Noth menschliche Hülfe gewähren können, über die es nichts Besseres giebt. Daher ist es oft nöthig, Wohlthaten von ihnen anzunehmen und folglich auch, ihnen nach ihrem Sinne dankbar zu sein. Es kommt hinzu, dass auch bei Vermeidung der Wohlthaten Vorsicht nothwendig ist, damit es nicht scheine, als verachte man sie, oder scheute aus Geiz die Wieder-Vergeltung, so dass, während wir den Hass jener Menschen zu vermeiden suchen, wir gerade dadurch sie beleidigen. Es ist deshalb bei Vermeidung der Wohlthaten Rücksicht auf das Nützliche und den Anstand zu nehmen. [77])

L. 71. *Nur die freien Menschen sind gegen einander wahrhaft dankbar.*

B. Nur die freien Menschen sind einander die nützlichsten und sind durch die Bande der Freundschaft am stärksten mit einander verbunden (IV. L. 35 u. Z. 1) und nur sie streben mit gleichem Liebeseifer, einander wohlzuthun (IV. L. 37). Daher sind nur die freien Menschen wahrhaft dankbar gegen einander (III. D. 34 d. Aff.).

E. Die gefällige Gesinnung, welche Menschen für einander haben, welche von der blinden Begierde geführt werden, ist meistentheils mehr Handel und Köder als Dankbarkeit. Ferner ist die Undankbarkeit kein Affekt; doch ist sie hässlich, weil sie meistens anzeigt, dass der Mensch zu sehr von Hass, Zorn, Stolz oder Geiz erfüllt ist. Denn wer aus Dummheit die Geschenke nicht erwidern kann, ist nicht undankbar, und noch weniger der, welcher sich durch die Geschenke einer Buhlerin nicht zum Diener ihrer Lüste machen lässt, oder durch die des Diebes zum Hehler seiner Diebstähle oder durch ähnliche Dinge. Denn dies zeigt vielmehr von Standhaftigkeit der

Sinnesart, die sich durch keine Geschenke zu dem eignen oder dem allgemeinen Verderben verführen lässt. [78])

L. 72. *Der freie Mensch handelt niemals in böser Absicht, sondern immer ehrlich.*

B. Wenn ein freier Mensch als solcher etwas in böser Absicht thäte, so müsste er es als Gebot der Vernunft thun (denn nur insoweit gilt er uns als frei). Mithin wäre das Handeln aus böser Absicht eine Tugend (IV. L. 24), und folglich wäre es für Jeden klüger, zur Erhaltung seines Seins aus böser Absicht zu handeln (IV. L. 24), d. h. die Menschen thäten klüger, nur in Worten einig zu sein, in der Sache aber Gegner, was widersinnig ist (IV. L. 31 Z); deshalb wird ein freier Mensch u. s. w.

E. Wenn man die Frage stellt, ob nicht, wenn ein Mensch sich durch Treulosigkeit von einer gegenwärtigen Todesgefahr befreien könne, die Vernunft zur Erhaltung seines Daseins fordere, dass er treulos werde, so kann man in derselben Weise antworten, dass, wenn die Vernunft dies rathe, sie es dann auch allen Menschen rathe; folglich rathe die Vernunft den Menschen überhaupt, nur in böser Absicht einen Vertrag auf Verbindung ihrer Kräfte und den Besitz gemeinen Rechtes abzuschliessen d. h. in Wahrheit einen Vertrag dahin abzuschliessen, kein gemeines Recht zu haben, was widersinnig ist. [79])

L. 73. *Ein Mensch, der von der Vernunft geleitet wird, ist mehr frei in einem Staate, wo er nach gemeinsamem Beschlusse lebt, als in der Einsamkeit, wo er sich allein gehorcht.*

B. Ein von der Vernunft geleiteter Mensch wird nicht durch die Furcht zum Gehorsam bestimmt (IV. L. 63), sondern so weit er nach dem Gebote der Vernunft sein Dasein zu erhalten strebt, d. h. so weit er frei zu leben strebt (IV. L. 66 E), wünscht er die Weise eines gemeinschaftlichen Lebens und Nutzens einzuhalten (IV. L. 37) und folglich (wie IV. L. 37 E. 2 gezeigt worden) nach dem gemeinsamen Staatsgesetze zu leben. Der von der Vernunft geleitete Mensch sucht deshalb, um freier zu leben, die gemeinen Rechte des Staats einzuhalten.

E. Dies und Aehnliches, was ich über die wahre

Freiheit des Menschen dargelegt habe, bezieht sich auf die Tapferkeit, d. h. auf die Seelenstärke und den Edelmuth (III. L. 59 E.). Ich halte es aber nicht für nöthig, alle Eigenschaften der Tapferkeit hier besonders darzulegen, und noch weniger, dass der tapfere Mann Niemanden hasst, beneidet, über Niemand sich erzürnt oder unwillig wird, Niemanden verachtet und noch weniger stolz ist. Denn dies und Alles, was zu dem wahren Leben und der Religion gehört, ist leicht aus IV. L. 37, 46 abzuleiten, indem der Hass durch die Liebe besiegt werden soll, und Jeder, der nach der Vernunft lebt, das Gute, was er für sich erstrebt, auch für die Andern wünscht. Hierzu kommt, was ich IV. L. 50 E. und anderwärts bemerkt habe, nämlich, dass ein tapferer Mann vorzüglich bedenkt, dass Alles aus der Nothwendigkeit der göttlichen Natur folgt. Er weiss deshalb, dass Alles, was er für lästig und übel hält, so wie Alles, was als gottlos, abscheulich, ungerecht und schändlich erscheint, nur davon kommt, dass er die Dinge selbst verstört, verstümmelt und verworren auffasst. Deshalb strebt er vor Allem, die Dinge, wie sie an sich sind, zu begreifen und die Hindernisse der Erkenntniss zu entfernen, wie den Hass, den Neid, den Zorn, den Spott, den Stolz und Anderes dergleichen, was ich früher behandelt habe. Deshalb sucht er, wie gesagt, so viel er vermag, gut zu handeln und fröhlich zu sein. Wie weit aber die menschliche Tugend reicht, um dies zu erlangen, und was sie vermag, werde ich im folgenden Theile darlegen. [80])

Anhang.

Das, was ich in diesem Theile über die rechte Weise zu leben dargelegt habe, ist nicht so geordnet, dass man es mit einem Blick übersehen könnte, sondern es ist zerstreut von mir begründet worden, je nachdem ich nämlich das Eine leichter aus dem Andern ableiten konnte. Ich will es daher hier noch einmal zusammenfassen und in Hauptsätzen zusammenstellen.

S. 1. Alle unsere Bestrebungen oder Begierden folgen so aus der Nothwendigkeit unserer Natur, dass sie entweder aus ihr allein, als ihrer nächsten Ursache, erkannt werden können, oder sofern wir ein Theil der Natur sind, welche für sich und ohne die übrigen Einzeldinge nicht zureichend begriffen werden kann.

S. 2. Die Begierden, welche aus unserer Natur so folgen, dass sie aus ihr allein erkannt werden können, sind die auf die Seele sich beziehenden, so weit diese als aus zureichenden Vorstellungen bestehend vorgestellt wird. Die übrigen Begierden treffen die Seele nur, soweit sie sich die Dinge unzureichend vorstellt; die Kraft und das Wachsthum dieser Begierden kann nicht durch das menschliche Vermögen, sondern muss durch das der äusseren Dinge bestimmt werden. Deshalb heissen jene Begierden mit Recht Handlungen, und diese leidende Zustände; jene sind immer ein Zeichen unseres Vermögens, diese dagegen unseres Unvermögens und mangelhafter Erkenntniss.

S. 3. Unsere Handlungen, d. h. jene Begierden, welche durch das Vermögen oder die Vernunft des Menschen bestimmt werden, sind immer gut; die übrigen können gut oder schlecht sein.

S. 4. Es ist im Leben deshalb das Nützlichste, den Verstand oder die Vernunft so viel als möglich zu vervollkommnen; darin allein besteht des Menschen höchstes Glück oder seine Seligkeit. Denn die Seligkeit ist die Seelenruhe, welche aus der anschaulichen Erkenntniss Gottes entspringt. Die Vervollkommnung unseres Verstandes besteht aber auch nur in der Erkenntniss Gottes, seiner Attribute und seiner Handlungen, welche aus seiner Natur mit Nothwendigkeit folgen. Deshalb ist das höchste Ziel eines von der Vernunft geleiteten Menschen, d. h. seine stärkste Begierde, wodurch er alle anderen zu mässigen strebt, sich und Alles, was seiner Erkenntniss erreichbar ist, zureichend zu begreifen.

S. 5. Es giebt daher kein vernünftiges Leben ohne Erkenntniss, und die Dinge sind nur insoweit gut, als sie dem Menschen helfen, das Leben seiner Seele zu geniessen, was in der Erkenntniss besteht. Was dagegen den Menschen hindert, die Vernunft zu vervollkommnen und ein vernünftiges Leben zu führen, dies allein ist das Uebel. [81])

S. 6. Weil aber Alles, dessen wirkende Ursache der Mensch ist, nothwendig gut ist, so kann dem Menschen das Uebel nur von äusseren Ursachen kommen, nämlich

IV. Theil. Von der menschlichen Knechtschaft. Anhang.

so weit er ein Theil der ganzen Natur ist, deren Gesetzen die menschliche Natur zu gehorchen und auf beinahe unzähliche Arten ihr sich anzubequemen genöthigt ist.

S. 7. Es ist unmöglich, dass der Mensch nicht ein Theil der Natur ist und der gemeinsamen Ordnung nicht zu folgen braucht; wenn er aber mit solchen Wesen verkehrt, welche mit seiner Natur übereinstimmen, so wird gerade dadurch das Vermögen des Menschen gesteigert und unterstützt. Ist der Mensch aber unter Wesen, welche mit seiner Natur sehr wenig übereinstimmen, so wird er kaum ohne grosse Veränderung seiner selbst sich ihnen anbequemen können. [82]

S. 8. Alles, was wir in der Natur für ein Uebel halten, d. h. was uns hindern kann, zu existiren und ein vernünftiges Leben zu führen, das dürfen wir von uns abhalten, und zwar auf die Weise, welche als die sicherste erscheint; was wir dagegen für gut und nützlich halten, um unser Dasein zu erhalten und ein vernünftiges Leben zu geniessen, das dürfen wir in Besitz nehmen und auf alle Weise gebrauchen. Ueberhaupt ist nach dem höchsten Recht der Natur Jedem das zu thun erlaubt, was nach seiner Meinung zu seinem Nutzen beiträgt.

S. 9. Nichts kann mehr mit der Natur eines Dinges übereinstimmen, als die andern Einzeldinge derselben Art; deshalb giebt es für den Menschen (nach S. 7) nichts Nützlicheres zur Erhaltung seines Daseins und für den Genuss eines vernünftigen Lebens als ein der Vernunft folgender Mensch. Da wir ferner unter den Einzeldingen Nichts kennen, was besser wäre als ein von der Vernunft geleiteter Mensch, so kann man durch Nichts mehr zeigen, wie viel man an Kraft und Einsicht vermag, als durch Erziehung der Menschen auf solche Art, dass sie zuletzt nach dem eigenen Gebot der Vernunft leben. [83]

S. 10. So weit die Menschen von Neid oder einem andern Affekt des Hasses gegen einander erfüllt sind, insoweit sind sie einander entgegen und folglich um so mehr zu fürchten, als sie mehr wie die andern Einzelwesen der Natur vermögen.

S. 11. Die Gemüther werden jedoch nicht durch die Waffen, sondern durch Liebe und Edelmuth gewonnen.

S. 12. Den Menschen ist es besonders nützlich, in Sitten sich an einander zu schliessen und die Bande zwischen einander zu knüpfen, durch welche sie am besten aus Allen nur **Einen** machen und unbedingt das zu thun, was zur Befestigung der Freundschaften beiträgt.

S. 13. Doch dazu gehört Kunst und Wachsamkeit; denn die Menschen sind veränderlich (denn die, welche nach der Vorschrift der Vernunft leben, sind selten) und doch meist neidisch und mehr zur Rache als zum Mitleid geneigt.

Es ist deshalb eine besondere Kraft des Gemüths nothwendig, um Jeden nach seiner Sinnesart zu ertragen und sich vor Nachahmung seiner Affekte zu hüten. Wer aber dagegen versteht, die Menschen zu verkleinern und mehr ihre Laster zu schelten, als die Tugenden zu lehren und das Gemüth der Menschen nicht zu stärken, sondern zu brechen, der ist sich und Andern zur Last. Deshalb haben Viele aus zu grosser Ungeduld ihres Gemüths und falschem religiösen Eifer lieber unter den wilden Thieren als unter den Menschen leben wollen: so wie die Knaben und Jünglinge, welche das Schelten der Eltern nicht mit Gleichmuth ertragen können, zu den Soldaten gehen und die Lasten des Krieges und die Herrschaft der Tyrannei dem häuslichen Frieden und den väterlichen Ermahnungen vorziehen und lieber jede Last sich auflegen lassen, nur um sich an den Eltern zu rächen. [84]

S. 14. Obgleich daher die Menschen Alles meist nach ihren Neigungen einrichten, so ergeben sich doch aus deren gemeinsamem Vereine viel mehr Vortheile als Nachtheile. Deshalb ist es besser, ihre Unbilden mit Gleichmuth zu ertragen und mit Eifer dem nachzugehen, was der Eintracht und der Schliessung der Freundschaften dient.

S. 15. Was die Eintracht erzeugt, ist das, was zur Gerechtigkeit, Billigkeit und Ehrbarkeit gehört. Denn die Menschen werden nicht bloss durch das Ungerechte und das Unbillige verletzt, sondern auch durch das Hässliche und dadurch, dass man die herrschenden Sitten des Landes verachtet. Zur Gewinnung ihrer Liebe ist aber das vor Allem nöthig, was sich auf Religion und Frömmigkeit bezieht. Man sehe hierüber IV. L. 37 E. 1, 2 und L. 46 E. und L. 73 E.

S. 16. Es pflegt ausserdem der Frieden meist aus der Furcht hervorzugehen, aber ohne Verlass. Man rechne hinzu, dass die Furcht aus der Ohnmacht der Seele entspringt und deshalb nicht zum Gebrauch der Vernunft gehört, so wenig wie das Mitleid, wenngleich es den Schein der Frömmigkeit annehmen sollte.

S. 17. Die Menschen werden ausserdem durch Freigebigkeit gewonnen, vorzüglich jene, welche keine Gelegenheit haben, sich ihren Lebensunterhalt zu erwerben. Jedoch übersteigt es weit die Kräfte und den Nutzen eines Privatmannes, jedem Bedürftigen zu helfen; denn der Reichthum eines Einzelnen ist viel zu unzureichend, um dies zu bestreiten. Ausserdem ist eines Menschen geistige Fähigkeit zu beschränkt, um Alle sich in Freundschaft verbinden zu können. Deshalb liegt die Sorge für die Armen der ganzen Gesellschaft ob und gehört nur zum Gemeinwohl.[85]

S. 18. Ganz anders muss aber die Fürsorge sein im Empfange von Wohlthaten und Erstattung des Dankes, worüber IV. L. 70 E. und L. 71 E. nachzusehen sind.

S. 19. Die buhlerische Liebe, d. h. die Wollust, welche aus der äusseren Gestalt entspringt und überhaupt alle Liebe, welche eine andere Ursache als die Freiheit der Seele hat, geht leicht in Hass über, wofern sie nicht, was schlimmer ist, eine Art Wahnsinn ist und dann mehr durch Streit als durch Einigkeit gesteigert wird (III. L. 31 Z.).

S. 20. Was die Ehe anlangt, so ist sicher, dass sie mit der Vernunft sich verträgt, wenn die Geschlechtslust nicht bloss aus der äusseren Gestalt, sondern auch aus dem Streben, Kinder zu erzeugen und weise zu erziehen, entspringt, und wenn ausserdem die Liebe beider, d. h. des Mannes und der Frau, nicht bloss das Aeussere, sondern vorzüglich die Freiheit der Seele zur Quelle hat.[86]

S. 21. Ausserdem erzeugt Schmeichelei den Frieden, aber durch das hässliche Vergehen der Knechtschaft oder durch Treulosigkeit; denn Niemand lässt sich mehr durch Schmeichelei bethören, als die Stolzen, welche die Ersten sein wollen, aber nicht sind.

S. 22. Der Selbsterniedrigung wohnt eine falsche Art von Frömmigkeit und Religion inne; und obgleich sie das Gegentheil des Stolzes ist, so steht doch der sich Wegwerfende dem Stolzen am nächsten (IV. L. 57 E.).

S. 23. Die Scham nützt übrigens der Eintracht nur in solchen Dingen, die nicht verhehlt werden können. Uebrigens gehört die Scham, als eine Art der Trauer, nicht zum Gebiete der Vernunft.

S. 24. Die übrigen auf andere gerichteten Affekte der Trauer sind das gerade Gegentheil der Gerechtigkeit, Billigkeit, Ehrlichkeit, Frömmigkeit und Religiosität und obgleich der Unwille den Schein der Billigkeit an sich trägt, so lebt man doch da ohne Gesetz, wo jeder über fremde Handlungen richten und sich oder einem Andern selbst Recht verschaffen kann.

S. 25. Die Bescheidenheit d. h. das Bestreben, den Menschen zu gefallen, gehört, wenn sie sich nach der Vernunft bestimmt, zur Frömmigkeit (IV. L. 37 E.). Entspringt sie aber aus einem Affekte, so ist sie ein Ehrgeiz oder Begehren, welches durch den falschen Schein der Frömmigkeit gewöhnlich Streit und Aufruhr unter den Menschen erregt. Denn wer seine Nebenmenschen durch Rath und That zu unterstützen strebt, damit sie des höchsten Gutes sich erfreuen, der wird vorzüglich suchen, sich ihre Liebe zu erwerben, aber nicht sie zur Bewunderung zu verleiten, nur damit die Lehre von ihm den Namen erhalte, und wird durchaus keinen Grund zum Neid geben.

In der geselligen Unterhaltung wird er sich hüten, die Fehler der Menschen zu hinterbringen und über die menschliche Schwäche wird er nur spärlich sprechen, aber reichlich über menschliche Tugend oder Macht und über die Mittel, durch welche sie vervollkommnet werden kann, auf dass die Menschen nicht aus Furcht oder Abscheu, sondern nur aus dem Affekt der Freude nach den Vorschriften der Vernunft, als solcher, zu leben sich bemühen. [87)]

S. 26 Ausser den Menschen kenne ich kein Einzelding in der Natur, an dessen Seele man sich erfreuen und das man durch Freundschaft und eine Art des Umganges sich verbinden könnte. Daher fordert die Vernunft unseres Nutzens wegen nicht, irgend etwas neben den Menschen in der Natur zu erhalten; sondern sie lehrt uns, es, je nachdem der Bedarf es verlangt, zu erhalten, oder zu zerstören oder auf irgend eine Weise unserem Gebrauche anzupassen.

S. 27. Der Nutzen, den man von Dingen ausserhalb unserer zieht, besteht ausser der Erfahrung und Erkenntniss, welche wir aus deren Beobachtung und Umgestaltung gewinnen, vorzüglich in der Erhaltung unseres Körpers, und aus diesem Grunde sind vorzüglich jene Dinge nützlich, welche den Körper so erhalten und ernähren können, dass alle seine Theile ihre Verrichtungen gut vollziehen können. Denn je mehr der menschliche Körper fähig ist, auf viele Arten erregt zu werden und die äusseren Körper zu erregen, desto fähiger ist die Seele zum Denken (IV. L. 38 u. 39). Von solchen Dingen scheint es aber nur sehr wenige in der Natur zu geben, deshalb muss man zur richtigen Ernährung des Körpers von vielerlei Nahrungsmitteln Gebrauch machen. Denn der menschliche Körper besteht aus sehr vielen Theilen verschiedener Natur, welche fortwährend der mannigfachen Ernährung bedürfen, damit der Körper zu allem, was aus seiner Natur folgen kann, gleich geschickt sei, und damit folglich die Seele gleich geschickt sei, mehr zu begreifen.

S. 28. Zur Erlangung dessen würden kaum die Kräfte des Einzelnen hinreichen, wenn die Menschen sich nicht gegenseitig unterstützten. Aber die bündigste Zusammenfassung von Allem hat erst das Geld gebracht; deshalb pflegt dessen Bild den Sinn der Menge am meisten zu beschäftigen; denn sie können kaum eine Art von Freude sich denken, die nicht von der Vorstellung des Geldes als Ursache begleitet wäre.

S. 29. Zu einem Fehler wird dies aber nur bei denen, welche nicht aus Dürftigkeit und der Nothwendigkeiten wegen das Geld suchen, sondern weil sie die Künste des Spiels gelernt haben, mit denen sie sich in die Höhe bringen. Im Uebrigen sorgen sie aus Gewohnheit für ihren Körper, aber nur knapp, weil sie so viel von ihren Gütern zu verlieren meinen, als sie auf Erhaltung ihres Körpers verwenden. Wer indess den wahren Nutzen des Geldes kennt und das Maass des Reichthums nach dem Bedarf abmisst, der lebt mit Wenigem zufrieden. [88)]

S. 30. Da nun das gut ist, was die Theile des Körpers in ihren Verrichtungen unterstützt, und da die Freude darin besteht, dass sie das Vermögen des Menschen, rücksichtlich seiner Seele und seines Körpers unterstützt und mehrt, so ist alles gut, was Freude macht. Da indess die

Dinge nicht zu dem Zweck thätig sind, um uns Freude zu machen, und deren Vermögen zu wirken nicht durch unsern Nutzen geregelt wird, und endlich, weil die Freude sich meist nur auf einen Theil des Körpers hauptsächlich bezieht, so haben die Affekte der Freude (wenn nicht Vernunft und Wachsamkeit dabei sind) und folglich die aus ihnen entspringenden Begierden meist ein Uebermaass. Dazu kommt, dass man im Affekte zunächst das Angenehme der Gegenwart im Auge hat und das Zukünftige nicht mit gleicher Gemüthsruhe abzuschätzen vermag (III. L. 44 E. u. L. 60 E.).

S. 31. Der Aberglaube erklärt dagegen das für gut, was Trauer bringt, und das für schlecht, was Freude bringt. Indess, wie schon erwähnt (IV. L. 45 E.), erfreut sich nur der Neidische an meiner Ohnmacht und meinem Schaden. Denn je freudiger wir sind, desto vollkommener werden wir und nehmen mehr an der göttlichen Natur Theil, und die Freude, welche von der wahren Vernunft nach unserm Nutzen gemässigt wird, kann niemals schlecht sein. Wer dagegen nur aus Furcht das Gute thut, um das Schlechte zu vermeiden, handelt nicht vernünftig.

S. 32. Das menschliche Vermögen ist meist so sehr beschränkt und wird von dem Vermögen der äusseren Ursachen weit übertroffen; wir haben daher keine unbedingte Macht, die äusseren Dinge nach unserem Bedarf einzurichten. Demnach werden wir die Nachtheile, welche dem entgegen uns treffen, mit Gleichmuth ertragen, wenn wir uns bewusst sind, dass wir unsere Pflicht erfüllt haben, und dass unser Vermögen nicht so weit gereicht hat, um dies vermeiden zu können, und dass wir nur ein Theil der ganzen Natur sind, deren Ordnung wir folgen.

Wenn wir dies klar und deutlich erkennen, so wird der Theil von uns, der die Erkenntniss bildet, d. h. der bessere Theil in uns, damit sich beruhigen und in dieser Ruhe zu beharren streben. Denn bei dieser Erkenntniss können wir nur das Nothwendige verlangen und nur in dem Wahren uns unbedingt zufrieden geben. So weit wir also dies richtig einsehen, so weit stimmt das Streben unseres besseren Theiles mit der Ordnung der ganzen Natur überein. [89] [90]

Fünfter Theil.
Ueber die Macht der Vernunft oder über die menschliche Freiheit.

Vorrede.

Ich komme nun endlich zu dem anderen Theile der Ethik, welcher die Weise oder den Weg betrifft, der zur Freiheit führt. In diesem Theile werde ich also die Macht der Vernunft untersuchen und zeigen, was diese Vernunft über die Affekte vermag und ferner, was die Freiheit der Seele oder die Seeligkeit ist. Es wird sich daraus ergeben, um wie viel der Weise mächtiger ist, als der Unwissende. In welcher Weise aber und auf welchem Wege die Erkenntniss vervollkommnet werde, und mit welcher Kunst der Körper zu pflegen sei, damit er das Seinige recht verrichte, gehört nicht hierher, sondern letzteres zur Medizin und ersteres zur Logik.

Ich werde also, wie erwähnt, hier nur von der Macht der Seele oder Vernunft handeln, und ich werde vor allem zeigen, wie gross und welcher Art ihre Gewalt über die Affekte ist, um sie zu hemmen oder zu mässigen. Denn ich habe schon oben dargelegt, dass wir keine unbedingte Herrschaft über die Affekte haben. Die Stoiker meinten zwar, dass sie lediglich von unserem Willen abhängig seien, und dass wir sie unbedingt beherrschen könnten; indess wurden sie durch die entgegengesetzte Erfahrung, aber nicht durch ihre Prinzipien, genöthigt, einzugestehen, dass nicht wenig Uebung und Eifer zur Mässigung der Affekte erforderlich sei. Es hat dies Jemand durch das Beispiel zweier Hunde (wenn ich mich recht entsinne), eines Haushundes und eines Jagdhundes, zu zeigen versucht, indem er es durch Uebung endlich dahin bringen konnte, dass der Haushund zu jagen sich gewöhnte und der Jagdhund der Verfolgung der Hasen sich enthielt.

Dieser Ansicht ist Des Cartes sehr zugethan; denn er nimmt an, dass der Geist oder die Seele vorzugsweise mit einem Gehirntheile, welcher die Zirbeldrüse heisst, verbunden sei, durch deren Hülfe die Seele alle im Körper erweckten Bewegungen und äussern Gegenstände wahrnimmt, und welche die Seele durch ihr blosses Wollen beliebig bewegen könne. Diese Eichel soll nach seiner Annahme so in der Mitte des Gehirns schweben, dass sie durch den leisesten Hauch der Lebensgeister bewegt werden könne. Endlich nimmt er an, dass diese Eichel auf so verschiedene Weise in der Mitte des Gehirns schwebend erhalten werde, als die Lebensgeister auf sie andringen, und dass ebenso viel verschiedene Spuren in sie eingedrückt werden, als verschiedene Gegenstände die Lebensgeister gegen die Eichel stossen. Daher komme es, dass wenn die Eichel später von dem Willen der Seele, der sie verschieden bewege, auf diese oder jene Weise schwebend erhalten werde, auf der sie einmal von den Lebensgeistern erhalten worden, als diese so oder so erregt wurden, dass dann diese Eichel die Lebensgeister ebenso fortstösst und bestimmt, wie sie früher von der ähnlichen Schwebung derselben zurückgestossen worden sind. Er nimmt ausserdem an, dass jedes Wollen der Seele mit einer bestimmten Bewegung der Eichel von Natur verbunden sei. Wenn z. B. Jemand die Absicht habe, einen entfernten Gegenstand zu betrachten, so bewirke dieses Wollen, dass der Augenstern sich erweitere. Wenn er aber nur an die Erweiterung des Augensterns denke, so nütze ihm ein solches Wollen dazu nichts, weil die Natur die Bewegung der Eichel, welche dient, die Lebensgeister gegen den Sehnerven zu treiben, um den Augenstern entsprechend zu erweitern oder zu verengen, nicht mit dem Wollen dieser Erweiterung oder Verengerung verbunden habe, sondern nur mit dem Wollen entfernte oder nahe Gegenstände anzuschauen. Endlich nimmt er an, dass zwar jede Bewegung dieser Eichel mit einzelnen Gedanken von Anfang unseres Lebens ab von Natur verknüpft zu sein scheine, indess könne sie auch durch Uebung mit andern verbunden werden, wie er Art. 50. Th. I. von den Leidenschaften der Seele zu beweisen sucht.

Hieraus folgert Des Cartes, dass keine Seele so ohnmächtig sei, um nicht bei richtiger Leitung die unbedingte Herrschaft über ihre Leidenschaften erwerben zu können. Denn diese sind nach seiner Definition „Auffassungen oder Empfindungen oder Bewegungen der Seele, die sich auf sie insbesondere beziehen, und welche durch eine Bewegung der Lebensgeister hervorgebracht, erhalten und verstärkt werden." (Man sehe Art. 27. Th. I. Ueber die Leidenschaften.) Da man nun mit jedem Wollen eine Bewegung der Eichel und folglich auch der Lebensgeister verbinden könne und diese Bestimmung unseres Wollens bloss von unserer Macht abhänge, so könne man eine vollständige Herrschaft über die Leidenschaften gewinnen, wenn man seinen Willen nach festen und gewissen Urtheilen bestimme, nach denen man die Handlungen seines Lebens einrichten wolle, und mit diesen Urtheilen die Erregung der Leidenschaften verbinde, welche man haben wolle.

Dies ist (so viel ich aus seinen Worten entnehme) die Meinung dieses berühmten Mannes. Ich würde kaum glauben, dass sie von einem so grossen Manne herrühre, wenn sie weniger scharfsinnig wäre. In Wahrheit kann ich mich nicht genug wundern, dass ein Philosoph, der als Grundsatz aufgestellt hat, Alles nur aus Prinzipien abzuleiten, die durch sich selbst klar seien, und nur das klar und bestimmt Eingesehene zu behaupten, und der so oft die Scholastiker getadelt hat, dass sie dunkle Dinge durch verborgene Qualitäten erklären wollen, eine Hypothese aufstellt, die dunkler ist, als alle dunklen Qualitäten. Was versteht er, frage ich, unter: Verbindung der Seele und des Körpers? Welche klare und bestimmte Vorstellung hat er von der engsten Einigung des Denkens mit einem Theilchen eines ausgedehnten Gegenstandes? Ich wünschte wohl, dass er diese Einigung durch ihre nächste Ursache erklärt hätte. Aber Des Cartes hatte Seele und Körper so von einander geschieden, dass er weder für deren Einheit noch für die Seele selbst irgend eine einzelne Ursache angeben konnte und deshalb genöthigt war, auf die Ursache des ganzen Universums, d. h. auf Gott, zurückzugehen.

Dann möchte ich wohl wissen, wie viel Grade von Bewegung die Seele jener Zirbeldrüse mittheilen, und mit welcher Kraft sie sie schwebend erhalten kann? Denn ich habe keine Kenntniss, ob diese Eichel langsamer oder schneller von der Seele bewegt wird, als von den Lebensgeistern, und ob die Erregung der Leidenschaften, die man an feste Urtheile eng geknüpft hat, nicht wieder durch körperliche Ursachen abgetrennt werden kann. Denn dann würde daraus folgen, dass, wenn auch die Seele sich vorgenommen hätte, den Gefahren entgegen zu gehen und mit diesem Wollen den Affekt der Kühnheit verbunden hätte, dennoch die Eichel durch den Anblick der Gefahr so schwebend gestellt werden könnte, dass die Seele nur an die Flucht denken könnte. Da es kein Verhältniss des Wollens zur Bewegung giebt, so ist auch keine Vergleichung zwischen der Macht oder den Kräften der Seele und des Körpers möglich, und folglich können die Kräfte dieses nie nach den Kräften jener bestimmt werden. Dazu nehme man, dass diese Eichel in keiner solchen Lage in der Mitte des Gehirnes angetroffen wird, wo sie so leicht und so mannichfach herum bewegt werden könnte, und dass nicht alle Nerven bis in diese Höhlung des Gehirns sich erstrecken.

Ich lasse endlich Alles bei Seite, was Des Cartes von dem Willen und dessen Freiheit behauptet, da ich dessen Unwahrheit genügend dargethan habe. Wenn sonach das Vermögen der Seele, wie oben gezeigt worden, nur durch die Erkenntniss bestimmt wird, so werden die Hülfsmittel gegen die Affekte, welche Alle wohl, wie ich glaube, an sich erfahren, aber nicht genau beobachten und bestimmt erkennen, nur aus der Erkenntniss der Seele zu entnehmen sein, und ich werde daraus Alles, was ihre Seeligkeit betrifft, ableiten. [1]

A. 1. Wenn in demselben Subjekt zwei entgegengesetzte Thätigkeiten erregt werden, so muss nothwendig entweder in beiden Thätigkeiten oder in einer eine Veränderung eintreten, bis sie aufhören, entgegengesetzt zu sein. [2]

A. 2. Die Macht der Wirkung wird durch die Macht ihrer Ursache bestimmt, so weit ihr Wesen durch das Wesen ihrer Ursache erklärt oder bestimmt wird. [3]
Dieses Axiom erhellt aus III. L. 7.

L. 1. *So wie die Gedanken und die Vorstellungen der Dinge sich in der Seele ordnen und verknüpfen, genau so ordnen und verknüpfen sich die körperlichen Erregungen oder Bilder der Dinge im Körper.*

B. Die Ordnung und Verknüpfung der Vorstellungen ist dieselbe (II. L. 7.) wie die Ordnung und Verknüpfung der Dinge, und umgekehrt ist die Ordnung und Verknüpfung der Dinge dieselbe (II. L. 6 Z u. L. 7) wie die Ordnung und Verknüpfung der Vorstellungen. So wie daher die Ordnung und Verknüpfung der Vorstellungen in der Seele nach der Ordnung und Verknüpfung der Zustände im Körper erfolgt (II. L. 18), so umgekehrt ordnen und verknüpfen sich die Zustände des Körpers wie die Gedanken und Vorstellungen der Dinge in der Seele (III. L. 2). [4])

L. 2. *Wenn man die Erregung der Seele oder den Affekt von der Vorstellung der äusseren Ursache trennt und mit andern Gedanken verbindet, so werden die Liebe oder der Hass gegen die äussere Ursache, so wie die Schwankungen der Seele, welche aus diesen Affekten entspringen, beseitigt werden.*

B. Denn das, was das Eigenthümliche der Liebe oder des Hasses ausmacht, ist Freude oder Trauer, begleitet von der Vorstellung einer äussern Ursache (III. D. 6 u. 7 d. Aff.); wird also diese Vorstellung beseitigt, so hört auch die Liebe und der Hass auf, und diese Affekte mit ihren Folgen werden beseitigt. [5])

L. 3. *Der Affekt, welcher ein Leiden ist, hört auf, ein solches zu sein, sobald man dessen klare und bestimmte Vorstellung bildet.*

B. Der Affekt, welcher ein Leiden ist, ist eine verworrene Vorstellung (III. Allgemeine Definition). Wenn man sich also von diesem Affekt selbst eine klare und bestimmte Vorstellung bildet, so wird diese Vorstellung von dem auf die Seele allein bezogenen Affekt nur im Denken unterschieden (II. L. 21 u. E.), mithin hört der Affekt auf, ein Leiden zu sein (III. L. 3).

Z. Ein Affekt ist also um so mehr in unserer Gewalt, und die Seele leidet um so weniger von ihm, je bekannter er uns ist. [6])

L. 4. *Es giebt keine Erregung des Körpers, von der wir nicht eine klare und bestimmte Vorstellung bilden können.*

B. Das Allem Gemeinsame kann nicht anders als zureichend vorgestellt werden (II. L. 38). Daher giebt es keine Erregung des Körpers (II. L. 12 u. Ln. 2 hinter L. 13 E.), von der man nicht eine klare und bestimmte Vorstellung bilden kann.

Z. Hieraus ergiebt sich, dass man von jedem Affekt sich eine bestimmte und klare Vorstellung bilden kann. Denn der Affekt ist die Vorstellung einer Erregung des Körpers (III. Allgemeine Definition), welche deshalb (nach V. L. 4) eine klare und bestimmte Vorstellung einschliessen muss. [7])

E. Da es nichts giebt, aus dem nicht eine Wirkung folgt (I. L. 36), und da man alles, was aus einer zureichenden Vorstellung in uns folgt, klar und deutlich einsieht (II. L. 40), so ergiebt sich, dass jeder die Macht hat, sich und seine Affekte, wenn auch nicht unbedingt, doch zum Theil klar und deutlich zu erkennen und folglich zu bewirken, dass er von ihnen weniger leidet. Man hat daher vor allem seine Anstrengungen dahin zu richten, dass man jeden Affekt, so viel als möglich, klar und bestimmt erkenne, damit die Seele von dem Affekte aus zu dem Denken dessen geführt werde, was sie deutlich und bestimmt einsieht und worin sie sich vollkommen beruhigt; ferner, dass der Affekt von der Vorstellung der äusseren Ursache sich ablöse und mit wahren Gedanken sich verbinde. Dann werden nicht nur Liebe, Hass u. s. w. verschwinden (V. L. 2), sondern es können dann auch die Gelüste oder Begierden, welche aus solchem Affekt hervorzugehen pflegen, nicht in das Uebermaass gerathen (IV. L. 61).

Denn man muss vor Allem festhalten, dass es ein und dasselbe Begehren ist, wonach der Mensch sowohl als handelnd, wie als leidend gilt. So habe ich z. B. gezeigt, dass die menschliche Natur so beschaffen ist, dass Jeder will, die andern sollen nach seinem Sinne leben (III. L. 31 E.). Dieses Begehren ist bei einem nicht von der Vernunft geleiteten Menschen ein Leiden, was Ehrgeiz heisst und vom Stolz nicht weit entfernt ist; dagegen ist es bei einem den Geboten der Vernunft nachlebenden Menschen eine Thätigkeit oder Tugend, welche Frömmigkeit genannt wird (IV. L. 37 E. 1 mit dem zweiten Beweis). In dieser Weise sind alle Verlangen oder Begierden nur in soweit ein Leiden, als sie aus unzureichenden Vorstellungen entspringen, und sie gehören zur Tugend, sobald sie von zureichenden Vorstellungen erweckt oder erzeugt werden. Denn alle Begierden, welche uns zum Handeln bestimmen, können sowohl von zureichenden wie unzureichenden Vorstellungen entspringen (IV. L. 59). Und (um zum Ausgang zurückzukehren) so kann kein besseres, von unserer Macht abhängiges Mittel gegen die Affekte erdacht werden, als das, was in ihrer wahren Erkenntniss besteht. Denn es giebt in der Seele kein anderes Vermögen, als zu denken und zureichende Vorstellungen zu bilden, wie oben (III. L. 3) gezeigt worden ist. [8])

L. 5. *Der Affekt für einen Gegenstand, den man einfach vorstellt und nicht als einen nothwendigen oder möglichen oder zufälligen Gegenstand vorstellt, ist bei gleichen sonstigen Umständen von allen der stärkste.*

B. Der Affekt für einen Gegenstand, den man sich als frei vorstellt, ist grösser als der für einen nothwendigen Gegenstand (III. L. 49) und daher auch grösser als für den, welchen man als einen möglichen oder zufälligen vorstellt (IV. L. 11). Aber eine Sache als frei vorstellen kann nichts anderes sein, als sie sich einfach vorstellen, ohne dass man Ursachen, von denen sie zum Handeln bestimmt worden, kennt (II. L. 35 E.). Mithin ist ein Affekt für einen Gegenstand, den man einfach sich vorstellt, unter sonst gleichen Umständen grösser als für einen nothwendigen, möglichen oder zufälligen Gegenstand, mithin der grösste von allen. [9])

L. 6. *So weit die Seele alle Dinge als nothwendige erkennt, so weit hat die Seele eine grössere Macht über die Affekte oder leidet weniger von ihnen.*

B. Die Seele erkennt, dass alle Dinge nothwendig sind (I. L. 29) und durch die unendliche Verknüpfung der Ursachen zur Existenz und Thätigkeit bestimmt werden (I. L. 28), folglich bewirkt sie dadurch, dass sie von den Affekten, welche die Dinge erwecken, weniger leidet (III. L. 48) und weniger für sie erregt wird.

E. Je mehr diese Erkenntniss, dass nämlich die Dinge nothwendig sind, sich auf die Einzeldinge, die man bestimmter und lebhafter vorstellt, sich ausdehnt, desto grösser wird dadurch diese Macht der Seele über die Affekte, wie selbst die Erfahrung bezeugt. Denn man sieht Trauer über ein verlorenes Gut sich mässigen, sobald der Mensch, der es verloren hat, bedenkt, dass es auf keine Weise hätte erhalten werden können. So sieht man auch, dass Niemand die kleinen Kinder bedauert, dass sie nicht gehen, sprechen und Vernunftschlüsse machen können und so viele Jahre gleichsam unbewusst verleben. Wenn aber die meisten Menschen als erwachsen und nur hie und da einer als Kind geboren würden, dann würde jeder die Kinder bedauern, weil er dann die Kindheit nicht als eine natürliche und nothwendige Sache, sondern als einen Fehler oder Verstoss der Natur betrachten würde. In dieser Weise könnte ich noch bei vielem andern das Gleiche aufzeigen. [10])

L. 7. *Die Affekte, welche aus der Vernunft entspringen oder erweckt werden, sind, wenn auf die Zeit Rücksicht genommen wird, stärker als die, welche sich auf Einzeldinge beziehen, die man als abwesend betrachtet.*

B. Eine Sache betrachtet man nicht vermöge des Affektes, durch den man sie sich bildlich vorstellt als abwesend, sondern deshalb, weil der Körper auch durch einen andern Affekt erregt ist, welcher die Existenz dieser Sache ausschliesst (II. L. 17). Deshalb ist ein Affekt bezüglich einer als abwesend erachteten Sache nicht der Art, dass er die übrigen Handlungen des Menschen und seine Macht übersteigt (IV. L. 6), sondern vielmehr der Art, dass er von den Affekten, welche die Existenz der äussern Ursache jenes Affektes ausschliessen, in gewisser Art gehemmt werden kann (IV. L. 9). Ein aus der Vernunft entspringender Affekt bezieht sich aber nothwendig auf die gemeinsamen Eigenschaften der Dinge (II. L. 40 E. 2), die man immer als gegenwärtig betrachtet (denn es kann Nichts geben, was ihre gegenwärtige Existenz ausschlösse), und die man immer auf dieselbe Weise bildlich vorstellt (II. L. 38). Deshalb bleibt ein solcher Affekt immer derselbe und folglich werden die Affekte (V. A. 1), die ihm entgegen sind, oder die von ihren äusseren Ursachen nicht unterstützt werden, sich ihm mehr und mehr anbequemen müssen, bis sie nicht mehr entgegengesetzt sind, und insoweit ist der aus der Vernunft entspringende Affekt der mächtigere.[11])

L. 8. *Von je mehr zugleich zusammentreffenden Ursachen ein Affekt erregt wird, desto stärker ist er.*

B. Mehrere Ursachen vermögen mehr als wenigere (III. L. 7), deshalb wird ein Affekt, von je mehr Ursachen er zugleich erweckt wird, desto stärker sein (IV. L. 5).

E. Dieser Lehrsatz erhellt auch aus V. A. 2.

L. 9. *Ein Affekt, der auf viele und verschiedene Ursachen bezogen wird, die die Seele mit dem Affekt zugleich betrachtet, ist weniger schädlich, man leidet weniger von ihm und man wird für die einzelnen Ursachen desselben weniger erregt, als von einem anderen ebenso starken Affekt, der nur auf eine oder weniger Ursachen bezogen wird.*

B. Ein Affekt ist nur insoweit schlecht oder schädlich, als die Seele von ihm am Denken gehindert wird (IV. L. 26 u. 27). Mithin ist ein Affekt, durch welchen die Seele zur Betrachtung mehrerer Gegenstände auf einmal bestimmt wird, weniger schädlich, als ein anderer, gleich starker Affekt, welcher die Seele nur durch die Kraft eines oder weniger Gegenstände so in der Betrachtung festhält, dass sie an andere Dinge nicht denken kann. Dies war das Erste. Da ferner das Wesen der Seele, d. h. ihr Vermögen (III. L. 7), bloss im Denken besteht (III. L. 11), so wird die Seele durch einen Affekt, der sie zur Betrachtung von Mehrerem bestimmt, weniger leiden, als durch einen gleich grossen Affekt, welcher die Seele mit der Betrachtung eines oder weniger Gegenstände beschäftigt. Dies war das Zweite. Endlich ist dieser Affekt, sofern er auf mehrere äussere Ursachen bezogen wird, auch für jede einzelne schwächer (III. L. 48.)[12])

L. 10. *So lange wir nicht von Affekten erfasst sind, die unserer Macht entgegen sind, so lange haben wir die Macht, die Erregungen des Körpers nach der Ordnung der Vernunft zu ordnen und zu verknüpfen.*

B. Affekte, die unserer Natur entgegen sind, d. h. die schlecht sind (IV. L. 30), sind insoweit schlecht, als sie die Seele an dem Erkennen hindern (IV. L. 37). So lange wir also nicht von Affekten erfasst sind, die unserer Natur entgegen sind, so lange wird das Vermögen der Seele, womit sie die Dinge zu erkennen strebt, nicht gehemmt (IV. L. 26), und so lange hat sie also die Macht, klare und bestimmte Vorstellungen zu bilden und eine von der andern abzuleiten (II. L. 40 E. 2, L. 47 E.), und so lange werden wir folglich die Macht haben (V. L. 1), die Erregungen des Körpers nach der Ordnung der Vernunft zu ordnen und zu verknüpfen.

E. Durch diese Macht', die Erregungen des Körpers richtig zu ordnen und zu verknüpfen, kann man bewirken, dass man nicht leicht durch schlechte Affekte erregt wird. Denn es gehört eine grössere Kraft dazu (V. L. 7), die nach der Ordnung der Vernunft geordneten und verknüpften Affekte zu hemmen, als die unbestimmten und schwankenden. Das Beste also, was man thun kann, so lange man nicht die vollkommene Erkenntniss seiner Affekte hat, ist, die rechte Weise zu leben oder die festen Grundsätze des Lebens sich vorzustellen, sie in das Gedächtniss einzuprägen und sie auf die einzelnen im Leben oft vorkommenden Dinge fortwährend anzuwenden, damit unsere Einbildungskraft umfassend von ihnen erregt werde, und sie uns immer zur Hand sind. So habe ich z. B. als Lebensregel aufgestellt (IV. L. 46 u. E.), dass man den Hass durch Liebe und Edelmuth besiegen und nicht durch Erwiderung des Hasses vergelten solle. Damit man aber diese Vorschrift der Vernunft immer gegenwärtig habe, wo es nöthig ist, muss man an die gewöhnlichen Schadenzufügungen der Menschen denken und häufig erwägen, wie und auf welchem Wege sie am besten durch Edelmuth fern gehalten werden. So wird man das Bild der Beschädigung mit der Vorstellung dieser Regel verknüpfen, und sie wird uns immer gegenwärtig sein, wenn uns ein Schaden zugefügt wird (II. L. 18).

Wenn man nun auch die Rücksicht auf den wahren Nutzen sich gegenwärtig hält und auf das Gute, welches aus der gegenseitigen Freundschaft und gemeinsamen Geselligkeit entspringt, und ferner, dass aus der rechten Lebensweise die höchste Seelenruhe entspringt (IV. L. 52), und dass die Menschen, wie alles Andere, aus Naturnothwendigkeit handeln, so wird das Unrecht oder der Hass, der aus ihm zu entspringen pflegt, den geringsten Theil unseres Vorstellens einnehmen und leicht überwunden werden.

Wenn auch der Zorn, der aus den grössten Beleidigungen zu entspringen pflegt, sich nicht so leicht überwinden lässt, so wird er doch überwunden werden, obgleich nicht ohne Seelenkampf, und zwar in kürzerer Zeit, als wenn man dies nicht so vorbedacht gehabt hätte, wie aus V. L. 6, 7, 8 erhellt.

Ebenso muss man über die Entschlossenheit denken, um die Furcht abzulegen. Man muss sich nämlich die gewöhnlichen Gefahren des Lebens aufzählen und häufig vorstellen, wie sie durch Geistesgegenwart und Tapferkeit am besten vermieden und überwunden werden können. Aber besonders muss man bei Ordnung seiner Gedanken und Vorstellungen immer Acht haben auf das, was in jeder Sache das Gute ist, und so sich immer durch den Affekt der Freude zum Handeln bestimmen (IV. 63 Z. u. III. 59). Z. B. wenn Jemand bemerkt, dass er zu sehr dem Ruhme nachstrebt, so muss er über dessen rechten Nutzen nachdenken, und zu welchem Ende ihm nachzustreben sei, und durch welche Mittel er erworben werden könne; aber nicht über den Missbrauch und die Eitelkeit des Ruhmes und über die Unbeständigkeit der Menschen und anderes dergleichen, woran Niemand als der Seelenkranke denkt. Denn durch solche Gedanken betrüben sich die Ehrgeizigen am meisten, sobald sie an der Erlangung der erstrebten Ehren verzweifeln und weise scheinen wollen, während sie Zorn ausspeien. Diejenigen sind deshalb sicherlich am geizigsten nach Ruhm, welche das meiste Geschrei über dessen Missbrauch und über die Eitelkeit der Welt erheben. Auch ist dies keine Eigenthümlichkeit der Ehrgeizigen, sondern Allen gemeinsam, welchen das Glück widrig ist, und die schwach an Geist sind. Denn selbst der arme Geizige hört nicht auf, über den Missbrauch des Geldes und die Laster der Reichen zu schwatzen, womit er nur sich selbst betrübt und andern zeigt, dass er nicht bloss seine Armuth, sondern auch den Reichthum der andern mit Missmuth erträgt. So denken auch nur die, welche von der Geliebten schlecht empfangen worden sind, an die Unbeständigkeit und den trügerischen Sinn der Frauen und an die übrigen überall besprochenen Fehler der Frauen; dies Alles wird aber sofort von ihnen vergessen, wenn sie von der Geliebten wieder angenommen werden. Wer also seine Affekte und Begierden durch die blosse Liebe zur Freiheit mässigen will, wird möglichst streben, die Tugenden und deren Ursachen zu erkennen und die Seele mit der Freude zu erfüllen, welche aus deren Erkenntniss entspringt, keineswegs aber die menschlichen Laster betrachten und die Menschen schelten und sich an einem falschen Bilde der Freiheit ergötzen. Wer dies fleissig beachtet und ausübt (denn es ist nicht schwer), wird sicherlich in kurzer Zeit seine Handlungen meist nach den Geboten der Vernunft einrichten können. [13]

L. 11. *Auf je mehr Gegenstände ein vorgestelltes Bild sich bezieht, um so häufiger tritt es in die Seele ein, oder um so öfter besteht es, und um so mehr erfüllt es die Seele.*

B. Denn je grösser die Zahl der Gegenstände ist, auf welche ein Bild oder Affekt sich bezieht, desto mehr Ursachen giebt es, von welchen es erregt und gesteigert werden kann und welche die Seele sämmtlich (nach der Annahme) in dem Affekte zugleich betrachtet. Deshalb wird der Affekt um so häufiger kommen, oder um so öfter bestehen und die Seele um so mehr erfüllen (V. L. 8). [14]

L. 12. *Die bildlichen Vorstellungen der Dinge verbinden sich leichter mit solchen, welche sich auf Dinge beziehen, die man klar und deutlich einsieht, als mit andern.*

B. Die klar und bestimmt erkannten Dinge sind entweder die gemeinsamen Eigenschaften der Dinge, oder das aus ihnen Abgeleitete (II. L. 40 E. 2), und folglich werden sie häufiger in uns erweckt (V. L. 11); es kann daher leichter geschehen, dass wir andere Gegenstände eher mit diesen als mit andern zugleich betrachten, und folglich leichter mit diesen als mit andern verbinden (II. L. 18). [15]

L. 13. *Je grösser die Zahl der Bilder ist, mit denen ein anderes Bild verbunden ist, desto häufiger tritt das letztere in die Seele.*

B. Denn je mehr ein Bild mit vielen andern verbunden ist, desto mehr Ursachen giebt es (II. L. 18), von denen es erweckt werden kann.[16]

L. 14. *Die Seele kann es bewirken, dass alle Erregungen des Körpers oder Bilder der Dinge auf die Vorstellung Gottes bezogen werden.*

B. Es giebt keine Erregung des Körpers, von welcher die Seele nicht eine klare und bestimmte Vorstellung sich bilden könnte (V. L. 4), folglich kann sie bewirken (I. L. 15), dass alle auf die Vorstellung Gottes sich beziehen.[17]

L. 15. *Wer sich und seine Affekte klar und bestimmt erkennt, liebt Gott, und zwar um so mehr, je mehr er sich und seine Affekte erkennt.*

B. Wer sich und seine Affekte klar und deutlich erkennt, empfindet Freude (III. L. 53), und zwar begleitet von der Vorstellung Gottes (V. L. 14), folglich liebt er Gott (III. D. 6 d. Aff.), und zwar aus demselben Grunde um so mehr, je mehr er sich und seine Affekte erkennt.

L. 16. *Diese Liebe zu Gott muss die Seele am meisten erfüllen.*

B. Denn diese Liebe ist mit allen Erregungen des Körpers verbunden (V. L. 14), wird durch sie alle gesteigert (V. L. 15) und muss daher (V. L. 11) die Seele am meisten erfüllen.[18]

L. 17. *Gott ist frei von allen leidenden Zuständen und wird durch keinen Affekt der Freude oder der Trauer erregt.*

B. Alle auf Gott bezogenen Vorstellungen sind wahr (II. L. 32), d. h. sie sind zureichend (II. D. 4), und folglich ist Gott frei von leidenden Zuständen (III. Allg. Definition der Affekte). Ferner kann Gott weder zu einer grösseren, noch zu einer geringeren Vollkommenheit übergehen (I. L. 20 Z. 2), folglich von keinem Affekt der Freude oder Trauer erfasst werden (III. D. 2, 3 d. Aff.).

Z. Gott liebt im eigentlichen Sinne Niemand und hasst Niemand. Denn Gott wird durch keinen Affekt der Freude oder Trauer erregt (V. L. 17), und folglich liebt und hasst er Niemand (III. D. 6, 7 d. Aff.).[19]

L. 18. *Niemand kann Gott hassen.*

B. Die Vorstellung Gottes in uns ist zureichend und vollkommen (II. L. 46, 47), folglich sind wir bei Betrachtung Gottes handelnd (III. L. 3), und folglich kann es keine Trauer, begleitet von der Vorstellung Gottes, geben (III. L. 59), d. h. Niemand kann Gott hassen (III. D. 7 d. Aff.).

Z. Die Liebe zu Gott kann sich nicht in Hass verwandeln.

E. Man kann einwenden, dass, da wir Gott als die Ursache aller Dinge erkennen, wir damit Gott auch als die Ursache der Trauer ansehen. Hierauf erwidere ich, dass, so weit man die Ursache der Trauer erkennt, diese so weit aufhört, ein Leiden zu sein (V. L. 3), d. h. so weit hört sie auf, Trauer zu sein (III. L. 59), mithin sind wir, so weit wir Gott als Ursache der Trauer erkennen, in Freude.[20]

L. 19. *Wer Gott liebt, kann nicht wollen, dass Gott ihn wieder liebe.*

B. Wenn ein Mensch dies wollte, so wünschte er (V. L. 17 Z.), dass Gott, den er liebt, nicht Gott wäre, und folglich wünschte er sich zu betrüben (III. L. 19), was widersinnig ist (III. L. 28). Folglich kann, wer Gott liebt u. s. w.[21]

L. 20. *Diese Liebe zu Gott kann weder durch den Affekt des Neides, noch den der Eifersucht befleckt werden, sondern wird um so mehr genährt, je mehr Menschen durch dasselbe Band der Liebe mit Gott verbunden angenommen werden.*

B. Diese Liebe zu Gott ist das höchste Gut, was wir nach dem Gebot der Vernunft erstreben können (IV. L. 28), und sie ist allen Menschen gemeinsam (IV. L. 36), und wir wünschen, dass sich alle ihrer erfreuen (IV. L. 37), folglich kann sie durch den Affekt des Neides nicht befleckt werden (III. D. 23 d. Aff.) und auch nicht durch den Affekt der Eifersucht (V. L. 18 u. III. L. 35 E.), sondern muss um so mehr gesteigert werden (III. L.

31), je mehr Menschen nach unserer Meinung sich ihrer erfreuen.

E. Man kann auf solche Weise zeigen, dass es keinen Affekt giebt, welcher dieser Liebe geradezu entgegen ist, und von dem diese Liebe zerstört werden könnte. Daher kann man schliessen, dass diese Liebe zu Gott von allen Affekten der beständigste ist, und dass sie, so weit sie sich auf den Körper bezieht, nur mit dem Körper zugleich zerstört werden kann. Von welcher Natur aber diese Liebe ist, wenn sie bloss auf die Seele bezogen wird, werden wir später sehen.[21]

Damit habe ich alle Mittel gegen die Affekte dargelegt, d. h. Alles, was die Seele, für sich betrachtet, gegen die Affekte vermag. Es erhellt daraus, dass die Macht der Seele über die Affekte besteht: 1) in der Erkenntniss dieser Affekte (V. L. 4 E.); 2) darin, dass die Seele den Affekt von der Vorstellung einer äussern Ursache, die man sich verworren vorstellt, trennt (V. L. 4, L. 2 u. E.); 3) in der Zeit, worin die Affekte für Gegenstände, die man erkennt, über jenen Affekten stehen, welche sich auf verworren und verstümmelt vorgestellte Gegenstände beziehen (V. L. 7); 4) in der Menge der Ursachen, durch welche jene Affekte genährt werden, die sich auf gemeinsame Eigenschaften der Dinge oder auf Gott beziehen (V. L. 9 u. 11); 5) endlich in der Ordnung, mit welcher die Seele ihre Affekte ordnen und gegenseitig verknüpfen kann (V. L. 10 E., L. 12, 13, 14).[22]

Damit indess diese Macht der Seele über die Affekte besser erkannt werde, ist festzuhalten, dass man die Affekte stark nennt, wenn man den Affekt des einen Menschen mit dem eines andern vergleicht und sieht, dass der eine mehr davon erfasst ist, als der andere, oder wenn man die mehreren Affekte desselben Menschen mit einander vergleicht und ihn von dem einen Affekt mehr als von dem andern erregt und bewegt sieht. Denn die Kraft jedes Affektes bestimmt sich nach dem Vermögen der äusseren Ursache im Verhältniss zu unserem Vermögen. Das Vermögen der Seele wird aber bloss durch die Erkenntniss bestimmt, und ihre Ohnmacht oder ihr Leiden dagegen durch den blossen Mangel der Erkenntniss, d. h. diese Ohnmacht wird nach dem gemessen, weshalb die Vorstellungen unzureichend heissen. Daraus ergiebt sich, dass jene Seele am meisten leidet, deren grössten Theil unzureichende Vorstellungen ausmachen, so dass sie mehr an dem, was sie leidet, als an dem, was sie thut, erkannt wird. Dagegen ist diejenige Seele hauptsächlich thätig, deren grösseren Theil zureichende Vorstellungen erfüllen, so dass, wenn auch beiden Seelen gleich viel unzureichende Vorstellungen innewohnen, die letztere doch mehr durch jene Vorstellungen, welche der menschlichen Tugend zugehören, als durch die, welche von der menschlichen Ohnmacht zeugen, sich unterscheidet.

Man muss ferner bedenken, dass die Sorgen und das Unglück ihren Ursprung hauptsächlich aus der zu grossen Liebe für einen Gegenstand ableiten, welcher vielen Veränderungen ausgesetzt ist, und dessen wir niemals mächtig sein können. Denn Jeder ist nur in Sorge und Angst um der Dinge willen, die er liebt, und die Beschädigungen, Verdächtigungen, Feindschaften u. s. w. kommen nur aus der Liebe zu Dingen, deren Niemand in Wahrheit mächtig sein kann.

Hieraus kann man leicht abnehmen, was die klare und bestimmte Erkenntniss über die Affekte vermag, und insbesondere jene dritte Art der Erkenntniss (II. L. 47 E.), deren Grundlage die Erkenntniss Gottes selbst ist. Wenn auch diese Erkenntniss die Affekte, so weit sie ein Leiden sind, nicht unbedingt beseitigt (V. L. 3, L. 4 E.), so bewirkt sie doch, dass sie den kleinsten Theil der Seele ausmachen (V. L. 14). Ferner erzeugt diese Erkenntniss die Liebe zu dem unveränderlichen und ewigen Gegenstande (V. L. 15), dessen wir in Wahrheit mächtig sind (II. L. 45), und die deshalb durch die Fehler, mit welchen die gemeine Liebe behaftet ist, nicht verunreinigt werden kann, sondern immer mehr zunehmen (V. L. 15), den grössten Theil der Seele erfüllen (V. L. 16) und dieselbe in weiter Ausdehnung erregen muss.[23])

Damit habe ich das beendet, was das gegenwärtige Leben angeht. Denn man wird leicht bemerken, dass, wie ich im Beginn dieser Erläuterung gesagt, ich mit diesem Wenigen alle Mittel gegen die Affekte erschöpft habe, sobald man beachtet, was in dieser Erläuterung und bei den Definitionen der Seele und ihrer Affekte und endlich zu III. L. 1, 3 gesagt worden ist. Es ist daher nun Zeit, dass ich zu dem übergehe, was die Dauer der Seele, ohne Beziehung auf den Körper, betrifft.

L. 21. *Die Seele kann nur während der Dauer ihres Körpers sich etwas bildlich vorstellen und der vergangenen Dinge sich erinnern.*

B. Die Seele drückt nur während des Bestehens ihres Körpers die wirkliche Existenz ihres Körpers aus und fasst nur währenddem die Erregungen ihres Körpers als wirkliche auf (II. L. 8 Z.); folglich stellt sie keinen Körper als wirklich existirend vor (II. L. 26), als nur während der Dauer ihres Körpers, und folglich kann sie sich auch nichts bildlich vorstellen (II. L. 17 E.), noch an Vergangenes sich erinnern, als nur so lange ihr Körper besteht (II. L. 18 E.).[24])

L. 22. *In Gott giebt es jedoch nothwendig eine Vorstellung, welche das Wesen dieses und jenes menschlichen Körpers unter der Form der Ewigkeit ausdrückt.*

B. Gott ist nicht bloss die Ursache von der Existenz dieses und jenes menschlichen Körpers, sondern auch von dessen Wesenheit (I. L. 25). Diese muss deshalb durch die Wesenheit Gottes nothwendig begriffen werden (I. A. 4), und zwar mit einer gewissen ewigen Nothwendigkeit (I. L. 16), und diese Vorstellung muss nothwendig in Gott sein (II. L. 3).

L. 23. *Die menschliche Seele kann nicht durchaus mit dem Körper zerstört werden, sondern es bleibt von ihr etwas übrig, was ewig ist.*

B. In Gott giebt es nothwendig einen Begriff oder eine Vorstellung, welche das Wesen des menschlichen Körpers ausdrückt (V. L. 22), welche Vorstellung deshalb mit Nothwendigkeit etwas ist, was zum Wesen der menschlichen Seele gehört (II. L. 13). Aber man theilt der menschlichen Seele nur eine durch die Zeit bestimmbare Dauer zu, soweit sie die wirkliche Existenz ihres Körpers, welche durch Dauer bezeichnet und zeitlich bestimmt werden kann, ausdrückt, d. h. man theilt der Seele (II. L. 8 Z.) nur Dauer während der Dauer ihres Körpers zu. Da indessen doch dasjenige etwas ist, was mit einer gewissen ewigen Nothwendigkeit durch die eigene Wesenheit Gottes vorgestellt wird (V. L. 22), so wird dieses Etwas, was zum Wesen der Seele gehört, nothwendig ewig sein.

E. Es ist, wie gesagt, diese Vorstellung, welche das Wesen des Körpers in der Form der Ewigkeit ausdrückt, ein bestimmter Zustand des Denkens, welcher zur Wesenheit der Seele gehört, und welcher nothwendig ewig ist. Es ist indess unmöglich, dass wir eine Erinnerung von unserem Dasein vor dem Körper haben, da es im Körper keine Spuren davon geben, und da die Ewigkeit weder durch die Zeit definirt, noch irgend ein Verhältniss mit der Zeit haben kann. Dessenungeachtet fühlen und erfahren wir, dass wir ewig sind. Denn die Seele weiss ebenso die Dinge, welche sie im Erkennen sich vorstellt, als die, welche sie im Gedächtniss hat. Denn die Augen der Seele, durch welche sie die Dinge sieht und beobachtet, sind die Begründungen.

Obgleich wir uns daher nicht erinnern, vor dem Körper existirt zu haben, so wissen wir doch, dass unsere Seele, insoweit sie das Wesen des Körpers in der Form der Ewigkeit enthält, ewig ist, und dass diese ihre Existenz durch die Zeit nicht erklärt und durch die Dauer nicht erläutert werden kann. Man kann deshalb von der Seele nur insoweit sagen, dass sie dauert, und ihre Existenz kann nur insoweit durch eine gewisse Zeit ausgedrückt werden, als sie die wirkliche Existenz des Körpers enthält, und als sie insoweit allein das Vermögen hat, die Existenz der Dinge durch die Zeit zu messen und sie als Dauer aufzufassen. [25])

L. 24. *Je mehr man die einzelnen Dinge erkennt, desto mehr erkennt man Gott.*

B. Dies erhellt aus I. L. 25 Z.

L. 25. *Das höchste Streben der Seele und die höchste Tugend ist, die Dinge in der dritten Art der Erkenntniss zu erkennen.*

B. Die dritte Art der Erkenntniss schreitet von der zureichenden Vorstellung einiger Attribute Gottes zur zureichenden Erkenntniss des Wesens der Dinge fort (II. L. 40 E. 2). Je mehr man die Dinge so erkennt, desto mehr erkennt man Gott (V. L. 24), und deshalb ist die höchste Tugend der Seele (IV. L. 28), d. h. das Vermögen oder die Natur der Seele (IV. D. 8), oder ihr höchstes Bestreben (III. L. 7), die Dinge in der dritten Art der Erkenntniss zu erkennen.

L. 26. *Je fähiger die Seele zur Erkenntniss der Dinge in dieser dritten Art der Erkenntniss ist, desto mehr strebt sie, die Dinge in dieser Art der Erkenntniss zu erkennen.*

B. Dies erhellt von selbst; denn so weit man sich die Seele vorstellt als fähig, die Dinge in dieser dritten Art der Erkenntniss zu erkennen, insoweit stellt man sich dieselbe auch vor als bestimmt zu dieser Erkenntniss; folglich begehrt die Seele sie um so mehr (III. D. 1), je fähiger sie dazu ist.[26])

L. 27. *Aus dieser dritten Art der Erkenntniss entspringt die höchstmögliche Seelenruhe.*

B. Die höchste Tugend der Seele ist, Gott zu erkennen (IV. L. 28) oder die Dinge in der dritten Art der Erkenntniss einzusehen (V. L. 25). Diese Tugend wird um so grösser, je mehr die Seele in dieser Erkenntnissart die Dinge erkennt (V. L. 24); mithin erreicht der, welcher die Dinge in dieser Erkenntnissart erfasst, die höchste menschliche Vollkommenheit und wird folglich von der höchsten Freude erfüllt (III. D. 2 d. Aff.), und zwar begleitet von den Vorstellungen seiner selbst und seiner Tugend (II. L. 43). Mithin entspringt aus dieser Art der Erkenntniss die höchste Seelenruhe, die möglich ist (III. D. 25 d. Aff.).[27])

L. 28. *Das Streben oder Begehren, die Dinge in dieser dritten Art der Erkenntniss zu erkennen, kann nicht aus der ersten Art der Erkenntniss entspringen, aber wohl aus der zweiten Art.*

B. Dieser Lehrsatz ist durch sich selbst klar. Denn was man klar und bestimmt erkennt, das erkennt man entweder durch sich oder durch ein Anderes, welches durch sich vorgesellt wird, d. h. die Vorstellungen, welche in uns klar und bestimmt sind, oder welche zur dritten Art der Erkenntniss gehören (II. L. 40 E. 2), können nicht aus verstümmelten oder verworrenen Vorstellungen hervorgehen, welche zur ersten Art der Erkenntniss gehören (II. L. 40 E. 2), sondern nur aus zureichenden Vorstellungen, d. h. aus der zweiten und dritten Art der Erkenntniss (II. L. 40 E. 2), und deshalb kann das Streben nach Erkenntniss in der dritten Art der Erkenntniss nicht aus der ersten, wohl aber aus der zweiten Art der Erkenntniss entspringen (III. D. 1 d. Aff.). [28])

L. 29. *Alles, was die Seele in der Form der Ewigkeit erkennt, erkennt sie nicht dadurch, dass sie die gegenwärtige wirkliche Existenz des Körpers erfasst, sondern dadurch, dass sie das Wesen des Körpers in der Form der Ewigkeit erfasst.*

B. So weit die Seele die gegenwärtige Existenz ihres Körpers erfasst, insoweit stellt sie sich auch eine Dauer vor, welche nach der Zeit gemessen werden kann, und nur insoweit hat sie die Macht, die Dinge mit Beziehung auf die Zeit vorzustellen (II. L. 26 u. V. L. 21). Aber die Ewigkeit kann durch die zeitliche Dauer nicht erklärt werden (I. D. 8 u. E.), mithin hat die Seele insoweit nicht die Macht, die Dinge in der Form der Ewigkeit zu erfassen, sondern sie hat diese Macht, weil es zur Natur der Vernunft gehört, die Dinge in der Form der Ewigkeit zu erfassen (II. L. 44 Z. 2), und weil es zur Natur der Seele gehört, das Wesen des Körpers in der Form der Ewigkeit zu erfassen (V. L. 23) und ausser diesen Beiden nichts weiter zu dem Wesen der Seele gehört (II. L. 13). Mithin gehört diese Macht, die Dinge in der Form der Ewigkeit aufzufassen, nur insoweit zur Seele, als sie das Wesen des Körpers in der Form der Ewigkeit auffasst.

E. Die Dinge werden von uns in zwiefacher Weise als wirkliche aufgefasst, entweder insoweit wir sie uns vorstellen mit Beziehung auf eine bestimmte Zeit und einen bestimmten Ort, oder als in Gott enthalten und aus der Nothwendigkeit seiner göttlichen Natur folgend. Die auf diese zweite Art als wahr und wirklich aufgefassten Dinge werden in der Form der Ewigkeit aufgefasst, und ihre Vorstellungen enthalten das unendliche und ewige Wesen Gottes, wie II. L. 45 und E. daselbst gezeigt worden ist. [29])

L. 30. *So weit unsere Seele sich und den Körper in der Form der Ewigkeit kennt, insoweit hat sie nothwendig die Erkenntniss Gottes und weiss, dass sie in Gott ist und durch Gott vorgestellt wird.*

B. Die Ewigkeit ist Gottes Wesen selbst, so weit dieses die nothwendige Existenz einschliesst (I. D. 8). Daher ist die Erkenntniss der Dinge in der Form der Ewigkeit die Erkenntniss derselben, so weit sie durch das Wesen Gottes als seiende Dinge aufgefasst werden, d. h. so weit sie durch das Wesen Gottes ihre Existenz enthalten. Daher hat unsere Seele, so weit sie sich und den Körper in der Form der Ewigkeit auffasst, nothwendig die Erkenntniss Gottes und weiss u. s. w. [30]

L. 31. *Die dritte Art der Erkenntniss ist bedingt von der Seele, als der wirklichen Ursache, insofern die Seele selbst ewig ist.*

B. Die Seele erfasst in der Form der Ewigkeit nichts, sofern sie nicht das Wesen ihres Körpers in der Form der Ewigkeit erfasst (V. L. 29), d. h. nur insoweit sie ewig ist (V. L. 21 u. 23). So weit sie aber ewig ist (V. L. 30), hat sie die Erkenntniss Gottes, welche nothwendig zureichend ist (II. L. 46); mithin ist die Seele, soweit sie ewig ist, zur Erkenntniss von Allem geschickt, was durch diese gegebene Erkenntniss erlangt werden kann (II. L. 40), d. h. zur Erkenntniss der Dinge in der dritten Art der Erkenntniss (II. L. 40 E. 2), und deshalb ist die Seele, so weit sie ewig ist, hiervon die zureichende oder wirkliche Ursache (III. D. 1).

E. Je mehr also Jemand in dieser Art der Erkenntniss stark ist, desto besser erkennt er sich und Gott, d. h. desto vollkommener und glücklicher ist er, wie aus dem Folgenden noch deutlicher hervorgehen wird. Wenngleich wir also gewiss sind, dass die Seele ewig ist, so weit sie Dinge in der Form der Ewigkeit auffasst, so wollen wir doch, um das Darzulegende fassbarer und verständlicher zu machen, die Seele so betrachten, wie es bisher geschehen ist, als ob sie einen Anfang im Sein hätte und einen Anfang in der Erkenntniss der Dinge unter der Form der Ewigkeit. Es wird dies ohne Gefahr eines Irrthums geschehen können, sofern wir sorgfältig Acht haben, nur aus klaren Vordersätzen Schlüsse zu ziehen. [31]

L. 32. *Was man in der dritten Art der Erkenntniss erkennt, daran erfreut man sich, und zwar begleitet von der Vorstellung Gottes, als Ursache.*

B. Aus dieser Art der Erkenntniss entsteht die höchstmögliche Seelenruhe oder Freude (III. D. 25 d. Aff.), und zwar begleitet von der Vorstellung seiner (V. L. 27) und mithin auch begleitet von der Vorstellung Gottes, als Ursache (V. L. 30).

Z. Aus der dritten Art der Erkenntniss entsteht nothwendig die geistige Liebe zu Gott. Denn aus dieser Art der Erkenntniss entsteht Freude, begleitet von der Vorstellung Gottes, als Ursache (V. L. 32), d. h. die Liebe zu Gott (III. D. 6 d. Aff.), nicht insofern wir ihn als gegenwärtig bildlich vorstellen, sondern sofern wir Gott als ewig seiend erkennen (V. L. 29), und dies ist es, was ich die geistige Liebe zu Gott nenne.

L. 33. *Die geistige Liebe zu Gott, welche aus der dritten Art der Erkenntniss entsteht, ist ewig.*

B. Denn die dritte Art der Erkenntniss ist ewig (V. L. 31 u. I. A. 3). Folglich ist die Liebe, welche aus ihr entspringt, auch nothwendig ewig (I. A. 3).

E. Obgleich diese Liebe zu Gott keinen Anfang hat (V. L. 33), so hat sie doch alle Vollkommenheiten der Liebe ebenso, als wenn sie entstanden wäre, wie V. L. 32 Z. angenommen worden ist. Es ist hier kein Unterschied, ausser, dass die Seele dieselben Vollkommenheiten, welche wir dort als hinzutretend angenommen haben, von Ewigkeit gehabt hat, und zwar begleitet von der Vorstellung Gottes, als ewiger Ursache. Wenn die Freude in dem Uebergange zu einer grösseren Vollkommenheit besteht, so muss die Seligkeit sicherlich darin bestehen, dass die Seele mit der Vollkommenheit selbst begabt ist. [32])

L. 34. *Die Seele ist nur, so lange der Körper besteht, denjenigen Affekten unterworfen, welche ein Leiden enthalten.*

B. Die bildliche Vorstellung ist ein Vorstellen, wobei die Seele einen Gegenstand als gegenwärtig betrachtet (II. L. 17 E.), welche Vorstellungen aber mehr den gegenwärtigen Zustand ihres menschlichen Körpers, als die

Natur des äusseren Körpers anzeigt (II. L. 16 Z. 2). Daher ist der Affekt eine bildliche Vorstellung, soweit sie den gegenwärtigen Zustand des eigenen Körpers anzeigt (III. Allg. Definition d. Aff.), und folglich ist die Seele nur während der Dauer ihres Körpers den Affekten, welche ein Leiden enthalten, ausgesetzt (V. L. 21).

Z. Hieraus ergiebt sich, dass keine andere Liebe, ausser der geistigen, ewig ist.

E. Wenn man auf die gewöhnliche Meinung der Menschen Acht hat, so sieht man, dass sie zwar der Ewigkeit ihrer Seele sich bewusst sind, aber diese Ewigkeit mit der zeitlichen Dauer verwechseln und sie in das bildliche Vorstellen oder in das Gedächtniss verlegen, was ihrer Meinung zufolge nach dem Tode bleibt. [33)]

L. 35. *Gott liebt sich selbst mit einer unendlichen geistigen Liebe.*

B. Gott ist unbedingt unendlich (I. D. 6), d. h. Gottes Natur erfreut sich einer unendlichen Vollkommenheit (II. D. 6), und zwar begleitet von der Vorstellung seiner (II. L. 3), d. h. von der Vorstellung seiner, als Ursache (I. L. 11 u. A. 1), und dies ist, was in V. L. 32 Z. die geistige Liebe genannt worden ist. [34)]

L. 36. *Die geistige Liebe der Seele zu Gott ist Gottes Liebe selbst, durch welche Gott sich selbst liebt; nicht so weit er unendlich ist, sondern so weit er durch das in der Form der Ewigkeit erfasste Wesen der menschlichen Seele dargelegt werden kann, d. h. die geistige Liebe der Seele zu Gott ist ein Theil der unendlichen Liebe, womit Gott sich selbst liebt.*

B. Diese Liebe der Seele gehört zu den Handlungen derselben (V. L. 32 Z. u. III. L. 3.) und ist eine Handlung, wodurch die Seele sich selbst betrachtet, unter Begleitung der Vorstellung Gottes als Ursache (V. L. 32 Z.), d. h. eine Handlung, wodurch Gott, insoweit er durch die menschliche Seele dargelegt werden kann, sich selbst betrachtet (I. L. 25 Z. u. II. L. 11 Z.), unter Begleitung der Vorstellung seiner. Mithin ist diese Liebe der Seele (V. L. 35) ein Theil der unendlichen Liebe, mit der Gott sich selbst liebt.

Z. Hieraus ergiebt sich, dass Gott, insofern er sich selbst liebt, die Menschen liebt, und folglich, dass die

Liebe Gottes zu den Menschen und die geistige Liebe der Seele zu Gott ein und dasselbe sind. ³⁵)

E. Hieraus kann man deutlich erkennen, worin unser Heil oder unsere Seligkeit oder Freiheit besteht, nämlich in der beharrlichen und ewigen Liebe Unserer zu Gott oder in der Liebe Gottes zu den Menschen. Und diese Liebe oder Seligkeit wird in den heiligen Schriften nicht mit Unrecht Ruhm genannt; denn mag diese Liebe auf Gott oder auf die Seele bezogen werden, so kann sie mit Recht Zufriedenheit der Seele genannt werden, welche sich in Wahrheit von dem Ruhme nicht unterscheidet (III. D. 25, 30 d. Aff.). Denn so weit sie auf Gott bezogen wird, ist es Freude (V. L. 35) (wenn es noch gestattet ist, dieses Wort zu gebrauchen), unter Begleitung der Vorstellung Gottes, und dasselbe gilt, wenn diese Freude auf die Seele bezogen wird (V. L. 27). Weil ferner das Wesen unserer Seele nur in der Erkenntniss besteht, deren Princip und Grundlage Gott ist (I. L. 15 u. II. L. 47 E.), so wird nun dadurch verständlich, wie und auf welche Weise unsere Seele nach ihrer Wesenheit und Existenz aus der göttlichen Natur folgt und fortwährend von Gott abhängt. Ich habe dieses hier erwähnen wollen, um an diesem Beispiel zu zeigen, wie viel jene Erkenntniss der Einzeldinge, welche ich die intuitive oder die der dritten Art genannt habe (II. L. 40 E. 2), vermag und höher steht als die allgemeine Erkenntniss, welche ich die der zweiten Art genannt habe. Denn obgleich ich im I. Theil überhaupt gezeigt habe, dass Alles und mithin auch die menschliche Seele, von Gott nach Wesenheit und Existenz abhängig ist, so ist jener Beweis, obgleich er richtig und über allen Zweifel erhaben ist, doch für unseren Verstand nicht so überzeugend, als wenn dies aus der eigenen Wesenheit jeder einzelnen Sache, welche ich als von Gott abhängig erklärt habe, gefolgert wird. ³⁶)

L. 37. *Es giebt in der Natur nichts, was dieser geistigen Liebe entgegen ist oder sie aufheben könnte.*

B. Die geistige Liebe folgt nothwendig aus der Natur der Seele, sofern sie als eine ewige Wahrheit durch die Natur Gottes aufgefasst wird (V. L. 33 u. 29). Wenn es also einen Gegensatz gegen diese Liebe gäbe, so wäre dies ein Gegensatz gegen das Wahre, und mithin bewirkte das, was diese Liebe aufzuheben vermöchte, dass das Wahre falsch wäre, was (wie von selbst klar ist) widersinnig ist. Es giebt deshalb nichts in der Natur u. s. w. ³⁷)

E. Das Axiom in Th. IV. bezieht sich auf die Einzeldinge, sofern sie in Bezug auf eine bestimmte Zeit und Ort aufgefasst werden, worüber, wie ich glaube, Niemand zweifeln wird.

L. 38. *Je mehr Dinge die Seele auf die zweite und dritte Art der Erkenntniss erkennt, desto weniger leidet sie von schlechten Affekten und fürchtet um so weniger den Tod.*

B. Das Wesen der Seele besteht in der Erkenntniss (II. L. 11); je mehr Dinge daher die Seele in der zweiten und dritten Art der Erkenntniss erkennt, ein um so grösserer Theil von ihr erhält sich bleibend (V. L. 29 u. 23), und folglich wird ein um so grösserer Theil nicht von Affekten erregt (V. L. 37), die unserer Natur zuwider sind, d. h. welche schlecht sind (IV. L. 30). Je mehr Dinge deshalb die Seele auf die zweite und dritte Art der Erkenntniss erkennt, ein desto grösserer Theil bleibt unverletzt und leidet deshalb weniger von den Affekten.

E. Hiermit verstehen wir das in IV. L. 39 E. Berührte, was ich in diesem Theile zu erklären versprochen habe, nämlich, dass der Tod um so weniger schädlich ist, je grösser die klare und bestimmte Erkenntniss der Seele ist, und folglich, je mehr die Seele Gott liebt. Weil ferner (V. L. 27) aus der dritten Art der Erkenntniss die höchste mögliche Zufriedenheit entspringt, so folgt, dass die menschliche Seele von solcher Art sein kann, dass das, was von ihr mit dem Körper untergeht (V. L. 21), im Vergleich zu dem, was von ihr bleibt, von keiner Erheblichkeit ist. Doch hierüber bald ausführlicher. ³⁸)

L. 39. *Wer einen Körper hat, der zu Vielem geschickt ist, hat eine Seele, deren grösster Theil ewig ist.*

B. Wer einen Körper hat, der geschickt ist, Vieles zu wirken, wird von schlechten Affekten am wenigsten erfasst (IV. L. 38), d. h. von Affekten, die unserer Natur zuwider sind (IV. L. 30), und er hat deshalb das Vermögen (V. L. 10), die Erregungen des Körpers zu ordnen und zu verhindern nach der Ordnung im Verstande, und mithin zu bewirken (V. L. 14), dass alle Erregungen des Körpers auf die Vorstellung Gottes bezogen werden, wodurch er von einer Liebe gegen Gott erfasst werden wird (V. L. 15), welche den grössten Theil der Seele einnehmen oder ausmachen muss (V. L. 16). Mithin hat er eine Seele, deren grösster Theil ewig ist (V. L. 33).

E. Weil der menschliche Körper zu sehr Vielem geschickt ist, so kann er unzweifelhaft von solcher Natur sein, dass er auf eine Seele sich bezieht, welche eine grosse Erkenntniss ihrer und Gottes hat, und deren grösster oder vorzüglichster Theil ewig ist, so dass sie mithin den Tod nicht fürchtet. Damit indess dies deutlicher erkannt werde, ist hier zu bemerken, dass wir in einer steten Veränderung leben, und je nachdem wir uns in das Bessere oder Schlechtere verwandeln, dadurch glücklich oder unglücklich heissen. Denn wer von einem Kinde oder Knaben in eine Leiche sich verwandelt hat, heisst unglücklich, und umgekehrt wird es dem Glück zugeschrieben, wenn man die ganze Lebenszeit mit gesunder Seele in gesundem Körper hat verleben können. Und in Wahrheit hat, wer einen Körper wie ein Kind hat oder wie ein Knabe, der nur zu Wenigem geschickt ist, eine Seele, die, für sich betrachtet, weder von sich, noch von Gott, noch von den Dingen etwas weiss; wer dagegen einen Körper hat, der zu Vielem geschickt ist, hat eine Seele, welche, für sich betrachtet, viel von sich, von Gott und den Dingen weiss. Wir müssen daher in diesem Leben vorzüglich darauf bedacht sein, dass der Körper des Kindes, so weit seine Natur es gestattet und es ihm zuträglich ist, sich in einen andern verwandle, der zu Vielem geschickt ist, und der auf eine Seele sich beziehe, welche ihrer und Gottes und der Dinge so viel als möglich bewusst ist; und zwar so, dass Alles, was zu ihrer Erinnerung oder ihrem bildlichen Vorstellen gehört, im Vergleich zu ihrer Erkenntniss, kaum von Erheblichkeit ist, wie ich bereits V. L. 38 E. gesagt habe. [39]

L. 40. *Je mehr Vollkommenheit ein Ding besitzt, um so thätiger ist es, und um so weniger leidet es, und umgekehrt, je thätiger es ist, desto vollkommener ist es.*

B. Je vollkommener ein Ding ist, desto mehr Realität hat es (II. D. 6), und ist folglich um so thätiger und leidet um so weniger (III. L. 3 u. E.); dieser Beweis gilt auch in umgekehrter Ordnung, und daraus folgt umgekehrt, dass ein Ding um so vollkommener ist, je thätiger es ist.

Z. Hieraus ergiebt sich, dass der Theil der Seele, welcher sich erhält, mag er so gross sein, wie er will, besser als der übrige ist. Denn der ewige Theil der Seele ist der Verstand (V. L. 23 u. 29), durch den allein wir als thätig gelten (III. L. 3); das aber, was, wie gezeigt, untergeht, ist das bildliche Vorstellen (V. L. 21), durch das allein wir leidend sind (III. L. 3. und Allg. Definition d. Aff.), und deshalb ist jener Theil der Seele, mag er so gross sein, wie er will, der vollkommnere. [40]

E. Das ist es, was ich über die Seele, insofern sie ohne Beziehung auf die Existenz des Körpers aufgefasst wird, habe darlegen wollen. Es ergiebt sich daraus, so wie aus I. L. 21 und Anderem, dass unsere Seele, als erkennende, ein ewiger Zustand des Denkens ist, welcher durch einen andern ewigen Zustand des Denkens bestimmt wird; dieser wird wieder von einem andern bestimmt und so fort ohne Ende; so dass alle zusammen den ewigen und unendlichen Verstand Gottes ausmachen. [41]

L. 41. *Wenn wir auch nicht wüssten, dass unsere Seele ewig ist, so würden wir doch die Frömmigkeit und die Religion und überhaupt Alles, was sich nach der Darlegung in Th. IV auf die Seelenstärke und den Edelsinn bezieht, für das höchste halten.*

B. Die erste und einzige Grundlage der Tugend oder der richtigen Lebensweise ist das Streben für seinen Nutzen (IV. L. 22 Z. u. L. 24). Um aber das zu bestimmen, was die Vernunft für nützlich erklärt, haben wir keine Rücksicht auf die Ewigkeit der Seele genommen, die wir erst in diesem fünften Theil kennen gelernt haben. Obgleich wir also damals noch nicht wussten, dass die Seele ewig ist, so haben wir doch das für das Höchste geschätzt, was, wie gezeigt, sich auf die Seelenstärke und den Edelsinn bezog. Wenn wir daher jetzt diese Ewigkeit auch nicht wüssten, so würden wir doch diese Vorschriften der Vernunft für die höchsten halten.

E. Die gewöhnliche Ansicht der Menge scheint eine andere zu sein. Denn die meisten scheinen sich nur insoweit für frei zu halten, als sie ihren Lüsten nachgehen dürfen, und sie meinen insoweit ihre Selbstständigkeit zu verlieren, als sie gehalten sind, nach den Vorschriften des göttlichen Gesetzes zu leben. Sie halten deshalb die Frömmigkeit und die Religion und Alles, was sich auf die Geistesstärke bezieht, für Lasten und hoffen davon nach dem Tode frei zu werden und den Preis dieser Knechtschaft, d. h. dieser ihrer Frömmigkeit und Religion, zu empfangen.

Sie werden auch nicht bloss durch diese Hoffnung, sondern auch und vorzüglich durch die Furcht, nämlich dass sie nach dem Tode nicht mit schrecklichen Martern gestraft werden, bestimmt, dass sie nach der Vorschrift des göttlichen Gesetzes leben, so weit ihre Schwächlichkeit und ihre ohnmächtige Seele es vermag. Wohnte nicht diese Hoffnung und diese Furcht in den Menschen, und glaubten sie, die Seele ginge mit dem Körper unter, und es stände den Elenden, mit der Last der Frömmigkeit Beladenen nicht ein längeres Leben bevor, so würden sie auf ihren eigenen Sinn zurückgehen und lieber wollen, dass Alles nach ihrer Lust ginge, und dass sie lieber dem Glücke als sich selbst unterthan wären. Solches scheint mir ebenso widersinnig, als wenn Jemand, weil er weiss, dass er durch gute Nahrungsmittel seinen Leib nicht in alle Ewigkeit erhalten kann, sich lieber mit Gift und tödtlichen Sachen sättigen wollte, oder weil er sieht, dass die Seele nicht ewig oder unsterblich ist, lieber verrückt sein und ohne Verstand leben wollte. Dieses ist so widersinnig, dass es kaum eine Erörterung verdient. 42)

L. 42. *Die Seligkeit ist nicht der Lohn der Tugend, sondern die Tugend selbst, und man erfreut sich ihrer nicht, weil man die Lüste im Zaume hält, sondern weil man sich ihrer erfreut, kann man die Lüste im Zaum halten.*

B. Die Seligkeit besteht in der Liebe zu Gott (V. L. 36 u. E.), welche Liebe aus der dritten Art der Erkenntniss entspringt (V. L. 32 Z.), und deshalb muss diese Liebe (III. L. 59 u. 3) auf die Seele, so weit sie handelt, bezogen werden, und so weit ist sie die Tugend selbst (IV. D. 8). Dies ist das Erste.

Ferner erkennt die Seele um so mehr, je mehr sie sich dieser göttlichen Liebe oder Seligkeit erfreut (V. L. 32), d. h. um so grössere Macht hat sie über die Affekte (V. L. 3. Z.), und desto weniger leidet sie von Affekten, die schlecht sind (V. L. 38). Folglich hat die Seele dadurch, dass sie sich dieser göttlichen Liebe oder Seligkeit erfreut, die Macht zur Hemmung der Lüste, weil das menschliche Vermögen über die Affekte nur in der Erkenntniss enthalten ist. Niemand geniesst deshalb die Seligkeit, weil er die Affekte gehemmt hat, sondern umgekehrt das Vermögen, diese Affekte zu hemmen, entspringt aus der Seligkeit selbst. 43)

E. Hiermit ist das beendet, was ich rücksichtlich der Macht der Seele über die Affekte und über die Freiheit der Seele habe darlegen wollen. Hieraus erhellt, wie viel. der Weise dem Unwissenden überlegen ist und mächtiger als dieser, der nur von den Lüsten getrieben wird. Denn der Unwissende wird nicht allein von äusseren Ursachen auf viele Weise getrieben und erreicht nie die wahre Seelenruhe, sondern er lebt auch in Unkenntniss von sich, von Gott und von den Dingen, und so wie sein Leiden aufhört, hört auch sein Dasein auf; während dagegen der Weise, als solcher, kaum eine Erregung in seinem Geiste empfindet, sondern in der gewissermassen nothwendigen Erkentniss seiner, Gottes und der Dinge niemals aufhört, zu sein, und immer der wahren Seelenruhe geniesst. Wenn auch der Weg, welchen ich, als dahin führend, aufgezeichnet habe, sehr schwierig erscheint, so kann er doch aufgefunden werden. Und allerdings mag er beschwerlich sein, weil er so selten gefunden wird. Denn wie wäre es möglich, dass, wenn das Heil bei der Hand wäre und ohne grosse Mühe gefunden werden könnte, dass es von Allen fast vernachlässigt würde? Indess ist alles Erhabene ebenso schwer, wie selten. 44)

Ende der Ethik. 45)

Druck von Bockwitz & Webel in Leipzig.

Anzeige
einiger neuerer Erscheinungen aus dem
Verlag von Georg Weiß in Heidelberg.

Leibniz
von
Dr. Joh. Theodor Merz.
Aus dem Englischen.

Preis geh. 3 Mk.; in gediegenem Halbfranzband 4 Mk. 50 Pf.

Inhalt: Erster Teil. **Leibniz Leben und die Entstehung seiner Philosophie.** — Zweiter Teil: **Die Leibnizische Philosophie.**

Vom Verfasser durchgesehene Ausgabe und von Prof. C. Schaarschmidt bevorwortet.

Deutsche Litteraturzeitung. 1886 Nr. 1: „Die in Rede stehende Schrift ist nach Inhalt und Form ein ausgezeichneter Beitrag zur Leibniz-Litteratur".

Seemanns Litter. Jahresbericht: „Es wird kaum eine selbstständige Monographie geben, in der auf so beschränktem Raume Leibnizens Leben und philosophische Thätigkeit mit solcher Klarheit und Gründlichkeit behandelt wäre, wie hier. Jeder Gebildete wird sich aus dem gut disponierten, lichtvoll und anziehend geschriebenen Buche ohne große Mühe über den Charakter und die Bedeutung der Leibnizischen Philosophie unterrichten können. Die Schrift zerfällt in zwei Teile. Nachdem wir im ersten Teile Leibnizens Leben, seinen Charakter und die Entstehung seiner Philosophie kennen gelernt haben, führt uns der zweite Teil zu einer Darlegung der Prinzipien und des Systems dieser Philosophie. Eine scharfsinnige Kritik von Leibnizens Philosophie und ein Überblick über die Schicksale derselben bilden den Schluß."

Grenzboten 1886 Nr. 4: „— Auch die vorliegende Schrift, welche mit genauer Kenntnis der einschlagenden deutschen Litteratur in erster Linie den Philosophen Leibniz behandelt, wird freundliche Aufnahme finden. Während der erste Teil des Buches einen trefflichen Überblick von L.s Leben bringt, giebt der zweite eine knappe, aber lichtvolle Darstellung der Leibnizischen Philosophie; der Ausgangspunkt sind dem Verf. hier Leibnizens mathematische Studien. Die schöne Unbefangenheit, mit welcher der Verf. den Streit mit Newton schildert, sei besonders hervorgehoben.

Georg Weiß, Verlag in Heidelberg.)

Beiträge zur Geschichte der neueren Philosophie vornehmlich der deutschen.

Gesammelte Abhandlungen

von **Rudolf Eucken.**

Professor in Jena.

— Preis 3 Mark 20 Pf. —

Inhalt: I. Forschungen zur älteren deutschen Philosophie: 1. Nikolaus von Kues als Bahnbrecher moderner Ideen. 2. Paracelsus Lehre von der Entwicklung. 3. Kepler als Philosoph. — II. Ueber Bilder und Gleichnisse bei Kant. — III. Zur Charakteristik der Philosophie Trendelenburgs. — IV. Parteien und Parteinamen in der Philosophie: 1. Die Bildung von Parteien. 2. Zur Geschichte der Parteinamen.

Aristotelis περὶ Ἑρμενείας librum pro restituendo totius philosophiae fundamento interpretatus est **Dr. Fr. Michelis.** geh. 2 M. 40 Pf.

Druskowitz, Dr. H., Moderne Versuche eines Religionsersatzes. Ein philosophischer Essay. geh. 1 M. 60 Pf.

Gerhard, Dr. Carl, Kant's Lehre von der Freiheit. Ein Beitrag zur Lösung des Problems der Willensfreiheit. geh. 2 M.

Lipps, Dr. Th., Prof. in Bonn, **Psychologische Studien.** geh. 3 M. 20 Pf.

Inhalt: I. Der Raum der Gesichtswahrnehmung: 1. Die Einordnung der Eindrücke im Sehfeld. 2. Das Continuum des Sehfeldes und die Ausfüllung des blinden Flecks. 3. Der Raum der Gesichtswahrnehmung und die dritte Dimension. — II. Das Wesen der musikalischen Harmonie.

Science: „It (d. i. der letzte Aufsatz) closes a little book, which, for acuteness, clearness and vigor, has not been surpassed for many a long year."

Meyer, Wolfg. Alex., Hypatia von Alexandria. Ein Beitrag zur Geschichte des Neuplatonismus. geh. 1 M. 40 Pf.

Michelis, Dr. Fr., Die naturwissenschaftliche Unhaltbarkeit der Darwinschen Hypothese. Vortrag. geh. 60 Pf.

(Georg Weiß, Verlag in Heidelberg.)

Die
Positive Philosophie
von
August Comte.

Im Auszuge von **Jul. Rig**, übersetzt von **J. H. von Kirchmann**.

2 Bände. 17 M.

„— Das Lehrgebäude, welches Comte auf der Grundlage dieses Gesetzes errichtete, veröffentlichte er in dem „Cours de Philosophie positive" in sechs starken Bänden. Der unmässige Umfang dieses Werkes hat die weitere Verbreitung der Anschauungen seines Urhebers, zumal in Deutschland, fast vollständig vereitelt. Es war daher ein dankenswerthes Unternehmen, als ein französischer Gelehrter unter dem Pseudonym Jules Rig 1880/81 einen zweibändigen Auszug veröffentlichte, der alle philosophischen Züge des Originalwerkes übernahm, aber das massenhafte Detailmaterial über Bord warf. Jetzt hat J. H. von Kirchmann eine deutsche Ausgabe der Rigschen Arbeit veranstaltet und dabei denselben Geschmack und Takt bewiesen, der seine „Philosophische Bibliothek" auszeichnet. Es steht zu hoffen, dass nun auch bei uns die Anschauungen eines Denkers Beachtung finden werden, der wie kein zweiter versucht hat, die Philosophie im modernen Geiste zu gestalten und welcher, da er der Jüngste ist, der eine wirklich originale umfassende Synthese zu Stande gebracht hat, mit Recht den Namen verdient: der letzte der Philosophen. —"

Deutsches Montagsblatt.

Der Pessimismus
in
Vergangenheit und Gegenwart.

Geschichtliches und Kritisches
von
O. Plümacher.

geheftet 7 M. 20 Pf.

„Das Schlusswort des Buches fasst den Inhalt des Ganzen in einem Resumé von meisterhafter Dialectik dahin zusammen, dass der moderne Pessimismus als letzte Entwicklungsform desselben alle früheren Stufen sowohl der pessimistischen wie der optimistischen Weltbetrachtung nach ihrer Wahrheit in sich bewahrt und umspannt, nach ihrer Einseitigkeit und Unwahrheit in sich aufhebt. Auch wer sich dieser Ansicht nicht anschliesst, wird doch nicht umhin können, für die gründliche Durcharbeitung der Probleme, die alles bisher über den Gegenstand Erschienene weit hinter sich zurücklässt, dankbar zu sein, und selbst der Cultur- und Literarhistoriker ohne eigentlich philosophische Interessen wird es zu schätzen wissen, eine wie bequeme Uebersicht über den Verlauf einer jedenfalls nicht unwichtigen culturgeschichtlichen Erscheinung, beziehungsweise über einen viele Gemüther bewegenden Zweig der neuesten Literatur ihm hier geboten wird. Der Philosoph und Kritiker endlich wird, bevor er über das Problem oder eine dasselbe behandelnde neue Schrift seine Stimme vernehmen lässt, nicht unterlassen dürfen, von diesem Buche Kenntniss zu nehmen, welches wenigstens vorläufig als eine abschliessende und den Gegenstand in der gegenwärtigen Phase der Discussion erschöpfende Leistung bezeichnet werden muss."

„Gegenwart" 1884, Nr. 40.

(Georg Weiß, Verlag in Heidelberg.)

Wörterbuch
der
Philosophischen Grundbegriffe
von
Lic. Dr. Fr. Kirchner.

29 Bogen. geh. 4 M., gebdn. 5 M. 20 Pf.

(Auch unter dem Titel: **Philosophische Bibliothek, 94. Bd.** oder Lfg. 314—319. Subscriptionspreis 3 M.)

Breslauer Zeitung 1886, Nr. 163: Der als philosophischer Schriftsteller zu verdientem Ansehen gelangte Lic. Dr. Fr. Kirchner giebt den Gebildeten in diesem Handbuche einen überaus schätzenswerthen Fingerzeig zur Orientirung in dem weiten Gebiete der Philosophie. Soweit nach den beiden Lieferungen ein Urtheil über die Zweckmässigkeit der Einrichtung dieses eigenartigen Wörterbuches zulässig ist, müssen wir dem Verfasser für sein schwieriges Unternehmen die vollste Anerkennung zollen. Er erläutert die philosophischen Grundbegriffe in knapper, klarer und gemeinverständlicher Weise und macht diese Erklärungen besonders dadurch werthvoll, dass er in Kürze die Beziehungen darstellt, in welchen der zu erklärende Begriff zu der Geschichte der Philosophie, zu den Systemen der hervorragendsten Philosophen aller Zeiten steht, wodurch in der Mehrzahl der Fälle seine Bedeutung erst richtig und voll gewürdigt werden kann. Das Wörterbuch erfüllt, ausser dass es in das Lehrgebäude der Philosophie einführt, die Aufgabe, unmittelbar zu weiterem Studium anzureizen und an diejenigen Stellen hinzuführen, bei denen die Grundbegriffe ihre präciseste Fassung erlangt haben.

Kieler Zeitung 1886, Nr. 11025: Das Werk wird für diejenigen, welche in der Handhabung und dem Verständniss der philosophischen Terminologie noch nicht sattelfest sind und schnell eine klare und concise Erläuterung zu haben wünschen, als bequemes Nachschlagebuch von grossem Werth sein.

(Georg Weiß, Verlag in Heidelberg.)

Das Grundgesetz der Wissenschaft.

Von

Dr. med. Emanuel Jäsche.

Preis 9 M.

Blätter f. literar. Unterhaltung 1886 Nr. 2: „Wir haben es in Jäsche's Buch mit dem Werke eines ganzen Forscherlebens zu thun, und in der That sucht dasselbe eine so reiche Fülle der verschiedenartigsten Errungenschaften des menschlichen Geistes zu einem einheitlichen Ganzen zusammenzufassen, wie dies heute, in der Zeit der Special- und Detailforschung kaum mehr begegnet."
— — — Wir stimmen aus voller Überzeugung in die erhebenden Schlussworte des Autors ein: „„Ist nun die Wissenschaft ein einheitliches Ganze, so soll sie von Jedem, der für sie lebt, auch als solches erfasst werden; die Arbeit auch am besondersten Theile wird erhoben durch das Bewusstsein der Zusammengehörigkeit desselben mit dem Ganzen, und es giebt keinen erhabeneren Zweck, als mitzustreben nach dem schönen Ziele, das der Wissenschaft gesteckt ist und das durch Wahrheit zur Freiheit führt.""

Literar. Merkur 1886 Nr. 8: „Den Deutschen in allen Landen widme ich dieses Werk meines Lebens" — so leitet der Verfasser das Vorwort dieses sehr beachtenswerten Werkes ein. Ein stolzes Wort, das aber leicht verhängnisvoll werden könnte, denn wie oft hat nicht schon eine Arbeit, an die ein Autor sein Leben, seine ganze Kraft gesetzt, seine Hoffnungen arg enttäuscht. Umso erfreulicher für Jäsche und nicht minder für die Wissenschaft ist es daher, dass die uns vorliegende Arbeit wirklich als die Quintessenz eines, ehrlichem Studium geweihten Lebens zu gelten berechtigten Anspruch machen darf. Denn systematisch und wohlgeordnet ist hier wissenschaftliches Material, das an sich schwierig und vielverzweigt uns einführt in die Entwicklungsgeschichte wissenschaftlicher Betrachtungen, zusammengetragen und gesichtet und das in einer Klarheit der Darstellung, deren Durchsichtigkeit besonders bei der Behandlung schwieriger Probleme das Verständnis fördert. Mit jeder weiteren Seite steigert sich unser Interesse auf dem vom Verfasser eingeschlagenen Wege zur Erkenntnis; wir lernen Art und Stellung des Einzelwesens kennen, sehen in der Zusammenstellung eigenartiger Dinge sich das System aufbauen und aus den Systemen dann die Gesammtkenntnis der Geschichte der Wissenschaft sich entwickeln. etc.

(Georg Weiß, Verlag in Heidelberg.)

Novellen aus Oesterreich
von
Ferdinand von Saar.

Inhalt: Innocenz. — Marianne. — Die Steinklopfer. — Die Geigerin. — Das Haus Reichegg.

Preis brochirt 4 M. 20 Pf, eleg. gebd. 5 M. 40 Pf.

Wustmann's liter. Jahresbericht: „Von gehaltvollen Novellensammlungen verzeichnen wir an erster Stelle die durch Einfachheit der Vorwürfe, feine Ausführung und correcte und schöne Darstellung ausgezeichneten Novellen aus Oesterreich von F. v. Saar."

Grazer Wochenschrift II. No. 6: „Novellen aus Oesterreich" nennt Ferd. v. Saar seine gesammelten Novellen, welche er dem kunstsinnigen und -fördernden Minister, Freiherrn von Hofmann, widmet. Innocenz, Marianne, die Geigerin, die Steinklopfer sind die Einzeltitel der vier kleinen Erzählungen, welche als sie in dieser Reihenfolge als selbständige Büchlein erschienen waren, nur von der Genossenschaft der Gläubigen des Ideals mit wahrem Entzücken empfangen wurden, denn Saar, dieser ächte Poet, ist nicht in das große Publikum gedrungen. Die Tagespresse hatte die dünnen Büchlein nicht so warm gepriesen wie den Löwenwurf des Dichters, das zweibändige Drama Heinrich IV., den die gesammte deutsche Kritik als ein ächtes Kunstwerk begrüßte.

Die Sprach= und Formenvollendung, die meisterhafte Composition, der geeignete Ausdruck, der bis zu dem kleinsten verbindenden Wort hinab durchgeführt ist, das unaussprechlich poetische Schönheitsempfinden, das zuweilen mit leiser Geberde den Schleier von seelischen Vorgängen lüftet, ohne ihn zu heben, — Alles das giebt den kleinen Schöpfungen einen großen unvergänglichen Werth. Jeder, der über das einfach zeittödtende Lesen hinaus ist, wird bald erkennen, welcher Fleiß, welche Gedankenarbeit in das kleine Gemälde hineingetragen ist, um ihm jenen keuschen Duft, jenen Zauber, jenen Stempel der Vollendung zu geben."

Von demselben Verfasser erschienen ferner:

Gedichte. geh. 3 M. 60 Pf., eleg. gebd. 5 Mark.

Kaiser Heinrich IV. Dramat. Gedicht in 2 Abtheilungen. 2. Auflage. geh. 4 M.

Drei neue Novellen. (Vae victis! — Der „Excellenz-Herr." — Zambi.) geh. 3 M.; eleg. gebd. 4 M. 20 Pf.

Tempesta. Trauerspiel in 5 Akten. geh. 2 M.

Die beiden de Witt. Trauerspiel in 5 Akten. 2. Auflage. geh. 2 M. 20 Pf.

(Georg Weiß, Verlag in Heidelberg.)

Thassilo.

Tragödie in fünf Akten

von

Ferdinand von Saar.

Preis geh. 2 M. 40 Pf.

Deutsches Litteraturblatt 1886 No. 42: Der letzte Bayern-Herzog wird von seiner Gemahlin Luitberga, der Tochter des letzten, von Karl entthronten Longobardenkönigs unermüdlich gestachelt, dem großen Frankenkönige die Heeresfolge zu versagen, obwohl er ihm den Huldigungseid geleistet. Karl versucht, ihn in Güte zu gewinnen, aber Thassilo erklärt dem Gewaltigen ins Angesicht, daß er jenen Schwur nur mit den Lippen gethan, mit seinem Herzen ferne davon war. Es kommt zum Kampf. Nach anfänglichem Erfolg fällt Thassilo in der Schlacht, trotz der Hilfe der Avaren, von einigen seiner Gauherren im Stich gelassen. Luitberga erdolcht sich über der Leiche des Geliebten. — Der würdige Gegenstand, die großen Gedanken sind mit einem schönen Gewande geschmückt; hochgemuthe Gestalten, aus des Herzens Tiefen strömende Leidenschaften, seelische und weltgeschichtliche Zusammenstöße, eine furchtbare Vergeltung entfalten sich vor uns. Das In- und Wider-einander von Heidenthum und Christenthum, von Frömmigkeit und Blutdurst und Rachsucht, von Heldensinn und Barbarei, von Selbstsucht und Aufopferung, von erdumgreifenden Plänen und Herrschlust gelangt vorzüglich zur Darstellung. Die Liebes-Auftritte zwischen Thassilo und Luitberga scheint der Dichter mit seinem Herzblut geschrieben zu haben. — Mit geübtem Scharfblick für das im Trauerspiel Anfassende hat Saar die verschiedenen Entwickelungsformen der Waffengänge Thassilos und Karls in einen Hauptschlag zusammengezogen und läßt den Herzog nicht auf dem Reichstag verurteilt und zum Kloster begnadigt werden, sondern den glänzenden Tod auf der Walstatt sterben. — ꝛc.

(Georg Weiß, Verlag in Heidelberg.)

Aus meiner Studienzeit.

Erinnerungen
von
Heinrich Hansjakob.

Preis geh. 3 Mark 50 Pf., eleg. gebdn. 4 Mark 40 Pf.

Straßburger Post: Hansjakob ist ein ganz vortrefflicher Erzähler, dessen Buch wir mit immer gesteigertem Interesse gelesen haben und allen aufs wärmste empfehlen, die für die wahrheitsgetreue, fesselnd vorgetragene, von köstlichem Humor durchwebte Darstellung des Entwicklungsganges eines jungen Bauernburschen vom angehenden Bäckerlehrling bis zum Geistlichen, Gymnasialprofessor und Abgeordneten Theilnahme empfinden.

Neue Frankfurter Zeitung: Mit sicherem, objektivem Griffel entwirft der Verfasser das reizende Genrebild eines deutschen Gymnasiasten- und Studentenlebens mit seinen Leiden und Freuden vor unsern Augen. In diesem Genrebild steckt aber auch ein gutes Stück Kulturgeschichte 2c.

Neue Preußische Zeitung: Kurz, wir haben uns an dieser „Ursprünglichkeit", die nach der Lektüre so vieler politischer und belletristischer „Schnörkeleien" ein wahres Labsal ist, einmal wieder recht erquickt.

Theolog. Literaturzeitung 1885, Nr. 24: Ein Buch das erst auf der letzten Seite Unlust erweckt, und nur aus dem Grunde, weil es zu Ende gelesen ist.

Schweizer Protestantenblatt 1885, Nr. 29: Das Büchlein ist eins von denen, die mir ganze Bibliotheken aufwiegen, weil sie nicht aus andern Büchern zusammengeschrieben sind, sondern ursprüngliche Offenbarung eigenen, ächten Seelenlebens enthalten.

Ueber Land und Meer vom 23. October 1885: Eine Reihe interessanter und ergötzlicher Bilder aus dem Schwarzwaldleben und dem Emporwachsen vom Bäckerknaben durch die verschiedenen Stadien theologischer Erziehung bis zum Pfarrer werden uns hier mit einer Anschaulichkeit, Plastik und Naturwahrheit vorgeführt, die oft an Goethe's Darstellungen dieses Genres erinnern. Auch der ausgesprochene Katholicismus des Autors ist eine specielle Farbe in dieser Lebensschilderung, die zu den lichtvollsten und interessantesten gehört, die wir seit Jahren gelesen; sie ist eine wahre Bereicherung dieses Literaturzweigs und ein köstliches Buch für Leser aller Stände.

Vom Fels zum Meer, November 1885: Ein wahrhaft erquickendes Buch, das neben vielen guten Eigenschaften auch die einer seltenen Wahrhaftigkeit, eines prächtigen Humors und einer kulturgeschichtlichen Bedeutung besitzt, bilden die Erinnerungen von Dr. Heinrich Hansjakob „Aus meiner Studienzeit".

(Georg Weiß, Verlag in Heidelberg.)

UNIVERSITY OF TORONTO LIBRARY

Do not remove the card from this Pocket.

Acme Library Card Pocket
Under Pat. "Ref. Index File."
Made by LIBRARY BUREAU

Spinoza, Benedictus de
Ethik; übersetzt...von J.H. Kirchmann.

NAME OF BORROWER

Philos
S758e
.Gk